김삿갓 시집

▶ 김삿갓 영정사진

▶ 김삿갓 계곡의 봄

▶ 김삿갓의 생가모습

▶ 김삿갓의 묘

▶ 김삿갓 청동상

▶ 김삿갓 조형물

▶ 김삿갓 조형물

▶ 김삿갓 조형물

▶ 김삿갓 청동상

▶ 김삿갓 조형물

▶ 난고문학관 내부

※영월군 공보통제계 김종호님
(사진 자료제공)

편저자의 말

일찍이 고대 그리스의 철학자인 디오게네스는 한 개의 통(桶) 속에서 지냈다.

역사의 영웅 알렉산더 대왕이 몸소 그를 찾아갔다.

알렉산더 대왕은 디오게네스에게 물었다. 당신의 소원이 무엇인가를, 그러자 디오게네스는 당신 때문에 내 통에 비쳐드는 햇살이 가려졌으니 비켜달라고 했다. 디오게네스의 태도를 대하고 알렉산더는 느끼는 바가 많았다.

징기스칸이나 나폴레옹과 더불어 뛰어난 영웅으로 일컬어지고 있는 알렉산더 대왕은 이렇게 말하였다고 전해진다.

"내가 알렉산더가 아니었다면 디오게네스였을 것이다."

디오게네스는 키니크파의 대표적인 인물로서 스토아학파 철학자들로부터는 이상(理想)의 현자(賢者)로 추앙되었다.

그는 생애에 의복 한 벌, 한 개의 지팡이와 두타대(頭陀袋) 외에는 소유품이 거의 없는, 많은 일화를 남긴 주인공이다. 두타행(頭陀行)이란 어원은 불교에서 나온 말이다.

사전의 뜻풀이를 보자면 이러하다.

① 번뇌와 의식주에 대한 탐욕을 버리고 깨끗하게 불도(佛道)를 닦는 수행(修行)을 뜻함.

② 승려가 수행을 위하여 산야(山野)를 다니면서 밥을 빌어먹고 노숙(露宿)하면서 온갖 쓰라림과 괴로움을 무릅쓰고 불도(佛道)를 닦는 것.

두타행에 관해서는 신라 때의 고승(高僧) 원효대사(元曉大師)에 관한 많은 일화가 전해져 온다. 독일의 시인 헤르만 헤세는 평생을 가난한 중에도 방랑과 시작(詩作)으로 구름을 사랑하다가 갔다. 방랑 기질을 지닌 사람이 그의 시를 읽으면 어디론가 떠나고 싶어 견디기 어렵게 한다.

우리나라에서는 김삿갓(金笠), 본명 김병연(金炳淵)이 그 대표적인 인물이라고 할 수 있을 것이다.

그는 평생을 삿갓을 쓰고 지팡이 짚고 미투리 신고 떠돌다가 객사하신 분이다. 그가 남긴 시작 중에는 <삿갓을 노래함>이란 작품이 있다. 자전적 요소가 담긴 작품에서 김삿갓의 인생관과 시인으로서의 일면을 엿보게 하는 작품이다.

詠 時
영 시

浮浮我笠等虛周
부부아립등허주

一着平生四十秋
일착평생사십추

牧竪輕裝隨野犢
목수경장수야독

漁翁本色伴沙鷗
어옹본색반사구

醉來脫掛幹花樹
취래탈괘간화수

興到携登翫月樓
흥도휴등완월루

俗子衣冠階外飾
속자의관계외식

滿天風雨獨無愁
만천풍우독무수

성경에서는 "욕심은 죄를 낳고 죄는 사망을 낳는다."고 가르치고 있다. 불교에서도 "설산이 황금이라도 한 사람의 욕심을 채우지 못한다."이렇게 인간의 지나친 탐욕을 일깨우면서 경계하라는 내용의 교훈을 준다.

요즈음 우리 주변을 보면 욕심이 지나쳐서 정치가, 시정잡배는 고사하고 심지어는 교육자, 성직자들도 욕심의 노예가 되어 스스로의 묘혈(墓穴)을 파는 경우를 드물지 않게 대한다.

극에 달하는 사치가 만연하는 것도 결국은 지나친 욕심 탓이다. 편저자는 전자에서 거론한 부정적인 면을 대비시켜 오래전부터 세태에 대한 거부감에서 김삿갓에 대한 생애와 작품을 간추려 여러 독자들에게 소개하고 싶었다.

"머무는 바 없이 마음을 내놓고 (應無所在 而生具心), 일체의 걸림이 없는 사람이라야 일체의 생사를 벗어날 수 있다." (一切無碍人 一道出生死)는 불교의 가르침과 무소유(無所有)의 이미지를 풍기는 김삿갓의 생애를 간추려 보자면 대충 이러하다.

김삿갓은 1807년 3월 13일 당시 명문 귀족으로 떵떵거리던 장동 김씨(壯洞 金氏)집안의 김안근(金安根)의 둘째 아들로 태어났다. 그의 탄생은 매우 축복받은 좋은 환경이었고 그의 조부는 김익순(金益淳)이었다.

김삿갓은 최상의 신분, 유복한 집안에서 태어나서 평생을 드라마틱하게 살다간 인물이다.

김삿갓이 여섯살 되던해 경천동지할 크나큰 사건이 터졌다. 조선역사상 유명한 홍경래의 난이 일어났다.

그 무렵 김삿갓의 조부 김익순은 선천(宣川)의 방어사(防禦使)였는데 갑자기 들이닥친 반란군의 기세에 눌려 무릎을 꿇었다.

그일로 인하여 김익순은 난리가 끝난 후 참형을 당했으며, 삼족을 멸하는 가혹한 형벌이 가해지게 된 상황이었다. 그때 김익순의 충복이던 김성수(金聖秀)가 여섯살 난 김병연을 안고 탈출을 하여 숱한 우여곡절 끝에 가까스로 목숨을 부지할 수 있었다.

김병연은 신분이 숨겨진 상태에서 글공부를 했는데 어린나이에 천재적인 재능을 발휘하여 훗날 백일장에서 장원급제, 장래가 유망하였다. 그러나 그의 신분이 밝혀지고, 또 자신의 조상을 욕했다는 자책감으로 인해 22세의 나이에 정처없는 방랑의 길로 나서게 된다. 그때 장원급제한 시제(詩題)가 공교롭게도 자신의 조부 김익순의 죄를 문책하는 내용이었다. 손자인 그가 그런 내용으로 글을 지어 장원급제 하는 비극적인 요소가 작용, 그는 스스로 하늘을 바라보기에 부끄러운 죄인(罪人)으로 자처, 삿갓을 쓰고 끝없는 유랑객(流浪客)이 된다.

22세에 집을 떠나서 1864년 3월 29일 58세의 나이로 전라도 동복(同福)에서 객사함으로서 생애를 마감한다. 그러나 40년에 가까운 세월 동안 그는 숱한 기행(奇行)과 일화, 주옥같은 시작(詩作)을 남겼다.

이태백이나 두보와 같은 시재(詩才)를 타고 났으면서도 청운의 뜻을 펴보지 못하고 불우하게 아웃사이더로 살다간 매월당 김시습처럼 김삿갓도 그와 유사한 드라마틱한 삶으로 점철된 파란만장한 생애였다.
　그는 생전에 김란이라는 가명(假名)을 사용하기도 했고 그의 호(號)를 이명(而鳴)이라고 했다. 이명이란 호를 사용한 것은 고문진보(古文眞寶)라는 중국고서(古書)에 실린 한퇴지(韓退之)의 송맹동야서(送孟東野序)에 나오는 불평이명(不平而鳴)이란데서 차용한 것으로 추정된다.
　김삿갓은 풍자와 해학, 사회비판적인 내용, 자연 풍경등 다양한 내용들과, 후세의 사람들이 두고 두고 회자하는 주옥같은 명편들을 남겼다.
　그의 생애는 불우했으나 그가 남긴 시작(詩作)은 그의 일화와 함께 후세 사람들에게 좋은 교훈으로 길이 남아 전해지고 있다. 특히나 혼탁한 오늘날 우리 주위의 현실에 비추어 볼 때 그가 더욱 절실히 그리워져 그의 작품들을 묶어내면서 몇자 덧붙이는 바이다.
　아울러 자료 수집에 많은 도움을 주신 세명대학교 이창식교수님, 영월군청 엄창석님, 김종호님께 깊은 고마움을 표한다.

2005년 1월

편저자　**김　선**(평론가)
　　　　배 용 파(시인)

제1장
放浪篇(방랑편)

開城人 逐客(개성인 축객)····31
　　나그네를 쫓아냄

二十樹下(이십수하)····32
　　스무나무 아래서

失 題(실제)····34
　　멱자운

姜座首逐客(강좌수축객)····36
　　강좌수 나그네를 쫓아내다

逢雨宿村家(봉우숙촌가)····39
　　잠들 초가에서 비를 만남

艱飮野店(간음야점)····42
　　주막

無 題(무제)····44
　　죽 한그릇

風俗薄(풍속부)····46
　　야박한 풍속

無 題(무제)····48
　　길주

宿農家(숙농가)····50
　　농가에서 하룻밤

元堂里(원당리)····53
　　원당마을

過安樂見忤(과안락견오)····56
　　안락성을 지나면서

제 2장
人物 篇(인물편)

嘲幼冠者(조유관자)…63
　어린신랑

多睡婦(다수부)…64
　잠 많은 아낙

惰婦①(타부)…67
　게으른 아낙

懶婦②(라부)…70
　게으른 아낙

惰婦③(타부)…73
　게으른 아낙

元生員(원생원)…75
　원생원

弄詩(농시)…77
　장난시

訓長(훈장)…79
　선생님

訓戒訓長(훈계훈장)…82
　훈장을 훈계함

嘲山村學長(조산촌학장)…85
　산촌 학장을 조롱함

辱說某書堂(욕설모서당)…88
　욕먹는서당

老嫗(노구)…90
　늙은 노파

嘲地師(조지사)…92
　풍수를 조롱함

佝僂(구루)…94
　꼽추

嘲年長冠者(조연장관자)…96
　어린선비

贈老妓(증노기)…98
　늙은 기생에게

盡日垂頭客(진일수두객)…101
　　문지기

喪配自輓(상배자만)…103
　　배필을 잃음

嘲僧儒(조승유)…106
　　중과 선비를 비웃다

嘲山老(조산노)…108
　　산속 늙은이를 조롱함

沃溝金進士(옥구김진사)…111
　　옥구 사는 김진사

老人自嘲(노인자조)…112
　　노인 스스로 한탄함

見乞人屍(견걸인시)…115
　　걸인의 시신을 보고

八代詩家(팔대시가)…117
　　팔인의 시인들

兩班論(양반론)…120
　　양반론

贈還甲宴老人(증환갑연노인)…122
　　환갑을 맞은 노인에게

還甲宴(환갑연)…124
　　환갑연

隱士(은사)…126
　　세상 등진 선비

使臣(사신)…129
　　사신

淮陽過次(회양과차)…132
　　회양땅을 지나면서

제 3장
動物篇(동물편)

鷄 ①(계)…137
　닭

鷄 ②(계)…138
　닭

狗(구)…140
　개

猫 ①(묘)…143
　고양이

猫 ②(묘)…145
　고양이

魚(어)…148
　물고기

鷹(응)…151
　매

蛙(와)…153
　개구리

虱(슬)…155
　이

蚤(조)…157
　벼룩

老 牛(노우)…159
　늙은 소

白 鷗(백구)…162
　갈매기

鳳 凰(봉황)…163
　봉황과 새

葬 魚 腹(장어복)…165
　고기를 먹고나서

제 4장
詠物篇(영물편)

網 巾(망건)…169
　　망건

詠 笠(영립)…170
　　삿갓을 읊음

冠(관)…172
　　갓

燈 火(등화)…174
　　등불

詠 影(영영)…176
　　그림자를 읊음

瓜(과)…180
　　참외

攪 車(교차)…181
　　씨앗

織 錦(직금)…182
　　비단을 짜다

錢(전)…184
　　돈

松 餅 詩(송병시)…185
　　송편

燈(등)…186
　　등불

窓(창)…188
　　창문

火 爐(화로)…192
　　화로

木 枕(목침)…193
　　나무베개

紙(지)…195
　　종이

溺 缸(요항)…197
　　요강

簾(염)…199
발

硯(연)…201
벼루

筆(필)…203
붓

煙竹 ①(연죽)…205
담뱃대

煙竹 ②(연죽)…208
담뱃대

將棋(장기)…209
장기

棋(기)…211
바둑

氷(빙)…213
얼음

竹 詩(죽시)…215
대나무

眼 鏡(안경)…217
안경

太(태)…219
콩

萱 草(훤초)…221
원추리

看 鏡(간경)…223
거울을 보다

上 元 月(상원월)…226
음력 정월 보름달

聽 曉 鐘(청효종)…228
새벽 종소리

伐 木(벌목)…230
나무를 베다

雪中寒梅(설중한매)…232
　눈 속에 핀 매화

雪 ①(설)…233
　눈

雪 ②(설)…235
　눈

雪 ③(설)…237
　눈

雪 景 ①(설경)…240
　눈덮인 경치

雪 景 ②(죽시)…242
　눈덮인 경치

雪 日(설일)…243
　눈 오는 날

風 月(풍월)…244
　풍월

秋 吟(추음)…245
　가을을 읊다

落 葉(낙엽)…247
　떨어지는 나뭇잎

吟 落 葉(음낙엽)…249
　낙엽을 읊다

吟 落 花(음낙화)…253
　낙화를 노래함

仙人畵像(선인화상)…255
　선인화상

제 5장

金剛山篇(금강산편)

金剛山詩(금강산시)…259
　금강산시

金 剛 山 ①(금강산)…260
　금강산

金 剛 山 ②(금강산)…261
　금강산

金 剛 山 ③(금강산)…262
　금강산

金 剛 山 ④(금강산)…264
　금강산

金 剛 山 ⑤(금강산)…268
　금강산

金 剛 山 ⑥(금강산)…270
　금강산

入金剛山 ①(입금강산)…271
　금강산에 들다

入金剛山 ②(입금강산)…272
　금강산에 들다

金剛山景(금강산경)…274
　금강산 구경

山 水 詩(산수시)…275
　산과 물

答僧金剛山詩(답승금강산시)…278
　금강산에서 스님과 함께
　시승(詩僧)과 같이 읊음…280

看金剛山(간금강산)…286
　금강산을 바라봄

看金剛山白雲峰…287
(간금강산백운봉)금강산 백운봉 구경

제6장
山川樓臺篇(산천누대편)

問 僧(문승)…291
　스님에게 물음

卽 景(즉경)…292
　경치를 보며

遊 山 吟(유산음)…294
　산에서

看 山(간산)…296
　산을 보며

力 拔 山(역발산)…298
　힘이 장사다

秋夜偶吟(추야우음)…300
　가을밤에 님을 만나

九月山吟(구월산음)…302
　구월산에서

妙香山詩(묘향산시)…303
　묘향산에서

新 溪 吟(신계음)…306
　신계에서

泛舟醉吟(범주취음)…307
　배 위에서 한 잔

過寶林寺(과보림사)…308
　보림사를 지나며

登百祥樓(등백상루)…310
　백상루에 올라

登咸興九天閣(등함흥구천각)…312
　함흥 구천각에서

安邊飄然亭 ①(안변표연정)…314
　안변 표연정에서

安邊飄然亭 ②(안변표연정)…316
　안변 표연정에서

安邊飄然亭 ③(안변표연정)…318
　안변 표연정에서

暮投江齊吟(모투강제음)…322
　저무는 강가에서

登廣寒樓(등광한루)…324
　광한루에 올라

登文星岩(등문성암)…326
문성암에 올라

大同江練光亭(대동강연광정)…328
대동강 연광정에서

關王廟(관왕묘)…330
관왕사당

安邊老姑峯過次吟(안변노고봉과차음)…331
안변 노고봉을 지나면서

馬島(마도)…332
마도에서

嶺南述懷(영남술회)…334
영남술회

過廣灘(과광탄)…336
광탄을 지나며

下汀洲(하정주)…340
정주에 내려와서

開城(개성)…342
개성에서

平壤(평양)…344
평양에서

咸關嶺(함관령)…345
함관령에서

過長端(과장단)…346
장단을 지나며

浮碧樓吟(부벽루음)…348
부벽루에서

大同江上(대동강상)…349
대동강에서

日暮(일모)…351
해질 녘

長洲行(장주행)…352
장주로 가는길

爭鷄岩(쟁계암)…353
쟁계암

五更登樓(오경등루)…354
깊은밤 누각에 오름

제 7장
愛 情(애정편)

可憐妓詩(가련기시)…359
기생 가련에게

街上初見 ①(가상초견)…361
길에서 처음 본 여인에게

街上初見 ②(가상초견)…363
길에서 처음 본 여인에게

戲贈妻妾(희증처첩)…365
아내와 첩에게

贈 某 女(증모녀)…368
어떤 여인에게

鶴城訪美人不見…371
(학성방미인불견)
학성을 방문했으나 아름다운 여인을
만나지 못함

暗夜訪紅蓮(암야방홍련)…375
한밤에 홍련을 만남

贈 妓(증기)…377
기생에게

嚥乳章三章(연유장삼장)…379
젖빠는 세 장면

李氏之三女吟(이씨지삼녀음)…383
이씨네 셋째 딸

妓生과의 合作(기생과의 합작)…385
기생과 함께

難 避 花(난피화)…387
꽃을 피하기 어려워

扶餘妓生과의 共作詩…389
(부여기생과의 공작시)부여기생과 함께

酒 色(주색)…391
술과 여자

嬌 態(교태)…393
수줍은 미소

弄 處 女(농처녀)…397
처녀를 희롱함

玉 門(옥문)…399
옥문

狂蝶忽飛(광접홀비)…401
미친 나비 날아가다

제 8장
雜　篇(잡편)

斷句一句(단구일구)…405
　　짧은 시 한구절

無　題(무제)…406
　　무제

諺 文 詩 ①(언문시)…407
　　언문시

諺 文 詩 ②(언문시)…408
　　언문시

山所訴出(산소소출)…409
　　(산소에 얽힌 고소장)

求鷹判題(구응판제)…411
　　매를 잡아오너라

破來訴題(파래소제)…413
　　파래소제

墓　爭(묘쟁)…416
　　묘에 대한 분쟁

犢價訴題(독가소제)…417
　　송아지값 소송

訃　告(부고)…418
　　부고

輓　詞 ①(만사)…419
　　만사

輓　詞 ②(만사)…420
　　만사

開春詩會作(개춘시회작)…423
　　봄을 여는 시회에서

諺文風月(언문풍월)…424
　　언문풍월

諺文眞書 섞어作…425
　　(언문진서 섞어작) 한글과 한문을 섞어지음

破 韻 詩(파운시)…426
　　파운시

祝 文 詩(축문시)…427
　　축문시

破 格 詩(파격시)…428
　　파격시

問杜鵑花消息(문두견화소식)…432
　　진달래 소식을 물음

虛 言 詩(허언시)…433
　　헛소리

與詩客詰踞(여시객힐거)…434
　　시객과 더불어

濁酒來期(탁주내기)…436
　　탁주내기

僧風惡(승풍악)…438
　　승풍악

破字詩(파자시)…439
　　파자시

川獵국(천렵국)…441
　　천렵국

警世(경세)…444
　　사람들아 들어라

貧吟(빈음)…446
　　가난을 읊음

自傷(자상)…448
　　스스로 아픔

艱貧(간빈)…450
　　가난

吟空歌(음공가)…451
　　허황된 노래

自嘆(자탄)…452
　　스스로 탄식함

偶吟(우음)…454
　　우음

老詠(노영)…456
　　늙음을 노래함

與趙雲卿上樓(여조운경상루)…458
　　조운경과 더불어

和金笠(화김립)…462
　　김삿갓에게

槐村答柳雅士(괴촌답유아사)…464
　　유선비에게 답함

寒食日登北樓吟(한식일등북루음)…466
　　한식날 북루에서

偶感(우감)…467
　　우연한 느낌

卽 吟(즉음)…469
　　즉흥시

自 詠(자영)…471
　　자신을 돌아보며

自顧偶吟(자고우음)…473
　　자신을 노래함

出 塞(출새)…475
　　변방에 가다

雜 詠(잡영)…477
　　여러가지 생각을 노래함

思 鄕①(사향)…481
　　고향을 그리다

思 鄕②(사향)…483
　　고향 생각

眼 昏(안혼)…485
　　눈의 노화

霽後回頭詩(제후회두시)…487
　　어느 개인 날에

偶 吟(우음)…489
　　우연히 읊음

放 氣(방기)…491
　　방귀

墳 塋(분영)…492
　　무덤가에서

離 別(이별)…493
　　헤어짐

蒙 恩(몽은)…495
　　은혜를 입음

逐 客(축객)…496
　　손님을 쫓음

老客何(노객하)…498
　　노인의 안부를 묻다

船上離別(선상이별)…499
　　배위에서 헤어짐을 생각함

論鄭嘉山 忠節死 嘆金益淳 罪通于天…502
(논정가산 충절사 탄김익순 죄통우천)
정가산의 충절사를 논하고 김익순의 죄가
하늘에 닿음을 탄하노라

天地萬物之逆旅(천지만물지역려)…511
자연의 섭리를 거스리는 나그네

蘭皐 平生詩(난고 평생시)…518
김삿갓의 삶

김삿갓 시의 구비문학적 성격 …526
(이창식)

제 1장

放浪篇
방랑편

대쾌도
유숙 (1846 작) 종이위 수묵채색 105×54cm 서울대박물관 소장

開城人 逐客
(개성인 축객) 나그네를 쫓아냄

邑號開城何閉門　　山名松嶽豈無薪
읍 호 개 성 하 폐 문　　산 명 송 악 기 무 신

黃昏逐客非人事　　禮儀東方子獨秦
황 혼 축 객 비 인 사　　예 의 동 방 자 독 진

♣ 풀이마당

고을 이름은 개성(열린 성)인데 어찌하여 닫혔으며
산 이름은 송악(松嶽)인데 어찌 나무가 없다고 하는가.

황혼녘 나그네를 쫓는 것이 사람이 할 짓이 아니거늘
동방예의지국에서 너 혼자 진나라 시황제 같구나.

♣ 느낌터

삿갓이 개성에서 하루밤 묵을 집을 찾았으나 모두 대문이 잠겼고, 겨우 한 집에서 사람이 나와 하는 말이 땔나무가 없어서 못 재우니 다른 집으로 가라면서 쫓는지라 고약한 지역 인심을 탓하는 내용이다.

♣ 배움터

逐 : ① 쫓을 축 ② 차례로 할 축　　松 : 솔 송
邑 : ① 고을 읍 ② 도읍 읍 ③ 근심할 읍　　嶽 : 큰산 악
號 : ① 이름 호 ② 부호 호 ③ 부르짖을 호　　秦 : 나라 진
閉 : ① 닫을 폐 ② 막을 폐 ③ 마칠 폐　　薪 : 땔나무 신

二十樹下
(이십수하) 스무나무 아래서

二十樹下三十客	四十家中五十食
이십수하삼십객	사십가중오십식
人間豈有七十事	不如歸家三十食
인간기유칠십사	불여귀가삼십식

♣ 풀이마당

스무나무 아래 서른 손이요
마흔 집 가운데 쉰 밥이라

인간사회에 어찌 이런 일이 있으리오
차라리 집에 돌아가 설은 밥 먹는 것만 못하리라.

♣ 느낌터

어느 집에 가서 한 끼의 밥을 신세지고자 하였으나 집집이 먹지 못할 쉰 밥을 내놓기에 개탄하여 읊은 시.
숫자시로서 야속한 민심을 꼬집는 김삿갓 특유의 유머가 흥미롭다.

二十樹=스무나무(나무 이름)→이 씨팔놈아
三十客=서른 손→서러운 나그네
四十家=마흔 집→망할 놈의 집
五十食=쉰 밥→상한 밥
七十事=일흔 일→이런 일

三十食=설흔 밥→덜 익은 밥

♣ 배움터

樹 : ① 나무 수 ② 심을 수 ③ 세울 수
豈 : ① 어찌 기 ② 싸움 이긴 노래 개
如 : ① 같을 여 ② 어떠할 여 ③ 갈 여
歸 : ① 돌아갈 귀 ② 따를 귀 ③ 시집갈 귀

家 : ① 집 가 ② 학문 가
有 : 있을 유
事 : ① 일 사 ② 섬길 사

소나무 밑에 처사
소당 이재관 (1783 ~ 1837)
종이위 수묵담채 138.8×66.2cm
국립중앙박물관 소장

失 題
(실제)멱자운

許多韻字何呼覓	彼覓有難況此覓
허 다 운 자 하 호 멱	피 멱 유 난 황 차 멱
一夜宿寢懸於覓	山村訓長但知覓
일 야 숙 침 현 어 멱	산 촌 훈 장 단 지 멱

♣ 풀이마당

허다한 운자 중에 하필이면 멱자를 부르는고
저 멱자도 어렵거늘 하물며 운자까지랴

하룻밤 자는 것이 멱자에 달렸으니
산촌 훈장 아는 것은 멱자뿐인가 보구나.

♣ 느낌터

어느 산촌을 지나다가 날이 저물어 동네 서당을 찾아 하룻밤 묵어 갈 것을 청하니 훈장이 멱(覓)자로 운자를 내면서 시를 한 수 지으면 허락하겠다고 하여 삿갓이 즉석에서 훈장을 비꼬는 투의 내용.

♣ 배움터

韻 : 운 운
呼 : ① 부를 호 ② 숨내쉴 호
覓 : 찾을, 구할 멱
彼 : 저 피
難 : ① 어려울 난 ② 난리 난

況 : ① 하물며 황 ② 형편 황
此 : 이, 이에 차
寢 : ① 잠잘 침 ② 쉴,그칠 침
懸 : ① 매달 현 ② 멀 현
但 : 다만 단

달밤 아래 신선
시산 유운홍(1797~1859) 종이위 채색 95×42cm 고려대학교박물관소장

姜座首逐客
(강좌수축객) 강좌수 나그네를 쫓아내다

祠堂洞裡問祠堂	輔國大匡姓氏姜
사 당 동 리 문 사 당	보 국 대 광 성 씨 강
先祖遺風依北佛	子孫愚流學西羌
선 조 유 풍 의 북 불	자 손 우 류 학 서 강
主窺塹下低冠角	客立門前嘆夕陽
주 규 첨 하 저 관 각	객 립 문 전 탄 석 양
座首別監分外事	騎兵步卒可當當
좌 수 별 감 분 외 사	기 병 보 졸 가 당 당

♣ 풀이마당

사당동네에서 사당을 물으니
보국대광(輔國大匡)을 지낸 강씨라

선조의 가르침은 부처님을 의지했는데
자손들은 배움의 시기를 놓쳐 서쪽 오랑캐 같구나.

주인은 처마 밑에 선 나그네를 엿보는데
문전에 서있는 나그네는 지는 석양을 한탄하는구려.

좌수별감은 분에 넘치는 벼슬이고
기마병이나 보졸이 마땅하구려.

♣ 느낌터

삿갓이 황혼녘에 사당동이라는 마을에서 하룻밤 유숙할 곳을 찾다가 큰 집 앞에서 주인을 찾으니 정일품 벼슬을 지낸 강씨 가문이라.
주인은 거절을 하며 삿갓이 갔나 안 갔나를 문틈으로 엿보는 것을 힐책한다.

♣ 배움터

祠 : ① 사당 사 ② 제사지낼 사
裡 : 속 리
輔 : ① 도울 보 ② 텃밤나무 보
匡 : ① 바룰 광 ② 두려워할 방
遺 : ① 끼칠 유 ② 줄 유 ③ 잃을 유
愚 : 어리석을 우

羌 : 오랑캐 강
窺 : 엿볼 규
檐 : 처마 첨
嘆 : 탄식할 탄
騎 : 말탈 기
步 : ① 걸을 보 ② 운수 보

계산 포무
고람 정기 (1825 ~ 1854) 종이위 수묵 24.5×4.5cm 국립중앙박물관 소장

逢雨宿村家
(봉우숙촌가) 잠들 초가에서 비를 만남

| 曲木爲椽籠着塵 | 其間如斗僅容身 |
| 곡 목 위 연 롱 착 진 | 기 간 여 두 근 용 신 |

平生不欲長腰屈　　此夜難謀一脚伸
평 생 불 욕 장 요 굴　　차 야 난 모 일 각 신

鼠穴通煙渾似漆　　蓬窓茅隔亦無晨
서 혈 통 연 혼 사 칠　　봉 창 모 격 역 무 신

雖然免得衣冠濕　　臨別慇懃謝主人
수 연 면 득 의 관 습　　임 별 은 근 사 주 인

♣ 풀이마당

구부러진 나무로 가래를 만들고 처마는 땅에 붙었는데
그 틈이 한 말만 하여 겨우 용신할만 하더라.

평생에 긴 허리를 굽히고자 아니하였으나
이 밤에는 한 다리 펴고 자기도 어렵겠구나

쥐구멍으로 들어오는 연기는 마치 칠흑 같고
봉창에는 쑥대로 가렸으니 새벽 온 줄도 모르겠네.

그러나 의관 적시며 노숙은 면했으니
떠날 땐 은근히 주인한테 고맙다는 인사라도 하리로다.

🍀 느낌 터

어느 촌가에서 비도 피할 겸 하룻밤 유하는데 방이 너무 비좁아 허리를 펼 수도 다리를 뻗을 수도 없고 쥐구멍으로 들어오는 연기로 칠흑 같은 곳에서 하룻밤을 지낸 나그네 설움을 엿볼 수 있다.

🍀 배움 터

逢 : 만날 봉
椽 : 서까래 연
塵 : 티끌, 먼지 진
腰 : 허리 요
鼠 : ① 쥐 서 ② 근심할 서
漆 : 칠할 칠
晨 : 새벽 신
濕 : 젖을 습
慇 : 은근할 은
蓬 : ① 쑥 봉 ② 성한 모양 봉 ③ 흩어진 모양 봉
隔 : ① 막힐 격 ② 사이 격 ③ 격할 격

宿 : ① 잘 숙 ② 지킬 숙 ③ 본디 숙
籠 : ① 농, 전통 롱
僅 : ① 겨우 근 ② 적을 근
屈 : ① 굽힐 굴 ② 다할 굴 ③ 강할 굴
渾 : ① 흐릴 혼 ② 모두 혼
茅 : 띠 모
雖 : 비록 수
臨 : 임할, 다다를 림
懃 : 은근할 근

산수 고람 정기 (1825~1854) 비단위 채색 97×33.3cm 국립중앙박물관 소장

艱飮野店
(간음야점) 주막

千里行裝付一柯	餘錢七葉尚云多
천리행장부일가	여전칠엽상운다
囊中戒爾深深在	野店斜陽見酒何
낭중계이심심재	야점사양견주하

♣ 풀이마당

천리행장을 단장에 맡기고
남은 돈 칠푼은 전재산일세.

주머니에 남은 칠푼더러 깊이깊이 숨어있으라 일렀는데
해저문 들녘에서 주막을 만났으니 이 일을 어찌하랴.

♣ 느낌터

떠도는 나그네의 정취가 물씬 풍기는 시이다.
지팡이 끝에 낡은 행장을 매달고 동가식 서가숙 하다보니 남은 돈이라곤 일곱냥 뿐이다.
그마저 고이 간직하려 했으나, 저무는 들녘에서 주객이 주막을 만났으니 어찌 그냥 지나치겠는가.

♣ 배움터

艱 : ① 어려울, 괴로울 간 ② 부모의 상 간
柯 : 가지 가
裝 : ① 꾸밀 장 ② 차릴 장 ③ 차림 장
囊 : 주머니 낭
爾 : ① 너 이 ② 그 이 ③ 어조사 이
深 : ① 깊을 심 ② 짙은 심

餘 : ① 남을 여 ② 다른 여　　　　斜 : 비낄 사
錢 : ① 돈 전 ② 무게 단위 전　　　葉 : ① 잎 엽 ② 성 섭

우물가 김홍도

無 題
(무제) 죽 한그릇

四脚松盤粥一器 사 각 송 반 죽 일 기	天光雲影共徘徊 천 광 운 영 공 배 회
主人莫道無顔色 주 인 막 도 무 안 색	吾愛靑山倒水來 오 애 청 산 도 수 래

♣ 풀이마당

네 다리 소나무밥상에 주는 죽 한 그릇에
하늘 빛과 구름 그림자가 오락가락 하는구나

주인양반 무안해 하지마시오
나는 청산이 물에 비치는 것을 사랑한다오.

♣ 느낌터

이 시는 가난한 농가에서 보잘 것 없는 소반에 구름 그림자가 비치도록 너무 묽은 죽을 내놓으며 주인이 무안해하자 김삿갓 특유의 재치로 주인을 위로하는 절구(絶句)이다.

♣ 배움터

脚 : ① 다리 각 ② 발 각
盤 : ① 쟁반 반 ② 받침 반 ③ 큰동 반 ④ 서릴 반
粥 : ① 죽 죽 ② 팔 육
影 : ① 그림자 영 ② 초상 영 ③ 햇살 영
徘 : 거닐 배   徊 : 어정거릴 회

顔 : ① 얼굴 안 ② 빛 안   吾 : 나 오

새참 조영석

風 俗 薄
(풍속부) 야박한 풍속

斜陽叩立兩柴扉
사 양 고 립 양 시 비

三被主人手却揮
삼 피 주 인 수 각 휘

杜宇亦知風俗薄
두 우 역 지 풍 속 박

隔林啼送不如歸
격 림 제 송 불 여 귀

♣ 풀이마당

석양에 이집 저집 문을 두드리니
준인들은 손을 내두르며 나그네를 물리치는구나

두견새도 야박한 인심을 알았는지
불여귀(不如歸)를 읊으며 숲속으로 사라지는구나.

♣ 느낌 터

나그네는 해가 지면 서러움이 엄습하는 법인데, 이집 저집 모두 문전박대를 받았으니 그 심사 알만하다.
불여귀를 울어외며 숲속으로 사라진 두견새가 위안이 되었을까?

♣ 배움 터

斜 : 비낄, 비스듬할 사
薄 : ① 엷을 박 ② 작을 박 ③ 야박할 박
叩 : ① 두드릴 고 ② 꾸벅거릴 고
柴 : ① 땔나무 시 ② 울타리 채   揮 : ① 휘두를 휘 ② 뿌릴 휘
却 : ① 물리칠 각 ② 물러날 각 ③ 발어사 각   扉 : 문짝 비

杜 : ① 막을 두 ② 아가위나무 두 ③ 성씨 두   啼 : 울 제

야생오리
석창 홍세섭 (1832~1884) 비단위 수묵 119.5×47.8cm
국립중앙박물관 소장

無 題
(무제) 길주

吉州吉州不吉州	許可許可不許可
길주길주불길주	허가허가불허가
明川明川人不明	漁佃漁佃食無魚
명천명천인불명	어전어전식무어

♣ 풀이마당

길주라고는 하나 좋은 고을이 아니고
허가 허가 하지만 아무것도 허가하지 않는다

명천 명천 하지만 사람은 분명치 못하고
어전 어전 하지만 밥상에 생선은 없구려

♣ 느낌터

삿갓을 쓰고 함북 길주에서 유리걸식을 하면서 고을 이름에 걸맞지 않게 길주의 인심이 좋지 않음을 해학적으로 꼬집는다.

♣ 배움터

宵 : ① 밤 소 ② 작을 소
吉 : ① 길할 길 ② 여식 길
州 : ① 고을 주 ② 삼각 주
許 : ① 허락할 허 ② 가량 허 ③ 곳 허
明 : ① 밝을 명 ② 날샐 명 ③ 이승 명 ④ 시력 명

漁 : ① 고기잡을 어 ② 빼앗을 어
佃 : ① 밭갈 전 ② 사냥할 전
魚 : 물고기 어
川 : 내 천

깊은 산속
완당 김정희 (1786 ~ 1857) 종이위 수묵 46.1×25.7cm 국립중앙박물관 소장

宿農家
(숙농가) 농가에서 하룻밤

終日緣溪不見人　　行尋斗屋半江濱
종일연계불견인　　행심두옥반강빈

門塗女媧元年紙　　房掃天皇甲子塵
문도여왜원년지　　방소천황갑자진

光黑器皿虞陶出　　色紅麥飯漢倉陳
광흑기명우도출　　색홍맥반한창진

平明謝主登前途　　若思經宵口味辛
평명사주등전도　　약사경소구미신

♣ 풀이마당

온종일 시내를 끼고 걸었으나 사람은 보이지 않더니
다행히 강가에 방가로를 찾았구나.

문에는 여왜(女媧)씨적 종이를 발랐고
방에는 천황씨(天皇氏) 갑자년(甲子年) 먼지가 쌓였구나.

때묻은 그릇은 우(虞)나라 도자기인지
붉은색 보리밥은 한나라 광에서 나온 것인지

날이 밝아 주인에게 인사하고 장도에 올랐으나

간밤 일을 생각하니 입맛이 쓰구나.

♣ 느낌터

가는 곳마다 문전박대요 대하는 음식마다 맥식소찬에 상한 음식을 먹으면서도 하늘을 지붕삼아 주유천하하던 삿갓의 그 심성을 헤아릴 수 있다.

♣ 배움터

緣 : ① 인연 연 ② 연줄 연 ③ 가장자리 연
尋 : ① 찾을 심 ② 발 심
濱 : ① 물가 빈 ② 다가올 빈
塗 : ① 바를 도 ② 길 도 ③ 진흙 도
溪 : 시내 계   麥 : 보리 맥
房 : 방 방   飯 : ① 밥 반 ② 먹을 반
掃 : 쓸 소   陳 : ① 베풀 진 ② 묵을 진 ③ 말할 진
皇 : 임금 황   謝 : ① 사례할 사 ② 사절할 사 ③ 빌 사
皿 : 그릇 명   登 : ① 오를 등 ② 나갈 등 ③ 실을 등
虞 : ① 나라 우 ② 염려할 우   若 : ① 같을 약 ② 어조사 약 ③ 만약 약
媧 : 여자이름 왜

매화 핀 산속서옥
우봉 조희룡 (1797~1859) 종이위 수묵 담채 106.1×45.1cm
간송 미술관 소장

元堂里
(원당리)원당마을

晋州元堂里	過客夕飯乞
진주원당리	과객석반걸
奴出無人云	兒來有故曰
노출무인운	아래유고왈
朝鮮國中初	慶尙道內一
조선국중초	경상도내일
禮儀我東方	世上人心不
예의아동방	세상인심불

♣ 풀이마당

진주 원당리에서
지나가던 나그네가 저녁밥을 빌었더니

종놈은 나와서 아무도 없다고 했는데
아이는 나와서 유고라고 하는구나

조선에서 이런 일은 처음이요
경상도 안에서도 여기 뿐이로다.

예절의 나라 우리 동방에서
세상 인심이 이래서야 되겠느냐.

♣ 배움터

飯 : ① 밥 반 ② 먹을 반 ③ 먹일 반
曰 : ① 가로 왈 ② 어조사 왈
奴 : ① 종 노 ② 놈 노
禮 : ① 예도 예 ② 절 예 ③ 예물 예
儀 : ① 거동 의 ② 모형 의 ③ 법 의
尙 : ① 오히려 상 ② 수상할 상 ③ 높을 상
鮮 : ① 고울 선 ② 생선 선 ③ 새로울 선 ④ 적을 선
朝 : ① 아침 조 ② 조정 조 ③ 임금 뵐 조 ④ 왕조 조

晉 : 나라 진
乞 : 빌 걸
慶 : 경사 경
我 : 나, 우리 아

마을을 방문
자진 신위 (1769 ~ 1845) 종이위 수묵 17×27cm 국립중앙박물관 소장

過安樂見忤
(과안락견오) 안락성을 지나면서

安樂城中欲暮天　　關西孺子聳詩肩
안락성중욕모천　　관서유자용시견

村風厭客遲炊飯　　店俗慣人但索錢
촌풍염객지취반　　점속관인단색전

虛腸洩雷頻有響　　破窓透冷更無穿
허장설뢰빈유향　　파창투냉갱무천

朝來一吸江山氣　　試問人間隻穀仙
조래일흡강산기　　시문인간벽곡선

♣ 풀이마당

안락성 안에 해는 저물어 가는데
관서지방 선비가 글자랑에 어깨가 으쓱하네

시골 풍속이 손님을 싫어해 밥짓기를 더디하고
주막 버릇이 몸에 익어 돈타령만 하는구려

빈 창자에서는 쪼르륵 소리 우뢰 같고
더 뚫을 곳 없이 깨진 창으로 냉기가 몰아치네

내일 아침에는 강산의 기운을 한껏 마시고
시험삼아 사람가운데 굶는 신선을 물어볼러라

♣ 느낌터

저무는 안락성에서 밥을 먹으려 했으나 주막집 주인은 돈타령만 하고 밥을 주지 않아 창자에서는 미꾸리 헤엄치는 소리를 내는데, 찢어진 창틈으로 스며드는 냉기마저 객수를 더욱 자극함을 느끼게 한다.

♣ 배움터

暮 : ① 저물 모 ② 늦을 모 ③ 늙을 모
關 : ① 빗장 관 ② 닫을 관 ③ 관아 관
孺 : ① 젖먹이 유 ② 딸릴 유 ③ 사모할 유
聳 : ① 솟을 용 ② 두려워할 용
厭 : ① 싫을 염 ② 덮을 엄 ③ 누를 엽
遲 : ① 더딜 지 ② 기다릴 지
俗 : ① 풍속 속 ② 속될 속 ③ 인간세상 속
索 : ① 찾을 색 ② 동아줄 삭
頻 : ① 찡그릴 빈 ② 자주 빈
破 : ① 깨뜨릴 파 ② 다할 파 ③ 쪼갤 파
吸 : ① 숨 들이쉴 흡 ② 마실 흡
穿 : ① 뚫을 천 ② 꿰뚫을 천
忤 : 거스를 오

透 : 통할 투
窓 : 창문 창
炊 : 불땔 취
腸 : 창자 장
慣 : 익숙할 관
肩 : 어깨 견
洩 : ① 샐 설 ② 퍼질 예
更 : ① 다시 갱 ② 다시 경
響 : ① 울릴 향 ② 소리 향
隻 : 임금 벽
穀 : ① 곡식 곡 ② 좋을 곡

버드나무밑의 당나귀타고 가는 선비
단원 김홍도 (1745 ~ ?)종이위 수묵 담채 117.1×52.2cm
간송 미술관 소장

소를 타고가는 목동
단원 김홍도 (1745 ~ ?) 종이위 채색 29.4×51.5cm 국립중앙박물관 소장

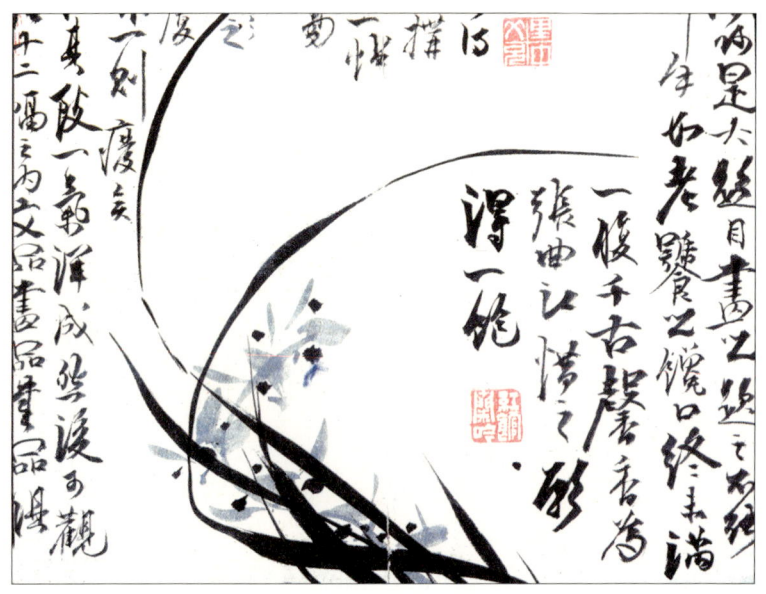

묵난
우봉 조희룡 (1707・1850) 종이위 수묵 24.4×29cm 이대박물관 소장

제 2장

人物篇
인물편

신행길 김홍도

신랑연석(新郎宴席) 조선시대

인물편 63

嘲幼冠者
(조유관자) 어린신랑

畏鳶身勢隱冠蓋
외 연 신 세 은 관 개

何人咳嗽吐棗仁
하 인 해 수 토 조 인

若似每人皆如此
약 사 매 인 개 여 차

一腹可生五六人
일 복 가 생 오 륙 인

♣ 풀이마당

솔개도 두려워 할 갓에 덮여 몸이 안 보이니
어떤 이가 기침할 때 뱉은 대추씨만 하구나.
만약 모든 사람들이 이같이 작다면
한 배에 대여섯 명은 낳을 수 있겠지.

♣ 느낌터

옛날에는 열 서너살 때 장가를 갔다. 그리고 장가갈 때는 큰 갓을 쓰고 갔으므로 삿갓 눈에 비친 새신랑이 너무 왜소한 것을 보고 자신의 심경을 담아냈다.

♣ 배움터

隱 : ① 숨을 은 ② 세상을 멀리할 은 ③ 불쌍히 여길 은
嘲 : 비웃을, 조롱할 조
冠 : ① 갓 관 ② 관례 관
鳶 : ① 솔개 연 ② 연 연
蓋 : ① 덮을 개 ② 어찌 아니할 합
嗽 : ① 기침할 수 ② 양치질할 수
畏 : 두려워할 외
咳 : 기침 해
棗 : 대추 조
皆 : 다 개
腹 : 배 복

多睡婦
(다수부) 잠 많은 아낙

西隣愚婦睡方濃	不識蠶工況也農
서린우부수방농	불식잠공황야농
機閑尺布三朝織	杵倦升粮半日舂
기한척포삼조직	저권승량반일춘
弟衣秋盡獨稱搗	姑襪冬過每語縫
제의추진독칭도	고말동과매어봉
蓬髮垢面形如鬼	偕老家中却恨逢
봉발구면형여귀	해로가중각한봉

♣ **풀이마당**

옆집 어리석은 부인의 잠이 바야흐로 무르익으리
누에 치는 일도 모르는데 하물며 농사일이랴

베틀이 한가하여 한 자 베 짜는데 사흘이나 걸리고
절구질도 게을러서 한 되 양식 찧는데 반나절이 걸리누나.

동생 옷은 가을이 다가도록 짓지 아니하고
시어머니 버선은 겨울 다가도록 늘 바느질을 해야겠다고만 하네

풀어헤쳐진 머리와 때묻은 얼굴은 마치 귀신 같고

같이 늙어가는 남편은 이 여자 만난 것을 한탄하누나

♣ 느낌터

이웃집 부인이라고는 하였지만 어쩌면 게으름 피우는 자기 부인을 두고 옆집 부인에 빗대서 꼬집은 것인지도 모를 일이다.

♣ 배움터

粮 : 양식, 먹이 량
濃 : ① 짙을 농 ② 이슬 많을 농
杵 : ① 공이 저 ② 다듬잇방망이 저
倦 : ① 게으를 권 ② 싫증날 권
睡 : ① 졸 수 ② 잠잘 수
搗 : ① 찧을 도 ② 두드릴 도
髮 : 터럭, 머리털 발
閑 : ① 한가할 한 ② 등한할 한 ③ 마구간 한
升 : ① 되 승 ② 오를 승 ③ 나아갈 승 ④ 익을 승
稱 : ① 일컬을 칭 ② 헤아릴 칭 ③ 칭찬할 칭

鬼 : 귀신, 도깨비 귀
偕 : ① 함께 해 ② 굳셀 해
恨 : ① 한할 한 ② 뉘우칠 한
隣 : 이웃 린
織 : 짤 직
蠶 : 누에 잠
襪 : 버선 말
縫 : 꿰맬 봉
垢 : 때 구

어물장수 신윤복(1676~1759) 종이에 수묵담채 28.3×19.1cm 국립중앙박물관 소장

惰 婦 ①
(타부) 게으른 아낙

事積如山意自寬　　閨中日月過無關
사 적 여 산 의 자 관　　규 중 일 월 과 무 관

曉困常云冬夜短　　衣薄還道夏風寒
효 곤 상 운 동 야 단　　의 박 환 도 하 풍 한

織將至暮難盈尺　　食每過朝始洗盤
직 장 지 모 난 영 척　　식 매 과 조 시 세 반

時時逢被家君怒　　謾打啼兒語萬端
시 시 봉 피 가 군 노　　만 타 제 아 어 만 단

♣ 풀이마당

일 태산 같아도 마음은 태평스럽게
안방에서 쓸데없이 세월만 보내는구나

새벽잠이 곤하면 늘 겨울밤이 왜이리 짧다하고
옷이 해지면 여름 바람도 춥다 느구나

베를 짜도 해저물도록 한 자도 못채우고
아침밥은 한나절이 되어서야 밥상에 걸레질을 시작하는구나

시시로 남편의 꾸지람을 들을 때면
부질없이 아이만 때리면서 갖은 푸념 다하누나

🍀 느낌터

며느리가 화가 나면 강아지 배때기 걷어찬다고 하던가.
게으른 아낙네는 자기 게을러 남편에게 꾸지람 듣는 것을 아이에게 화풀이 하는 내용을 대하게 된다.

🍀 배움터

惰 : ① 게으를 타 ② 버릇 타
積 : ① 쌓을 적 ② 곱하여 얻은 수 적
寬 : ① 너그러울 관 ② 습관 관
曉 : ① 새벽 효 ② 깨달을 효 ③ 타이를 효
困 : ① 곤할 곤 ② 어려울 곤
寒 : ① 찰 한 ② 떨 한 ③ 어려울 한
端 : ① 끝 단 ② 단정할 단 ③ 실마리 단
謾 : ① 게으를 만 ② 속일 만 ③ 느릴 만 ④ 업신여길 만

盈 : 찰 영
怒 : ① 성낼 노 ② 세찰 노
啼 : 울 제
閨 : 안방 규

자리짜기 김홍도

懶 婦 ②
(라부) 게으른 아낙

無病無憂洗浴稀	十年猶着嫁時衣
무병무우세욕희	십년유착가시의
乳連褒兒謀午睡	手拾裙虱愛簷暉
유연포아모오수	수습군슬애첨휘
動身便碎廚中器	搔首愁看壁上機
동신편쇄주중기	소수수간벽상기
忽聞隣家神賽慰	柴門半掩走如飛
홀문인가신새위	시문반엄주여비

♣ 풀이마당

병도 근심도 없으니 빨래하고 목욕하는 일 드물고
십 년을 하루같이 시집올 때 가져온 옷만 입네.

갓난아기 젖 물리고 낮잠만 자려 하고
속옷에 이 잡는다며 처마 밑에서 햇볕 쬐네.

움직였다 하면 부엌에 그릇 깨지는 소리요
머리 긁적이며 한숨 지며 베틀만 바라보네.

이웃집서 굿한다는 소문만 들리면
사립문 반만 닫고 나는 듯이 달려가네.

♣ 느낌터

옛날 아낙네들에게는 베 짜는 일만큼 큰일도 없었다. 그리고 쉬고 싶으면 아기 젖 물리는 거였다. 여인네들에게 있어서 아기 젖 빨리는 시간 보다 더 행복한 시간이 또 있을까?
젖 물리고 오수 즐기는 것은 여인네들에게 주어진 특권이다.

♣ 배움터

憂 : ① 근심할 우 ② 상제될 우   看 : ① 볼 간 ② 지켜볼 간
稀 : 드물, 적을 희   謀 : 꾀, 도모할 모
嫁 : ① 시집갈 가 ② 떠넘길 가   懶 : 게으를 라
乳 : ① 젖 유 ② 젖같은 액 유   襃 : 기릴 포
碎 : ① 부술 쇄 ② 저질구레할 쇄   裙 : 치마 군
廚 : ① 부엌 주 ② 푸줏간 주   暉 : 빛 휘
搔 : ① 긁을 소 ② 시끄러울 소   虱 : 이 슬
猶 : ① 오히려 유 ② 같을 유 ③ 머뭇거릴 유   簷 : 처마 첨
賽 : ① 치성드릴 새 ② 내기할 새 ③ 굿할 새
掩 : ① 가릴 엄 ② 덮칠 엄 ③ 닫을 엄
飛 : ① 날 비 ② 빠를 비 ③ 높을 비 ④ 떠돌 비

자리짜기 김득신

인물편 73

惰 婦 ③
(타부)게으른 아낙

惰婦夜摘葉
타 부 야 적 엽
廚間暗食聲
주 간 암 식 성

纔成粥一器
재 성 죽 일 기
山鳥善形容
산 조 선 형 용

♣ 풀이마당

게으른 아낙네 밤에 나물 뜯어다가
겨우 죽 한 그릇 만들었다.

부엌에서 몰래 음식 먹는 소리
후루룩 산새 나는 소리 같구나.

♣ 느낌터

부엌에서 후루룩 죽 마시는 소리가 마치 산새가 푸드득 날아가는 소리와 같다는 참으로 가난이 뼈에 사무치는 정취이다.

♣ 배움터

摘 : 딸 적
暗 : ① 어두울 암 ② 흐릴 암 ③ 가만히 암 ④ 외울 암 ⑤ 어리석을 암
聲 : ① 소리 성 ② 풍류소리 성 ③ 이름 성 ④ 명예 성
形 : ① 형상 형 ② 모양 형 ③ 얼굴 형 ④ 나타날 형 ⑤ 형세 형
纔 : 겨우 재

다림질 신윤복 개인소장

元 生 員
(원생원) 원생원

日出猿生原(元生員)　　猫過鼠盡死(徐進士)
일 출 원 생 원　　　　　　묘 과 서 진 사

黃昏蚊簷至(文僉知)　　夜出蚤席射(趙碩士)
황 혼 문 첨 지　　　　　　야 출 조 석 사

♣ 풀이마당

해가 뜨니 원숭이가 기어 나오고
고양이가 지나가니 쥐가 죽은 듯이 숨는구나.
황혼이 되니 모기가 처마밑으로 기어들고
밤에는 벼룩이 나와 자리에서 쏘는구나.

♣ 느낌터

삿갓이 유랑 중에 남정네 네 명이 기녀들을 옆에 끼고 시랍시고 읊조리는 것을 보고는 술생각이 나서 한 잔의 술을 청하였으나 거절당했다.
이들 네 명의 남정네가 원생원과 서진사, 문첨지와 조석사라는 것을 안 김삿갓은 특유의 재치로 이들을 원숭이와 쥐새끼, 모기떼와 벼룩으로 풍자하여 꼬집었다.

♣ 배움터

猿 : 원숭이 원　　猫 : 고양이 묘　　盡 : 다할 진
徐 : 천천히 서　　蚊 : 모기 문　　　蚤 : 벼룩 조
射 : ① 쏠 사 ② 벼슬 이름 야 ③ 맞출 석 ④ 싫을 역

단원도
김홍도 1784년작 종이에 수묵담채 135×78.5㎝ 개인 소장

인물편 77

弄 詩
(농시) 장난시

六月炎天鳥坐睡(趙座首)　九月凉風蠅盡死(承進士)
육 월 염 천 조 좌 수　　　　구 월 량 풍 승 진 사

月出東嶺蚊簷至(文僉知)　日落西山烏向巢(吳鄕首)
월 출 동 령 문 첨 지　　　　일 락 서 산 오 향 소

♣ 풀이마당

유월염천에 새가 앉아 졸고 있고
구월양풍에 파리가 다 죽는구나.

달이 동녘에 뜨니 모기떼가 처마 밑에 몰려들고
해가 서산에 지니 까마귀는 둥지를 찾아든다.

♣ 느낌터

별 볼일 없는 인사들이 좌수(座首)에서 진사로 승진하고,
첨지가 고을의 우두머리가 되는 것을 보고 이를 조롱하는 내용.

♣ 배움터

弄 : ① 희롱할 롱 ② 놀 농 ③ 업신여길 농　嶺 : 재 령
炎 : ① 불꽃 염 ② 뜨거울 염　　　　　　　蠅 : 파리 승
巢 : ① 새집 소 ② 큰피리 소　　　　　　　僉 : 다 첨
坐 : ① 앉을 좌 ② 죄입을 좌
凉 : ① 서늘할 량 ② 얇을 량 ③ 쓸쓸할 량
落 : ① 떨어질 락 ② 마을 락 ③ 비로소 락

반상도
김득신 종이에 수묵담채 27.5×33.5cm 평양박물관 소장

訓 長
(훈장)선생님

世上誰云訓長好	無煙心火自然生
세 상 수 운 훈 장 호	무 연 심 화 자 연 생
日天日地靑春去	云賦云詩白髮成
왈 천 왈 지 청 춘 거	운 부 운 시 백 발 성
雖誠難聞稱道語	暫離易得是非聲
수 성 난 문 칭 도 어	잠 리 이 득 시 비 성
掌中寶玉千金子	請囑撻刑是眞情
장 중 보 옥 천 금 자	청 촉 달 형 시 진 정

♣ 풀이마당

세상에 누가 일러 훈장 좋다 하느냐
연기도 없이 자연 가슴만 탄다.

하늘 천 땅 지 가르치는 사이 청춘은 가고
운을 부르고 시를 논하는 사이 백발만 성성하네.

정성껏 가르쳐도 칭찬 받기 어렵고
잠시만 자리를 떠도 비난소리 요란하네.

손에 쥔 보배같은 자식

회초리 치며 가르치란 부탁 진정인가요.

🍀 느낌터

서당 훈장의 어려움을 절절히 표현한 시이다.
지금은 사랑의 매라 하여 회초리를 학교에 기증하는 학부모들도 있긴 하지만 대부분의 학부모들은 금지옥엽 자식들에게 회초리를 들었다간 당장 형사문제로 걸고 넘어지지만 옛날에는 서당에서 회초리 드는 일은 일반사였다.

🍀 배움터

訓 : ① 가르칠 훈 ② 뜻 훈
煙 : ① 연기 연 ② 안개 연
去 : ① 갈 거 ② 버릴 거
賦 : ① 구실 부 ② 줄 부
誠 : ① 정성 성 ② 진릴로 성
撻 : 종아리칠, 매질할 달
掌 : ① 손바닥 장 ② 맡을 장 ③ 주징힐 징
寶 : ① 보배 보 ② 돈 보
囑 : 부탁할, 위촉할 촉

誰 : 누구 수
聞 : 들을 문
語 : 말씀 어
暫 : 잠간 잠
離 : 떠날 리

그림그리기 강희언 18세기중엽 26×21cm 개인 소장

訓戒訓長
(훈계훈장) 훈장을 훈계함

化外頑氓怪習餘 화 외 완 맹 괴 습 여	文章大塊不平噓 문 장 대 괴 불 평 허
蠡盃測海難爲水 려 배 측 해 난 위 수	牛耳頌經豈悟書 우 이 송 경 기 오 서
含黍山間奸鼠爾 함 서 산 간 간 서 이	凌雲筆下躍龍余 능 운 필 하 약 용 여
罪當笞死姑舍已 죄 당 태 사 고 사 이	敢向尊前語詰裾 감 향 존 전 어 힐 거

♣ 풀이마당

두메산골 완고한 백성에게는 괴이한 풍습이 있어
문장대가들을 욕하며 허풍을 떠는구나.

조가비잔으로 어찌 바닷물을 헤아릴 수 있으리오
쇠귀에 경읽기니 어찌 글을 깨우치랴.

네가 서숙이나 먹는 산간의 쥐라면
나는 청운을 타고 노는 용과 같도다.

마땅히 태형에 처해 죽일 것이로되 용서하노니

감히 존전을 향하여 힐란함을 삼갈지어다.

🍀 느낌 터

삿갓이 강원도 어느 고을 서당에서 있었던 일이다.
마침 훈장은 학동에게 율(聿)을 강의하면서 의기양양해 하면서 고대문장들의 글을 폄하하고, 하룻밤 묵어 갈 것을 청하는 김삿갓을 보자 멸시하는 투로 허(嘘), 서(書), 여(余), 거(거)의 운을 부르며 율(律)을 지으라 하였다.
여기에 김삿갓은 분연히 이렇게 훈장을 혼내준 시이다.

🍀 배 움 터

戒 : ① 경계할 계 ② 재계할 계
頑 : ① 완고할 완 ② 어리석을 완
習 : ① 익힐 습 ② 버릇 습
測 : ① 헤아릴 측 ② 끓는물 측 ③ 국 측
凌 : ① 능가할 능 ② 업신여길 능 ③ 범할 능
姑 : ① 시어미 고 ② 고모 고 ③ 아직 고
尊 : ① 높을 존 ② 어른 존 ③ 공경할 존 ④ 술통 준
筆 : ① 붓 필 ② 글씨 필
詎 : 말 법도 있을 거
已 : ① 이미 이 ② 그칠, 말 이 ③ 너무 이 ④ 뿐, 따름 이
蠹 : 좀먹을 려

氓 : 백성 맹
塊 : 덩어리 괴
嘘 : 거짓말할 허
頌 : 칭송할 송
黍 : 기장 서
躍 : 뛸 약
苔 : 이끼 태

활쏘기
김홍도 18세기 보물 제527호 종이에 담채 28×24cm 국립중앙미술관 소장

嘲山村學長
(조산촌학장) 산촌 학장을 조롱함

| 山村學長太多威 | 高着塵冠鍤唾排 |
| 산 촌 학 장 태 다 위 | 고 착 진 관 삽 타 배 |

| 大讀天皇高弟子 | 尊稱風憲好朋儔 |
| 대 독 천 황 고 제 자 | 존 칭 풍 헌 호 붕 주 |

| 每逢兀字憑衰眼 | 輒到巡杯藉白鬚 |
| 매 봉 올 자 빙 쇠 안 | 첩 도 순 배 자 백 수 |

| 一飯黌堂生色語 | 今年過客盡楊州 |
| 일 반 횡 당 생 색 어 | 금 년 과 객 진 양 주 |

♣ 풀이마당

산골 훈장 위엄이 너무 많아서
높이 먼지 낀 관을 쓰고 가래침만 뱉는구나.

겨우 큰 소리로 천황씨를 읽는 제자가 높은 제자요
겨우 풍헌이라고 존칭하는 자가 좋은 친구로구나.

모르는 글자 만나면 눈 어둡다 핑계대고
주석에선 흰 수염을 쓰다듬으며 술잔을 먼저 받네.

한 그릇 밥 주면서 서당에서 하는 말이
금년에 오는 손님들은 모두 양주(서울) 사람이라네.

♣ 느낌터

박식(薄識 ; 지식이 얕음)하면서도 위엄만 부리는 시골 훈장을
　　　　　나무라는 시.
횡당(黌堂) : 서당
　　태(太) : 대단히
삽타(鍤唾) : 가래 삽(鍤)자와 침 타(唾)를 연결 하여 '가래침'
　　　　　이라 표현했는데 이것 역시 삿갓다운 재치이다.
올자(兀字) : 모르는 글자
백수(白鬚) : 흰수염, 나이가 많음을 뜻함

♣ 배움터

威 : ① 위엄 위 ② 세력 위　　　憲 : ① 법 헌 ② 관청 헌
着 : ① 붙을 착 ② 입을 착　　　朋 : ① 벗 붕 ② 무리 붕
鍤 : 가래 삽　　　　　　　　　儔 : ① 짝 주 ② 성특할 주
唾 : 침 타　　　　　　　　　　兀 : ① 우뚝할 올 ② 발뒤꿈치 올
鬚 : 수염 수　　　　　　　　　憑 : ① 의지할 빙 ② 증거 빙
黌 : 글방 횡　　　　　　　　　輒 : 문득, 곧 첩
楊 : 버들 양　　　　　　　　　弟 : 아우 제
巡 : ① 돌 순 ② 두루 순 ③ 순찰할 순
排 : ① 물리칠 배 ② 밀어낼 배 ③ 벌일 배
藉 : ① 빙자할 자 ② 위로할 자 ③ 어지러울 자 ④ 친경할 적

송하수업도
이인상 18세기 중엽 종이에 수묵담채 28.7×27.5cm 개인 소장

辱說某書堂
(욕설모서당) 욕먹는 서당

書堂乃早知	房中皆尊物
서당내조지	방중개존물
生徒諸未十	先生來不謁
생도제미십	선생내불알

♣ 풀이마당

서당을 내 일찍 알았으나
방중에는 다 높은 물건들 뿐이구나.

생도라곤 모두 열 명이 안 되고
선생은 오지 않는구나.

♣ 느낌터

김삿갓이 시골 어느 서당엘 갔었는데 생도들이 행동거지가 맘에 안 드는 데다가 선생도 나타나질 않자 이 시를 써 두고 나왔다고 한다.
뜻 보다는 밑줄 선 그은 음을 그대로 읽으면 욕설이다.

♣ 배움터

辱 : ① 욕 욕 ② 욕되게할 욕
某 : 아무 모
房 : ① 방 방 ② 별이름 방 ③ 송이 방
徒 : ① 무리 도 ② 걸어다닐 도 ③ 맨손 도 ④ 다만 도
諸 : 모든, 여러 제
謁 : 이뢸, 뵐 알
早 : 일찍 조

현정승집도
강세황 1747년작
종이에 수묵담채 35×101.8㎝
개인 소장

서당 김홍도

老 嫗
(노구)늙은 노파

臙脂粉登買耶否
연 지 분 등 매 야 부

東栢香油亦在斯
동 백 향 유 역 재 사

老嫗當窓梳白髮
노 구 당 창 소 백 발

更無一語出門遲
갱 무 일 어 출 문 지

♣ 풀이마당

연지 분 안 사려우?
동백기름, 향유도 여기 있소.

노파는 창가에서 흰 머리 빗으며
대답은커녕 문 열 기색도 없다.

♣ 느낌터

이 시는 연지, 분, 동백기름, 향유 등도 늙으면 아무 소용 없다는 늙음을 자조하는 자학시(自虐詩).

♣ 배움터

嫗: 할미 구
脂: ① 비계 지 ② 나무진 비 ③ 연지 지
粉: ① 가루 분 ② 분바를 분
梳: 빗, 얼레빗, 빗을 소
否: ① 아니 부 ② 막힐 비 ③ 나쁠 비
斯: ① 이 사 ② 어조사 사

耶: 어조사 야
臙: 연지 연
買: 살 매
栢: 측백나무 백

지게꾼
오명현 18세기 비단에 수묵담채 19.7×20.6cm 국립중앙박물관 소장

경직도 병풍 중 '달구경'
작자 미상 19세기 중후반
비단에 수묵담채 149×44cm
독일 소장

嘲地師
(조지사) 풍수를 조롱함

| 可笑龍山林處士 | 暮年何學李淳風 |
| 가소용산임처사 | 모년하학이순풍 |

| 雙眸能貫千峰脈 | 兩足徒行萬壑空 |
| 쌍모능관천봉맥 | 양족도행만학공 |

| 顯顯天文猶未達 | 漠漠地理豈能通 |
| 현현천문유미달 | 막막지리기능통 |

| 不如歸飮重陽酒 | 醉抱瘦妻明月中 |
| 불여귀음중양주 | 취포수처명월중 |

♣ 풀이마당

가소롭다 용산에 임처사여
늙은 나이에 하필 이순풍을 배웠는고.

그대 두 눈동자는 능히 천봉맥을 뚫은 듯하건만
두 다리는 어찌 헛되이 만학(萬壑)을 누비고 다니는고.

나타난 천문도 오히려 통달하지 못하거늘
아득한 지리를 어찌 능히 통할 수 있으리오.

집으로 돌아가 중양주나 마시면서
달밝은 밤 파리한 아내나 취한 듯 안아주어라.

♣ 느낌터

지사(地師) = 풍수라 하며 묘지나 지상(地相)을 감식하는 사람
이순풍(李淳風) = 地師의 開祖(개조)
중양주(重陽酒) = 9월 9일에 먹는 술

♣ 배움터

漠 : ① 사막 막 ② 아득할 막
笑 : 웃음 소
眸 : 눈동자 모
壑 : 골, 구릉 학
妻 : ① 아내 처 ② 시집보낼 처
脈 : ① 혈맥 맥 ② 혈액 맥 ③ 줄기 맥
貫 : ① 꿸 관 ② 지위 관 ③ 호적 관 ③ 관(무게) 관
徒 : ① 무리 도 ② 걸어다닐 도 ③ 헛될 도
師 : ① 스승 사 ② 군사 사 ③ 전문가 사
處 : ① 곳 처 ② 살 처 ③ 처리할 처
顯 : ① 나타날 현 ② 높을 현 ③ 조상 경칭 현

飮 : ① 마실 음 ② 물먹일 음
淳 : 순박할 순
峰 : 산봉우리 봉
雙 : 쌍, 둘, 짝 쌍
瘦 : 여윌, 파리할 수

佝僂
(구루)꼽추

人皆平直爾何然 인 개 평 직 이 하 연	項在胸中膝在肩 항 재 흉 중 슬 재 견
回首不能看白日 회 수 불 능 간 백 일	側身僅可見靑天 측 신 근 가 견 청 천
臥如心字無三點 와 여 심 자 무 삼 점	立似弓形失一絃 입 사 궁 형 실 일 현
慟哭千秋歸去路 통 곡 천 추 귀 거 로	也應棺槨用團圓 야 응 관 곽 용 단 원

♣ 풀이마당

사람들은 모두 곧은데 너는 어이 그러느냐
목은 가슴 가운데 있고 무릎은 어깨에 있구나.

머리를 돌려도 백일(白日)을 보지 못하고
몸을 옆으로 뉘어야 겨우 청천(靑天)을 볼러라.

누워도 심(心)자에 세 점이 없는 것 같고
일어서도 줄 없는 활 모양이구나.

아! 천추에 통곡할 일이로다 죽어서 돌아갈 때도

응당 둥근 관(棺)을 써야겠구나.

♣ 느낌터

평생 허리를 바로 펴지 못하는 꼽추를 보고 안타까워하는 기색이 역력하다.

♣ 배움터

肩 : 어깨 견
胸 : ① 가슴 흉 ② 마음 흉
膝 : 무릎 슬
似 : 같을 ,비슷할 사
慟 : 애통할 통
應 : ① 응할 응 ② 응당 응
項 : ① 목 항 ② 조목 항 ③ 클 항
絃 : ① 악기줄 현 ② 현악기 현 ③ 탈 현
團 : ① 둥글 단 ② 모을 단 ③ 모임 단 ④ 단속할 단
圓 : ① 둥글 원 ② 둘레 원 ③ 온전할 원

槨 : 널 곽
臥 : ① 누울 와 ② 굽힐 와
弓 : ① 활 궁 ② 활꼴 궁
哭 : 울 곡
棺 : 널 관

嘲年長冠者
(조연장관자) 어린선비

方冠長竹兩班兒
방 관 장 죽 양 반 아

新買鄒書大讀之
신 매 추 서 대 독 지

白晝猴孫初出袋
백 주 후 손 초 출 대

黃昏蛙子亂鳴池
황 혼 와 자 난 명 지

♣ 풀이마당

뿔난 관을 쓰고 장죽을 문 양반집 아이가
새로 사온 맹자를 큰소리로 읽으니

그 모양은 어미 배에서 갓 태어난 원숭이 새끼 같고
소리는 황혼녘 연못에서 개구리 우는 소리만큼이나 어지럽구나.

♣ 느낌터

어느 양반집 선비가 관을 쓰고 앉아서 큰 소리로 맹자 읽는 모양을 보고 비웃은 시.

♣ 배움터

方 : ① 모 방 ② 방위 방 ③ 곳 방 ④ 방법 방
班 : ① 나눌 반 ② 반 반 ③ 둘릴 반 ④ 양반 반
書 : ① 글 서 ② 책 서 ③ 쓸 서 ④ 편지 서
讀 : ① 읽을 독 ② 구절 두
猴 : 원숭이 후

買 : 살 매
鄒 : 나라이름 추
晝 : 낮 주
袋 : 자루, 부대 대
池 : ① 못 지 ② 성 지

亂 : ① 어지러울 란 난 ② 난리 난   孫 : 손자 손
蛙 : 개구리 와   鳴 : 울 명

풍속도첩 중 처가방문 김윤보 19세기

贈老妓
(증노기) 늙은 기생에게

萬木春陽獨抱陰	聊將殘愁意惟心
만목춘양독포음	료장잔수의유심
白雲古寺枯禪夢	明月孤舟病客心
백운고사고선몽	명월고주병객심
嚬亦魂衰多見罵	唱還喝阻少知音
빈역혼쇠다견매	창환조찰소지음
文章到此猶如此	擊節靑樓慷慨吟
문장도차유여차	격절청루강개음

♣ 풀이마당

온갖 나무 봄볕 받는데 그대 홀로 쓸쓸해
늙음을 근심해도 마음은 오히려 깊구나.

흰 구름 떠가는 절간에 늙은 스님 같다고나 할까
달밤에 외로이 노 저어가는 나그네 심사로다.

찡그리면 혼이 쇠해 꾸짖음을 많이 보고
노래를 불러도 새 지저귀는 소리 같아 아는이 없어라.

문장은 오히려 이와 같은데

무릎 치며 청루에 앉아 분함을 되새기네.

♣ 느낌터

김삿갓이 옛날 정을 나누었던 기생을 찾아갔다가 그녀가 다른 사람에게 소실로 들어갔다는 소식을 듣고 늙은 기생을 상대로 대작을 하면서 퇴기(退妓)를 동정하며 읊은 율.
잔수(殘愁) : 노후(老後)의 수심(愁心)

♣ 배움터

聊 : ① 왜오라지, 좀, 잠시 료 ② 힘입을 료 ③ 편안할 료
陰 : ① 그늘 음 ② 음기 음 ③ 흐릴 음 ④ 세월 음
病 : ① 병들 병 ② 근심할 병 ③ 흠 병
將 : ① 장수 장 ② 장차 장   抱 : 안을 포
惟 : ① 생각할 유 ② 오직 유   夢 : 꿈 몽
禪 : ① 선양할 선 ② 고요할 선   魂 : 넋 혼
衰 : ① 쇠잔할 쇠 ② 상복 최   罵 : 꾸짖을 매
唱 : ① 노래 창 ② 인도할 창   阻 : 새울 찰
啁 : ① 지껄일 조 ② 새 지저귈 주   慷 : 강개할, 개탄할 강
還 : ① 돌아올 환 ② 돌릴 환   慨 : 슬퍼할, 분개할 개
嚬 : 찡그릴 빈   吟 : ① 읊을 음

씨름 김홍도

盡日垂頭客
(진일수두객) 문지기

| 唐鞋宋襪數斤綿 | 踏盡淸霜赴暮煙 |
| 당 혜 송 말 수 근 면 | 답 진 청 상 부 모 연 |

淺綠周衣長洩地　　眞紅唐扇半遮天
천 록 주 의 장 예 지　　진 홍 당 선 반 차 천

詩讀一卷能言律　　財盡千金尙用錢
시 독 일 권 능 언 률　　재 진 천 금 상 용 전

朱門盡日垂頭客　　若對鄕人意氣全
주 문 진 일 수 두 객　　약 대 향 인 의 기 전

♣ **풀이마당**

당혜에 솜을 몇 근씩 넣은 송나라 버선을 신고
아침 서리를 밟고 나서면 저녁연기가 피올라 오고

연록색 주나라 옷을 길게 늘어 땅에 끌고
진홍빛 당나라 부채로는 하늘을 반쯤 가리웠다.

시집 한 권 읽으면 능히 운율을 읊지만
재물은 천금을 다 써도 오히려 돈이 모자라네.

붉은대문 앞에 종일토록 머리 조아리던 사람도
고향 사람 만나니 양반인체 의기 탱천하는구나.

♣ 느낌터

당혜(唐鞋)=당나라를 숭배한 나머지 신도 당혜를 신었다.
송말(宋襪)=송나라식 버선
주문(朱門)=명망 높은 양반집의 붉은 대문

♣ 배움터

鞋 : 신 혜
綿 : ① 솜 면 ② 잇다을 면 ③ 자세할 면
踏 : 밟을 답
赴 : ① 다다를 부 ② 부고할 부
淺 : ① 얕을 천 ② 엷을 천
洩 : ① 샐 설 ② 퍼질 예
遮 : 가릴, 막을 차
垂 : 드리울 수
鄕 : ① 시골 향 ② 고향 향 ③ 고장 향

喪配自輓
(상배자만) 베필을 잃음

遇何晚也別何催	未卜其欣只卜哀
우 하 만 야 별 하 최	미 복 기 흔 지 복 애
祭酒惟餘醮日釀	襲衣仍用嫁時裁
제 주 유 여 초 일 양	습 의 잉 용 가 시 재
窓前舊種少桃發	簾外新巢雙燕來
창 전 구 종 소 도 발	렴 외 신 소 쌍 연 래
賢否卽從妻母問	其言吾女德兼才
현 부 즉 종 처 모 문	기 언 오 녀 덕 겸 재

♣ 풀이마당

만나기는 어찌 그리 더디며 헤어지기는 어찌 그리 빠른고
그 기쁨 맛보지 못하고 다만 슬픔 먼저 맛보았노라.

제주는 그대 혼일에 남은 술을 쓰고
상복은 그대 시집올 때 옷을 썼구려.

창앞에 작은 복숭아나무 꽃이 피어 만발하고
주렴 밖에 제비 한 쌍이 새 보금자리를 틀었어라.

어떤 것이 현명한지 장모님께 물으니

내 딸은 재주를 겸했다 대답하더이다.

♣ 느낌터

장가간 지 얼마 안 되어 상처를 한 젊은 홀아비의 심경을 대신하여 읊은 비가.

♣ 배움터

喪 : ① 복입을 상 ② 잃을 상
遇 : ① 만날 우 ② 접대할 우
催 : ① 재촉할 최 ② 베풀 최
欣 : 기뻐할 흔
只 : 다만 지
釀 : ① 술빚을 양 ② 만들 양
兼 : 겸할, 아우를 겸
醮 : ① 초례 초 ② 제사지낼 초
燕 : ① 제비 연 ② 편안할 연 ③ 잔치 연
配 : ① 짝 배 ② 나눌 배 ③ 귀양보낼 배
輓 : ① 수레끌 만 ② 애도할 만 ③ 늦을 만

仍 : ① 인할 잉 ② 거듭 잉
裁 : ① 마름 재 ② 절단할 재
簾 : 발 렴
其 : ① 그 기 ② 어조사 기
卜 : 점, 점칠 복
襲 : 껴입을 습
晩 : 늦을, 저물 만

짚신 삼는 노인
윤두서 18세기 초
모시에 수묵 32.4×21.1cm
해남 윤씨 가전 고화첩

풍속도첩 중 도리깨질(탈곡하는 장면) 김윤보 19세기

嘲僧儒
(조승유) 중과 선비를 비웃다

僧首團團汗馬閬
승 수 단 단 한 마 랑

儒頭尖尖坐狗腎
유 두 첨 첨 좌 구 신

聲令銅鈴零銅鼎
성 령 동 령 영 동 정

目若黑椒落白粥
목 약 흑 초 낙 백 죽

♣ 풀이마당

중놈의 머리는 둥글둥글 땀난 말 불알 같고
선비의 머리는 뾰쪽뾰쪽 앉은 개 좆 같구나.

목소리는 구리방울 굴리는 소리 같고
눈알은 흰 죽에 떨어진 검은 산초알 같네.

♣ 느낌터

김삿갓이 하루밤 묵을까 하여 어느 절을 찾아갔다.
절 앞에는 노스님과 선비로 보이는 늙은이 몇 명이 앉아 있어 하루밤 유할 것을 청하자 노스님은 얼굴을 쳐다보지도 않은 채 '우리 절에는 상좌가 여럿 있으니 그들에게 물어보라'고 거절하는데 대해 이렇게 욕을 한 것이다.

♣ 배움터

儒 : ① 선비 유 ② 유교 유
尖 : 뾰족할, 날카로울 첨
腎 : ① 콩팥 신 ② 불알, 자지 신
汗 : ① 땀 한 ② 물 질펀할 한
狗 : 개 구
僧 : 중 승

椒 : ① 산초나무 초 ② 후추 초　　鼎 : 솥 정
閬 : ① 솟을대문 낭 ② 높은 문 낭 ③ 넓을 랑

시주
김홍도 18세기 보물 제527호 종이위에 담채 27×22.5cm　국립중앙박물관 소장

嘲山老
(조산노) 산속 늙은이를 조롱함

萬里路長在 (原詩)	六年今始歸
만 리 노 장 재	육 년 금 시 귀
所經多舊館	太半主人非
소 경 다 구 관	태 반 주 인 비
蠻裡老長在 (金笠詩)	粥年今始貴
만 리 노 장 재	죽 년 금 시 귀
所經多舊冠	太飯主人非
소 경 다 구 관	태 반 주 인 비

♣ 풀이마당

오래동안 만리 장정에 있다가(원래 시)
6년만에 지금 비로소 돌아가는 길이노라.

지나는 곳마다 낯익은 집은 많으나
그 절반이 옛 주인이 아니로다.

산속 늙은이 오래도 사시오(김삿갓 시)
나이를 팔아 이제 귀하게 되었구려.

지나는 곳마다 옛 의관은 많거늘

콩밥을 주는 건 주인의 잘못이 아니요.

♣ 느낌터

죽년(粥年) : 나이를 팔다. 즉 나이가 많다는 뜻.
태반(太飯) : 콩밥

♣ 배움터

路 : 길 로
始 : 비로소, 처음 시
舊 : 옛, 오랠 구
館 : ① 집 관 ② 나그네집 관
巒 : 산봉우리 만
所 : ① 바 소 ② 곳 소
粥 : ① 팔 육 ② 미음 죽

나뭇군
김홍도 18세기 보물 제527호 종이위에 담채 28×24cm
국립중앙박물관 소장

沃溝金進士
(옥구김진사) 옥구 사는 김진사

| 沃溝金進士 | 與我二分錢 |
| 옥구김진사 | 여아이분전 |

| 一死都無事 | 平生恨有身 |
| 일사도무사 | 평생한유신 |

♣ 풀이마당

옥구에 사는 김진사가
나에게 두 푼의 돈을 주었네

한 번 죽으면 이런 일은 없을 터인데
평생에 이 한 몸 살아있는 것이 한이로구나.

♣ 느낌터

전라도 옥구에서 김진사댁을 찾았는데 김진사는 거지에게 주던 버릇으로 김삿갓에게 엽전 두 푼을 던져 주었다.
김삿갓이 분해서 받지 아니하고 욕시(辱詩)를 지은 것이다.

♣ 배움터

沃 : ① 기름질 옥 ② 손씻을 옥   溝 : ① 또랑 구 ② 해자 구
梅 : 매화 매   俠 : 호협할 협
衿 : 옷깃 금
把 : ① 잡을 파 ② 자루 파 ③ 지킬 파 ③ 묶을 파
都 : ① 도읍 도 ② 도회지 도 ③ 모두 도

老人自嘲
(노인자조) 노인 스스로 한탄함

八十年加又四年	非人非鬼亦非仙
팔십년가우사년	비인비귀역비선
脚無筋力行常蹶	眼乏精神坐輒眠
각무근력행상궐	안핍정신좌첩면
思慮語言皆妄佞	猶將一縷氣之線
사려어언개망령	유장일루기지선
悲哀歡樂總茫然	時閱黃庭門景篇
비애환락총망연	시열황정문경편

♣ 풀이마당

팔십에 또 4년을 더하니
사람도, 귀신도, 신선 또한 아니로다.

다리에 근력이 없으니 다닐 때 넘어지고
눈마저 흐려져 앉아 졸기만 하네.

사려와 언어는 모두 망령난 듯
한가닥 기운은 실낱만 하구나.

비애와 환락 모두 망연하니
때때로 황정에 있는 문경편이나 열어보노라.

느낌터

인생의 덧없음을 한탄함.

일루(一縷) : 한올의 실, 즉 건강이 몹시 약해서 겨우
　　　　　　유지되는 모양.
황정(黃庭) : 한의학 서

배움터

閱 : ① 볼 열 ② 살필 열 ③ 겪을 열
筋 : ① 힘줄 근 ② 기운 근
乏 : ① 핍박할 핍 ② 모자랄 핍
眠 : ① 잠잘 면 ② 쉴 면
慮 : ① 생각할 려 ② 염려할 려
歡 : ① 기뻐할 환 ② 즐길 환
景 : ① 볕 경 ② 경치 경 ③ 클 경 ④ 우러를 경
縷 : ① 실, 올 루 ② 자세할 루

脚 : 다리 각
蹶 : ① 넘어질 궐 ② 뛸 궐
輒 : 문득 첩
缶 : 망령 령
亦 : 또 역

밭갈이 김홍도 1796년작 종이위에 수묵 담채 26.7×31.6cm 호암미술관 소장

見乞人屍
(견걸인시) 걸인의 시신을 보고

不知汝姓不識名　　何處青山子故鄉
부 지 여 성 불 식 명　　하 처 청 산 자 고 향

蠅侵腐腐喧朝日　　烏喚孤魂弔夕陽
승 침 부 부 훤 조 일　　오 환 고 혼 조 석 양

一尺短筇身後物　　數升殘米乞時糧
일 척 단 공 신 후 물　　수 승 잔 미 걸 시 량

寄語前村諸子輩　　携來一柍掩風霜
기 어 전 촌 제 자 배　　휴 래 일 궤 엄 풍 상

♣ 풀이마당

이름도 성도 모르는 그대여
어느 청산이 자네의 고향인가.

아침나절엔 파리들이 썩은 살에 모이더니
석양에 가마귀 울음만이 외로운 혼을 달래주누나.

짧은 대작대기 하나가 유일한 유물이고
보따리엔 빌은 쌀 몇 됫박이 남았구나.

앞 마을 소년에게 부탁하노니
한 삼태기 흙으로 시신의 풍상이나 가려주려마.

♣ 느낌터

길거리를 지나다가 방치돼있는 걸인의 시신을 보자 자신도 여로에서 죽으면 저와 같이 되겠다는 생각이 들어 참담한 심정을 토로한다.

♣ 배움터

屍 : 주검 시
腐 : ① 썩을 부 ② 맘 괴롭힐 부 ③ 묵을 부
喧 : 시끄러울, 떠들 훤
識 : ① 알 식 ② 기록할 지
弔 : ① 조상할 조 ② 부쌍히 여길 조 ③ 매어달 조
升 : ① 되 승 ② 오를 승 ③ 태평할 승 ④ 나아갈 승
寄 : ① 부칠, 맡길 기 ② 의지할 기
輩 : ① 무리 배 ② 떼지을 배

蠅 : 파리 승
筇 : 대지팡이 공
簣 : 삼태기 궤

八代詩家
(팔대시가) 팔인의 시인들

李謫仙翁骨己霜
이 적 선 옹 골 기 상

柳宗元是但垂芳
유 종 원 시 단 수 방

黃山谷裡花千片
황 산 곡 리 화 천 편

百樂天邊雁數行
백 락 천 변 안 수 행

杜子美人今寂寞
두 자 미 인 금 적 막

陶淵明月久荒凉
도 연 명 월 구 황 량

可憐韓退之何處
가 련 한 퇴 지 하 처

惟有孟東野草長
유 유 맹 동 야 초 장

♣ 풀이마당

이백(李白) 옹의 백골은 이미 서리가 되었고
유종원(柳宗元)도 다만 이름만이 남았도다.
황산(黃山) 골 안에는 낙화만이 흩날리고
백락(百樂)의 하늘가엔 기러기 울음 구슬프도다.
두자 미인도 이제는 고인(古人)이 되었고
도연명의 밝은 달 기울어진지 오래일세.
가련쿠나! 한(韓)은 물러나 어디에 있는고
오직 맹동 들에 잡초만 무성하구나.

🍀 느낌터

이백(李白) 유종원(柳宗元) 황정견(黃庭堅) 백거이(白居易) 두보(杜甫) 도잠(陶潛) 한유(韓愈) 맹교(孟郊) 등은 당(唐) 송(宋) 대에 걸친 시에 있어서의 팔대가(八大家)임.

이 시는 시에 있어서 당·송대에 걸쳐 이름이 뛰어난 여덟 사람의 호(號) 또는 자(字)를 풀이하여 읊은 것이다. 시재(詩才)가 뛰어나 시선(詩仙)이라 했던 이백(李白)도 지금은 백골만 남았고 유종원도 이름만 남기고 있어 세월의 무상함을 노래했다. 황정견의 호 '산곡(山谷)'은 '계곡'으로, 백거이의 자(字) '낙천(樂天)'은 '하늘'로, 두보의 자 '子美'는 '미인'으로, 도잠의 자 '淵明'은 '연못'으로, 한유의 자 '退之'는 '물러나다'로, 맹교의 자 '東野'는 '들'로 풀이하여 읊었다.

세월이 흘러 모두 없음을 안타까워한 심정이 역력히 드러난다.

🍀 배움터

謫 : ① 꾸짖을 적 ② 귀양보낼 적
翁 : ① 늙은이 옹 ② 아버지 옹 ③ 노인을 높여부르는 말 옹
芳 : ① 꽃다울 방 ② 이름 빛날 방
片 : ① 조각 편 ② 한쪽 편 ③ 아주 작은 조각 편
寞 : ① 고요할 막 ② 쓸쓸할 막
荒 : ① 거칠 황 ② 흉년들 황
陶 : 질그릇 도
淵 : ① 못 연 ② 깊을 연
惟 : ① 생각할 유 ② 오직 유 ③ 한갓 유
孟 : ① 맏 맹 ② 맹랑할 맹

기마 김홍도의 〈안릉신영〉

평양감사선유도
18세기후반 종이에 수묵 채색 71.2×196.6㎝ 서울대학교 박물관 소장

兩班論
(양반론)양반론

彼兩班此兩班 피양반차양반	班不知班何班 반불지반하반
朝鮮三姓其中班 조선삼성기중반	駕洛一邦在上班 가락일방재상반
來千里此月客班 래천리차월객반	好八字今時富班 호팔자금시부반
觀其兩班厭眞班 관기양반염진반	客班可知主人班 객반가지주인반

♣ 풀이마당

저양반 이 양반하고 양반타령만 하니
반이란 도대체 무슨 반이 양반인지 모르겠네.

조선에서는 자고로 삼성이 그 중 양반이니
가락 일국에 으뜸가는 김씨가 제일 양반일러라.

천리먼길 왔으니 이달에는 손님인 내가 양반이요
돈만 있는 팔자면 이 시절의 부자가 양반일러라.

그따위 양반이 진짜 양반을 몰라보니

손님 양반이 가히 주인양반의 지체를 알겠구나.

🍀 느낌터

어느 고을에서서 김삿갓이 상놈대접을 받고 분개하여 양반도 아닌 주인의 양반행세를 꾸짖는 시.

🍀 배움터

兩 : ① 둘 양 ② 짝 량 ③ 냥(무게단위, 1냥 : 약 38g) 냥
論 : ① 강론할 론 논 ② 의논할 논 론
駕 : 멍에 가　　　邦 : 나라 방
眞 : 참 진　　　　客 : 손 객
富 : ① 부재 부 ② 넉넉할 부 ③ 가멸 부
觀 : ① 볼 관 ② 생각, 관념 관 ③ 경치, 모습 관
厭 : ① 싫을 염 ② 만족할 염 ③ 덮을 엄 ④ 누를 엽

반상도
김득신 종이에 수묵 담채 27.5×33.5cm 평양 박물관 소장

贈還甲宴老人
(증환갑연노인) 환갑을 맞은 노인에게

可憐江浦望
가 련 강 포 망

明沙十里連
명 사 십 리 연

令人個個拾
영 인 개 개 습

共數父母年
공 수 부 모 년

♣ 풀이마당

과연 아름다울사 포구를 바라보니
명사십리가 이어져 있구나.

그 뭇한 모래알을 모아
그 모래알만큼 부모가 장수했으면.

♣ 느낌터

환갑연에 참석했다가 자식들의 청에 의한 축시.
자식들의 바람은 부모가 명사십리 모래알처럼 오래 장수하기를
바란다는 내용.

♣ 배움터

宴 : ① 잔치 연 ② 편안할 연
望 : ① 바랄 망 ② 보름 망 ③ 바라볼 망
拾 : ① 주을 습 ② 열 십
降 : ① 내릴 강 ② 항복할 항

沙 : ① 모래 사 ② 일 사
個 : 낱 개
疑 : 의심할 의
是 : 이 시

盜 : 도둑, 훔칠 도
獻 : ① 드릴 헌 ② 어진사람 헌
得 : ① 얻을 득 ② 깨달을 득 ③ 만족할 득
偸 : ① 훔칠 투 ② 가벼울 투 ③ 구차할 투

壽 : ① 목숨 수 ② 나이 수
筵 : 자리 연

돌잔치
조선시대 작자 미상

평양감사향연도
18세기 후반 종이에 수묵 채색 71.2×196.6cm 국립중앙박물관 소장

還甲宴
(환갑연)환갑연

彼坐老人不似人	疑是天上降眞仙
피좌노인불사인	의시천상강진선
其中七子皆爲盜	偸得王桃獻壽筵
기중칠자개위도	투득왕도헌수연

♣ 풀이마당

저기 앉은 저 노인 사람 같지 아니하고
하늘에서 내려온 신선이 아닌가 의심스럽네.

슬하에 일곱자녀 모두 도둑들인가
옥황상제의 왕도를 훔쳐 수연에 올렸으니.

♣ 느낌터

김삿갓이 환갑잔치에 참석하여 지은 시로, 잔칫상을 받아놓고 "彼坐老人不似人"이라고 부르니 자식들이 진노하였다. 두 번째 구에서 "疑是天上降眞仙"란 구절로 갈채를 받았으나, 다시 "其中七子皆爲盜"라 읊으니 좌중이 모두 대노하였다. 그래도 삿갓은 태연히 "偸得王桃獻壽筵"하고 마무리를 짓자 김삿갓의 기지에 좌중은 찬탄을 금치 못했다 한다. 이 시에서도 김삿갓의 사람을 울렸다 웃겼다 하는 시재가 과연 돋보인다.
왕도(王桃) = 이 복숭아를 먹으면 장수한다는 전설의 과일.

회혼례도(回婚禮圖)
작가 미상 회혼례를 소재로 한 그림 비단 위에 채색 33.5×45.5 ㎝
국립중앙박물관 소장

隱 士
(은사) 세상 등진 선비

超然遯世彼山坡	隱映茅廬繞碧蘿
초 연 둔 세 피 산 파	은 영 모 려 요 벽 라
鶴舞琴前閑自足	鶯歌簷上興偏多
학 무 금 전 한 자 족	앵 가 첨 상 흥 편 다
雲遊庵釋評詩倒	電邁隣家採藥過
운 유 암 석 평 시 도	전 매 인 가 채 약 과
任我偃臥聯永夏	臨風遙和紫芝歌
임 아 언 와 연 영 하	임 풍 요 화 자 지 가

♣ 풀이마당

초연히 저 산 언덕에 숨어 사니
초막 안으로 은근한 빛이 비치네.

학이 거문고 앞에서 춤을 추니 이만하면 족하고
꾀꼬리 처마 위서 노래하니 흥취 또한 그만이라.

구름 노니는 암자에선 스님이 시를 평하려 하고
약캐러 가는 이웃 사람들 번개처럼 지나가네.

그냥 드러누워 긴 여름 지내니
바람결에 멀리서 난초 지초 화답하네.

♣ 느낌터

둔세(遯世)=세상을 등지고 사는 것
벽라(碧蘿)=푸른 담쟁이 넝쿨
모려(茅廬)=초막

♣ 배움터

隱 : ① 숨을 은 ② 불쌍히 여길 은
坡 : ① 고개 파 ② 둑 파
廬 : 오두막집 려
蘿 : ① 무 라 ② 담쟁이넝쿨 라
閑 : ① 한가할 한 ② 등한할 한
偃 : ① 엎어질 언 ② 쉴 언 ③ 거만할 언
遙 : ① 멀 요 ② 거닐 요
夏 : ① 여름 하 ② 중국 하
釋 : ① 해석할 석 ② 용서할 석 ③ 부처 석

遯 : ① 달아날 둔 ② 숨을 둔
茅 : 띠 모
繞 : ① 두를 요 ② 얽힐 요
舞 : 춤출 무
鶯 : 꾀꼬리 앵
偏 : 치우칠 편
紫 : 붉을 자
芝 : 지초 지

기려도
김명국 17세기 중엽
29.3×24.6cm

어부오수도 김홍도 18세기말 종이에 수묵 담채 29×41.5cm 개인 소장

使 臣
(사신) 사신

似君奇士自東來	華夏諸人詎可輕
사군기사자동래	화하제인거가경
歌送希音空郢市	劍騰雙寶盪延平
가송희음공영시	검등쌍보탕연평
凄涼鶴柱誰仙塚	莽陽龍堆是帝城
처량학주수선총	망양용퇴시제성
遮莫上書登北闕	卽今天子不求卿
차막상서등북궐	즉금천자불구경

♣ 풀이마당

임금같은 기사가 동쪽으로부터 오셨으니
화하에 모든 사람들이 어찌 가벼이 여기리오.

희음을 노래하니 영시(郢市)가 다 비고
쌍보의 검이 번뜩이니 연평진(延平津)이 진동하네.

처량한 학주(鶴柱)는 누가 신선의 무덤이라 하던가
망양(莽陽)한 용퇴(龍堆)는 여기가 제성(帝城)이라는 걸 말해주노라.

상소 올리고 북궐에 오르는 걸 막지말라
지금 천자가 벼슬을 구하는 게 아니니라.

♣ 느낌터

기사(奇士) : 재주꾼
화하(華夏) : 중국을 자랑스럽게 얘기하는 뜻

♣ 배움터

奇 : ① 기이할 기 ② 홀수 기 ③ 운수 사나울 기
華 : ① 빛날 화 ② 꽃 화
輕 : ① 가벼울 경 ② 가벼이여길 경 ③ 경솔할 경
莽 : ① 초목 우거질 망 ② 풀 망 ③ 넓을 망
卿 : ① 벼슬 경 ② 남을 높여 부르는 말 경
詎 : ① 어찌 거 ② 모를 거
誰 : ① 누구 수 ② 발어사 수
闕 : ① 대궐 궐 ② 문 궐
遮 : 막을, 가릴 차
寶 : ① 보배 보 ② 돈 보
凄 : 쓸쓸할 처
塚 : 무덤 총
騰 : 오를 등
堆 : 쌓일 퇴
儇 : 비유할 현
卽 : ① 곧 즉 ② 나아갈 즉
塚 : 무덤 총

기사계첩 봉배귀사도 부분
1720년작 비단위에 수묵 채색 43.9×67.6cm 보물 제 638, 639호

기사계첩 '기사사연도'
1720년작 비단위에 수묵 채색 43.9×67.6cm 보물 제 638, 639호

淮陽過次
(회양과차) 회양땅을 지나면서

山中妻子大如孃	緩著紛紅短布裳
산 중 처 자 대 여 양	완 저 분 홍 단 포 상
赤脚踉踉差過客	松籬深院弄花香
적 각 량 량 차 과 객	송 리 심 원 롱 화 향

♣ 풀이마당

산중의 처녀가 크기가 어른 같으니
분홍색 짧은 치마 느슨하게 입었구나.

미끈한 종아리 드러나서 과객을 부끄러워하는 듯
소나무 울타리 깊숙이서 꽃향기를 희롱하네.

♣ 느낌터

삿갓이 회양땅을 지나다가 아름다운 처녀를 보고 즉석에서 읊은 시.

♣ 배움터

緩 : ① 느릴 완 ② 늦출 완 ③ 너그러울 완
紛 : 어지러울, 엉클어질 분
淮 : 물이름 회　　孃 : ①계집애 양 ②어머니 양
裳 : 치마 상　　踉 : 버마재미 량
籬 : 울타리 리

만폭동(금강산)
겸재 정선(1676~1759) 비단위에 수묵 담채 33×22cm 서울 대학교 박물관 소장

순안도중(順安途中)
임득명 1813년작 28×13.6cm 개인 소장

귀시도
김득신 종이에 수묵 담채 27.5×33.5cm 개인 소장

풍속화첩 중 '장터길' 부분
김홍도 종이에 담채 54×22.7cm 국립중앙박물관 소장

제 3장

動 物 篇
동물편

계자
화제 변상벽 비단위 수묵담채 94.4×44.3cm 국립중앙박물관 소장

鷄 ①
(계) 닭

搏翼天時回斗牛　　養塒物性異沙鷗
박 익 천 시 회 두 우　　양 시 물 성 이 사 구

爾鳴秋夜何山月　　玉帳寒淚營楚猴
이 명 추 야 하 산 월　　옥 장 한 루 영 초 후

♣ 풀이마당

날개 쳐 두우성(斗牛星)에 천시를 알리고
닭장안에 갇혔어도 모래밭 갈매기와는 다르리.

네가 울어 가을 밤 달을 지게 하니
옥으로 단장한 초항왕(楚項王)을 눈물지게 하는구나.

♣ 느낌터

초후(楚唐)＝초항왕(楚項王) 즉 항우
두우(斗牛) : 북두성과 견우성

♣ 배움터

搏 : 칠, 두드릴 박　　　　鳴 : 울, 새 울 명
異 : 다를, 이상할 이　　　鷗 : 갈매기 구
持 : 가질, 잡을, 지닐 지　帳 : ① 휘장 장 ② 치부책 장
營 : ① 다스릴 영 ② 경영할 영 ③ 진 영
淚 : 눈물, 눈물 흘릴 루
翼 : ① 날개 익 ② 호위할 익 ③ 이튿날 익
養 : ① 기를 양 ② 가르칠 양 ③ 다스릴 양 ④ 봉양할 양

鷄 ②
(계)닭

壇主司晨獨擅雄	絳冠蒼踞拔於叢
단 주 사 신 독 천 웅	강 관 창 거 발 어 총
頻驚玉兎旋藏白	每喚金烏卽放紅
빈 경 옥 토 선 장 백	매 환 금 조 즉 방 홍
欲鬪怒瞋瞳閃火	將鳴奮鼓翅生豊
욕 투 노 진 동 섬 화	장 명 분 고 시 생 풍
多高五德標於世	逈代桃都響徹空
다 고 오 덕 표 어 세	형 대 도 도 향 철 공

♣ **풀이마당**

새벽을 주관함은 오로지 수탉에게 달렸으니
붉은 벼슬 푸른 발톱이 유난히 빼어나도다.

달 기울어 달빛 스러짐에 자주 놀라고
어서 해 떠서 붉은 광명을 펼치라는 뜻이로다.

싸우려고 덤빌 땐 두 눈에 섬광이 번뜩이고
목청 빼어 홰칠 땐 날개에서 바람이 이네.

오덕으로 이름 떨쳐 세상의 모범이 되고

먼 옛날 무릉도원에서 그 울음 하늘을 울렸도다.

♣ 느낌터

강(絳) = 진한 붉은 색
옥토(玉兎) = 달을 상징
금조(金鳥) = 태양을 상징
형대(逈代) = 먼 예날
도도(桃都) = 무릉도원(武陵桃源)
오덕(五德) = 한시외전(韓詩外傳)에 닭이 문(文) 무(武) 용(勇) 인(仁) 신(信)의 오덕을 구비했다 하였다. 닭의 붉은 벼슬은 벼슬아치의 기상이요, 날카로운 발톱은 무관의 위엄이고, 싸움에 용감하고 먹을 것을 보면 서로 불러서 같이 나눠먹는 것은 인자함이요, 밤중에도 시각을 잊지 않음은 신의(信義)의 표상이라 했다.

♣ 배움터

鷄 : 닭 계
壇 : 천단할, 오로지할 단
叢 : ① 모을 총 ② 떨기 총
喚 : 부를 환
瞋 : 눈 부릅뜰, 성낼 진
翅 : ① 날개 시 ② 뿐 시
逈 : 멀 형
踞 : ① 떨어질 거 ② 며느리발톱 거 ③ 막을 거 ④ 클 거
拔 : ① 뺄 발 ② 쳐빼앗을 발 ③ 빼어날 발
旋 : ① 돌 선 ② 빙빙 돌 선 ③ 빠를 선 ④ 돌아올 선
藏 : ① 감출 장 ② 곳집 장 ③ 창고 장
壇 : ① 제터, 제단 단 ② 단 단 ③ 사회 단 ④ 뜰 단

桃 : 복숭아 도
絳 : 짙게 붉을 강
兎 : ① 토끼 토 ② 달 토
徹 : 통할 철
瞳 : 눈동자 동
豊 : ① 풍성할 풍 ② 풍년들 풍

狗
(구)개

| 稟性忠於主饋人 | 呼來斥去任其身 |
| 품 성 충 어 주 궤 인 | 호 래 척 거 임 기 신 |

| 跳前搖美偏蒙愛 | 退後垂頭却被嗔 |
| 도 전 요 미 편 몽 애 | 퇴 후 수 두 각 피 진 |

| 職察奸偸司守固 | 名傳義塚領聲頻 |
| 직 찰 간 투 사 수 고 | 명 전 의 총 영 성 빈 |

| 褒勳自古施帷蓋 | 反愧無力尸位臣 |
| 포 훈 자 고 시 유 개 | 반 괴 무 력 시 위 신 |

♣ 풀이마당

품성이 충성스러워 기르는 주인에게는
부르면 오고 쫓으면 가고 시키는대로 몸을 맡긴다.

앞에서 뛰어오르고 꼬리 흔들며 주인의 사랑 받고
물러나 다소곳이 머리 숙이고 꾸지람을 달게 받네.

간사한 도둑 지키는 것이 그의 직분이라
주인없는 무덤 알려 칭찬도 받는구나.

옛날부터 공을 세우면 상을 주지만

능력 없는 신하는 오히려 부끄러운 줄 알아라.

♣ 느낌터

죽음을 무릅쓰고 주인에게 충성을 다하는 개를 칭찬함과 동시에, 충신이 아니면서도 사당에 모셔져 추앙받는 사람은 개만도 못하다는 것을 꾸짖는 삿갓의 질타.
궤인(饋人)=임금님의 수랏상에 시독이 있는지를 감정하는 사람
유개(帷蓋)=영정을 모시고 내리는 휘장
시위(尸位)=할일없이 녹만 축내는 무리
의총(義塚)=주인(主人)

♣ 배움터

狗 : 개, 강아지 구
饋 : ① 진지올릴 궤 ② 선사할 궤
搖 : 흔들, 흔들릴 요
蒙 : ① 어릴 몽 ② 깨우칠 몽
稟 : ① 여쭐 품 ② 줄 품 ③ 바탕 품 ④ 곳집 름
傳 : ① 전할 전 ② 펼 전 ③ 옮길 전 ④ 전기 전 ⑤ 역 전
　　⑥ 경서의 주해

褒 : 기릴, 칭찬할 포
斥 : ① 내칠 척 ② 엿볼 척
愧 : 부끄러워할 괴

어미개와 새끼
두성령 이암 (1499 ~ ?)
종이위 수묵담채 73 ×42.2cm
국립중앙박물관 소장

맹견
작자미상 19세기 종이위 채색 국립중앙박물관 소장

猫 ①
(묘)고양이

三百群中秀爾才
삼 백 군 중 수 이 재

乍來乍去不飛埃
사 래 사 거 불 비 애

行時見虎藏暫跡
행 시 견 호 장 잠 적

走處逢尨每打腮
주 처 봉 방 매 타 시

獵鼠主家雖得譽
엽 서 주 가 수 득 예

捉鷄隣里豈無猜
착 계 인 리 기 무 시

南家北巷啼歸路
남 가 북 항 제 귀 로

能劫千村夜哭孩
능 겁 천 촌 야 곡 해

♣ 풀이마당

삼백무리 가운데 네 재주가 빼어났으니
잠시 오고 잠시 가도 티끌 하나 없구나.

가다가 호랑이 보면 잠시 자취 감추고
달리다 삽살개 만나면 매번 뺨을 치는구나.

쥐 잡았을 땐 주인한테 칭찬 받지만
닭을 잡으면 이웃사람들 미움을 받네.

남쪽 거리 북쪽 마을 울고 다니며

밤에 우는 온 마을 아이들 겁먹게 하네.

🍀 배움터

猫 : 고양이 묘
群 : 무리, 떼지을 군
乍 : 잠깐, 언뜻 사
埃 : 띠끌, 먼지 애
尨 : ① 삽살개 방 ② 클 방
獵 : 사냥할 렵
鼠 : ① 쥐 서 ② 근심할 서
捉 : 잡을 착
猜 : ① 시기할 시 ② 의심할 시
孩 : 아이, 어린이 해

猫 ②
(묘)고양이

乘夜橫行路北南
승 야 횡 행 노 북 남

中於狐狸傑爲三
중 어 호 리 걸 위 삼

毛分黑白渾成繡
모 분 흑 백 혼 성 수

目挾靑黃半染藍
목 협 청 황 반 염 람

貴客床前偸美饌
귀 객 상 전 투 미 찬

老人懷裡傍溫衫
노 인 회 리 방 온 삼

那邊雀鼠能驕慢
나 변 작 서 능 교 만

出獵雄聲若大談
출 렵 웅 성 약 대 담

♣ 풀이마당

밤을 타고 가로세로 거리를 오가니
여우와 이리에 끼어 삼걸(三傑)이로다.

흰털에 검은 색이 썩인 무늬가 곱고
눈은 푸르고 노래 반은 남색일세.

귀한 손님 밥상에서 좋은 반찬 훔쳐가고
노인의 품에 안겨 따뜻한 소매에 의지하네.

어디서 참새와 쥐 따위가 교만을 떠느냐

사냥 나가는 우렁찬 소리 호령 하는 듯.

♣ 느낌터

이 두 편의 시는 고양이를 잘 관찰하여 그 생김새와 습생을 표현한 것이다. 삿갓시의 특징은 이처럼 예민한 관찰력과 기발한 착상이 매우 돋보인다.

♣ 배움터

狸 : 삵쾡이, 너구리 리
繡 : ① 수놓을 수 ② 비단 수
挾 : 끼일, 가질, 품을 협
藍 : ① 쪽빛 람 ② 누더기 람 ③ 절 람
懷 : ① 생각할 회 ② 품을 회
衫 : 홑옷, 적삼 삼
談 : 말씀, 이야기할 담
那 : ① 어찌, 어떻게 나 ② 많을 나 ③ 저, 저것 나 ④ 무엇 나
    ⑤ 짧은시간 나

狐 : 여우 호
傑 : 호걸 걸
雀 : 참새 작
驕 : 교만할 교
饌 : ① 밥 찬 ② 반찬 찬

국화 옆의 고양이
화제 변상벽

고양이와 참새
화제 변상벽 (17세기)
비단위 수묵담채 93.7×43cm
국립중앙박물관 소장

魚
(어)물고기

遊泳得觀底好時 유 영 득 관 저 호 시	錦潭斜日綠楊垂 금 담 사 일 녹 양 수
銀翻如舞鸚相和 은 번 여 무 앵 상 화	玉躍旋潛鷺獨知 옥 약 선 잠 로 독 지
影醺橫雲嫌罟陷 영 초 횡 운 혐 고 함	光沈初月似釣疑 광 침 초 월 사 조 의
歸來森列變眸下 귀 래 삼 렬 변 모 하	畫出心頭一幅奇 화 출 심 두 일 폭 기

♣ 풀이마당

물맑아 뛰노는 고기 훤히 보이고
해저문 연못가에 드리운 버들가지 더욱 푸르네.

은비늘 춤추듯 반짝이니 꾀꼬리 화답하고
옥같이 뛰었다가 잠기는 것 백로 홀로 아는도다.

구름 그림자 일렁이니 그물인양 겁내고
물에 잠긴 초생달은 낚시인양 하여라.

돌아와도 두 눈엔 그 모습 삼삼하고

마음속엔 한 폭의 좋은 그림으로 떠오르네.

♣ 느낌터

물고기들이 뛰노는 모습이 훤히 들여다보이는 맑은 물과, 연못가는 석양에 물든 수양버들의 늘어진 가지가 더욱 푸르름을 자랑한다. 물고기는 은빛 비늘 반짝이며 춤추듯 물속에서 유영하니, 꾀꼬리가 노래로 화답하는 봄철, 연못에 드리운 구름 그림자와 물속에 잠긴 초생달이 한 폭의 그림으로 묘사한 김삿갓의 시상이 너무도 낭만적이다.

삼렬(森列) = 물고기가 떼지어 다니는 모습
초(醮) = 그림자가 물 위에 어린다는 뜻
고(罟) = 그물

♣ 배움터

泳 : 헤엄칠 영
鸚 : 앵무새 앵
潛 : ① 잠길 잠 ② 숨길 잠
釣 : 낚시 조
幅 : 폭, 넓이 폭
陷 : ① 빠질 함 ② 무너질 함 ③ 함정 함
森 : ① 나무 빽빽할 삼 ② 많고 성할 삼
變 : ① 변할, 고칠 변 ② 재앙, 변고 변
底 : ① 밑 저 ② 속, 구석 저 ③ 이를 저
嫌 : ① 싫어할 혐 ② 의심할 혐

躍 : 뛸 약
鷺 : 해오라기 노(로)
潭 : ① 못 담 ② 깊을 담
翻 : 날 번

뛰어오르는 물고기
겸재 정선 (1676~1759) 종이에 수묵 담채 31×20cm 고려대학교박물관 소장

鷹
(응)매

萬里天如咫尺間
만 리 천 여 지 척 간

俄從某峀又茲山
아 종 모 수 우 자 산

平林博兎何雄壯
평 림 박 토 하 웅 장

也似關公出五關
야 사 관 공 출 오 관

♣ 풀이마당

아득한 만리 하늘이 지척같이 가까워
홀연 저 바위구멍에서, 또 이산에서 나타나네.

숲속에서 토끼 잡는 솜씨가 어찌 그리 웅장하냐
마치 관우가 오관에서 나서는 것 같구나.

♣ 느낌터

바위틈에서 날아와 창공을 날다가 숲속의 토끼를 사냥하는 매의 솜씨를 삼국 시대 촉한의 명장 관우에 비유한 시.

♣ 배움터

咫 : ① 짧을 지 ② 길이의 단위 지(지금의 약18㎝)
峀 : 산굴 수
茲 : ① 이 자 ② 돗자리 자
關 : ① 빗장 관 ② 닫을 관 ③ 관계할 관
俄 : ① 갑자기 아 ② 러시아의 약칭 아라사 아

鑛 : 이 슬
鷹 : 매 응

독수리
오원 장승업 (1843～1897)
종이에 수묵 담채 135.5×55.3cm
서울호암미술관 소장

해와 독수리
만향 정홍채 (1720～?)
비단위 채색 118.2×60.9cm
국립중앙박물관 소장

蛙
(와) 개구리

草裡逢蛇恨不飛	澤中冒雨怨無簑
초 리 봉 사 한 불 비	택 중 모 우 원 무 사
若使世人教拑口	夷齊不食首陽薇
약 사 세 인 교 겸 구	이 제 불 식 수 양 미

♣ 풀이마당

풀 속에서 뱀을 만나니 날지 못하는 것이 한스럽고
연못 가운데서 비를 만나니 도롱이 없는 것이 원망스럽네.

이 개구리 같이 세상 사람들의 입을 다물게 하면
백이숙제(伯夷叔齊)가 수양산 고사리를 먹지는 않았을 것을.

♣ 느낌터

항상 불평불만을 일삼는 사람들을 시끄럽게 우는 개구리에 비유하여 교훈을 준 시이다.
사(簑) : 도롱이(띠로 만든 우장(비옷))

♣ 배움터

蛙 : 개구리 **와**
冒 : 무릅쓸, 범할 **모**
怨 : ① 원망할 **원** ② 원수 **원** ③ 원한 **원**
夷 : ① 오랑캐 **이** ② 상할 **이** ③ 죽일 **이**
薇 : ① 고사리 **미** ② 장미 **미**

蛇 : 뱀 **사**
拑 : 재갈물릴 **겸**
簑 : 도롱이 **사**

청개구리와 놀고있는 선인
현재 심사정 (1707 ~ 1769)
비단위 수묵담채 22.9×15.7cm
간송미술관 소장

虱
(슬)이

飢而吮血飽而擠 기 이 연 혈 포 이 제	三百昆蟲最下才 삼 백 곤 충 최 하 재
遠客懷中愁午日 원 객 회 중 수 오 일	窮人腹上聽晨雷 궁 인 복 상 청 신 뢰
形雖似麥難爲麴 형 수 사 맥 난 위 국	字不成風未落梅 자 불 성 풍 미 락 매
問爾能侵仙骨否 문 이 능 침 선 골 부	麻姑搔首坐天台 마 고 소 수 좌 천 태

♣ **풀이마당**

주리면 피를 빨고 배부르면 떨어지니
온갖 곤충 중에 가장 하등이구나.

멀리서 온 나그네는 따뜻한 햇살을 걱정하고
궁핍한 배 위에서 우뢰소리를 듣는다.

모양은 보리알 같으나 누룩 만들 수 없고
글자는 풍(風)자를 못이루고, 떨어지지 않고 매달린 매실 같구나.

네게 묻노니 죽은 해골에도 침노하느냐

마고 할미 머리 긁으며 천태산에 앉았으니 거기나 가보렴.

🍀 느낌터

오랜 떠돌이 생활을 하다보면 자주 옷 갈아입을 리 없을 터이고, 이는 따뜻한 햇볕을 좋아하는데, 삿갓이 양지쪽에 앉아서 주린 배에서는 뇌성소리가 나고 이는 복부를 간지럽힘을 사실적으로 묘사한 것으로 보인다.

🍀 배움터

飢 : ① 주릴 기 ② 흉년들 기
吮 : 핥을, 빨 연
擠 : 물리칠, 떼밀 제
昆 : ① 맏 곤 ② 형 곤 ③ 벌레 곤
蟲 : 벌레 충
麴 : 누룩 국
台 : ① 별이름 태 ② 대감 태 ③ 나, 자기 이

蚤
(조)벼룩

貌似棗仁勇絶倫　　半風爲友蝎爲隣
모 사 조 인 용 절 륜　　반 풍 위 우 갈 위 린

朝從席隙藏身密　　暮向衾中犯脚親
조 종 석 극 장 신 밀　　모 향 금 중 범 각 친

尖嘴嚼時心動索　　赤身躍處夢驚頻
첨 취 작 시 심 동 색　　적 신 약 처 몽 경 빈

平明點檢肌膚上　　剩得桃花萬片春
평 명 점 검 기 부 상　　잉 득 도 화 만 편 춘

♣ 풀이마당

모양은 대추씨 같으나 용맹은 뛰어나고
이와는 벗이 되고 빈대와는 이웃하네.

아침엔 자리 틈에 은밀하게 몸 숨기고
밤에는 이불 속에 들어와 다리에 붙는구나.

뾰족한 주둥이로 물어 찾아보면
빨간 몸뚱이 뛰어다니니 꿈에도 자주 놀란다.

밝은 날 살갗을 자세히 살펴보니

복숭아꽃 만발한 봄 같구나.

느낌터

반풍(半風)=이(蝨), 바람 풍(風)자에서 왼쪽 날개 하나가
　　　　　떨어진 것 같은 글자.
조인(棗仁)=대추씨
적신(赤身)=빨간 몸뚱이 즉 벼룩

벼룩에 물려 불긋불긋한 피부를 마치 활짝 핀 복숭아꽃 같다는 표현이 역시 해학적이고 익살스럽다.

배움터

蚤 : ① 벼룩 조 ② 일찍 조 ③ 손톱 조　　貌 : 모양, 꼴 모
似 : 같을, 닮을 사　　　　　　　　　　棗 : 대추나무 조
蝎 : ① 뽕나무벌레 할 ② 전갈 갈　　　　隙 : 틈 극
衾 : 이불 금　　　　　　　　　　　　　嘴 : 부리 취
嚼 : ① 씹을 작 ② 맛볼 작　　　　　　 膚 : ① 살갗 부 ② 얕을 부
肌 : ① 살 기 ② 살갗, 피부 기　　　　　剩 : 남을 잉

老 牛
(노우) 늙은 소

瘦骨稜稜滿禿毛	傍隨老馬兩分槽
수 골 릉 릉 만 독 모	방 수 노 마 양 분 조
役車荒野前功遠	牧竪靑山舊夢高
역 거 황 야 전 공 원	목 수 청 산 구 몽 고
健耦常疎閑臥圃	苦鞭長閱倦登皐
건 우 상 소 한 와 포	고 편 장 열 권 등 고
可憐明月深深夜	回憶平生謾積勞
가 련 명 월 심 심 야	회 억 평 생 만 적 노

♣ 풀이마당

야윈 골격 모지라지고 털은 빠져 엉성한데
옆에 있는 늙은 말과 구유를 같이 쓰네.

황야에 수레 끌던 전날의 공적 희미하고
청산에서 목동 따라 풀 뜯던 꿈 아득하구나.

힘찬 쟁기질도 어려워 이제 채소밭에 한가하게 누웠고
괴로운 채찍 오래 견디며 언덕 오르기도 시들하네.

가련쿠나! 달은 밝고 밤은 깊은데

평생 쌓은 헛된 공로만 쓸쓸히 회상하누나.

♣ 느낌터

세월의 무상함은 비록 인간에게서만 느낄 수 있는 것은 아니다. 이 시에서처럼 늙은 소를 보고, 세월이 앗아간 지난 세월의 힘차게 일하던 세월도 있었기 때문이다. 삿갓은 사물을 보는 눈이 보통 사람과는 달랐던 모양이다. 외양간에 누워 한가하게 색임질하는 늙은 소에게서 어떤 연민의 정을 표출한다.

♣ 배움터

瘦 : 여윌 수
稜 : ① 모 릉 ② 위엄 릉
禿 : ① 대머리 독 ② 모지라질 독
隨 : ① 따를 수 ② 때에 따라 수
槽 : ① 구유 조 ② 통(물통) 조
竪 : ① 세울 수 ② 더벅머리 수
耦 : ① 짝 우 ② 나란히 갈 우
疎 : ① 성길 소 ② 소통할 소 ③ 나물 소 ④ 상소 소
倦 : 게으를, 싫증날 권
皐 : ① 언덕 고 ② 못 고 ③ 늪 고 ④ 높을 고 ⑤ 홀 부를 고

鞭 : 채찍질할 편
傍 : ① 곁 방 ② 방 방

목동귀가
단원 김홍도 (1745~?)
종이에 수묵 담채 34×25.2cm
개인 소장

늙은 황소
퇴촌 김식 (17세기) 비단위 수묵담채 31.5×24.5cm

白 鷗
(백구) 갈매기

沙白鷗白兩白白　　不辨白沙與白鷗
사 백 구 백 양 백 백　　불 변 백 사 여 백 구

漁歌一聲忽飛去　　然後沙沙復鷗鷗
어 가 일 성 홀 비 거　　연 후 사 사 복 구 구

♣ 풀이마당

모래도 희고 갈매기도 희고 모두다 희니
백사장과 갈매기를 구별하기 어려워라.

어부 노랫소리에 홀연 어디론가 날아가고
그런 후에 갈매기는 갈매기 모래는 모래로 나뉘누나.

♣ 느낌터

바닷가 흰 모래와 흰 갈매기가 한데 어우러져 백사장인지 갈매긴지 분간하기 어려운, 아주 바다 풍경이 물씬 풍기는 시이다.

♣ 배움터

辨 : 분별할, 가릴 변
歌 : 노래, 노래할 가
復 : ① 회복할 복 ② 다시 부 ③ 대답할 복 ④ 갚을 복 ⑤ 돌아올 복
鷗 : 갈매기 구

鳳 凰
(봉황) 봉황과 새

鳳飛靑山鳥隱林　　龍登碧海魚潛水
봉 비 청 산 조 은 림　　용 등 벽 해 어 잠 수

♣ 풀이마당

봉이 청산에 날으니 새들이 숲 속에 숨고
용이 벽해에 오르니 물고기는 물속에 숨도다.

♣ 느낌터

은연중에 김삿갓의 마음속에서 우러나온 대인다운 시이다. 세상에는 너무나 각박하고 소인배들이 판을 치고 있음을 나타낸다.

♣ 배움터

鳳 : 봉새, 봉황, 수컷 봉황새 봉
凰 : ① 봉황새 황 (암컷)
碧 : ① 푸를 벽 ② 푸른 옥 벽

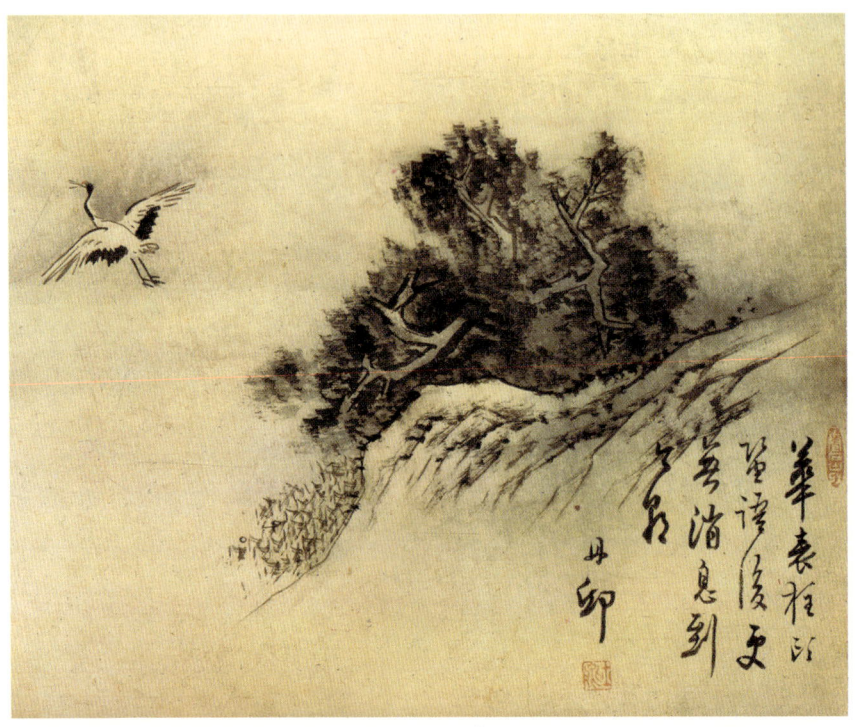

날으는 학
단원 김홍도(1745~?)
 종이에 수묵 담채 27.5×33cm
개인소장

葬 魚 腹
(장어복) 고기를 먹고나서

青龍在左白虎右	天地東南流坐向
청 룡 재 좌 백 호 우	천 지 동 남 유 좌 향
龜頭碧波立短碣	雁足靑天來弔喪
구 두 벽 파 입 단 갈	안 족 청 천 내 조 상

♣ 풀이마당

좌우에 청룡백호를 거느리고
사방천지가 다 흐를 류(流)자로세.

거북이 머리 푸른 파도에 짧은 비갈 하나 세우고
기러기만이 푸른 하늘에 조문하러 오누나.

♣ 배움터

葬 : 장사지낼 장 　　碣 : 비석 갈
雁 : 기러기 안 　　腹 : ① 배 복 ② 마음 복
蠓 : ① 바구미 몽 ② 하루살이 몽
流 : ① 흐를 류(유) ② 떠돌아다닐 류(유)
龜 : ① 거북 귀(구) ② 땅이름 구 ③ 터질 균

고기와 조개
옥산 장한종 (1768~?) 종이에 수묵 담채 108.2×47.3cm
국립중앙박물관 소장

제4장

詠物篇
영물편

낚시
현진 19세기 종이에 담채 62.1×37.3cm 국립중앙박물관 소장

網 巾
(망건) 망건

網學蜘蛛織學螽
망학지주직학공

小如針孔大如銎
소여침공대여공

須臾捲盡千莖髮
수유권진천경발

烏帽接䍦摠附庸
조모접리총부용

♣ 풀이마당

거미를 보고 그물을 배우고 짜는 것은 메뚜기를 보고 배우니
적은 것은 바늘구멍 같고 큰 것은 도끼구멍 같도다.

잠깐 동안에 천 가닥 줄기를 이루었고
조모(烏帽)와 접리(接䍦)가 다 부용품(附庸品)일러라.

♣ 느낌터

머리에 쓰는 망건(網巾)을 두고 글을 지으라는 어떤 이의 운자를
받고 즉석에서 읊었다고 한다.

♣ 배움터

網 : 그물 망
蜘 : 거미 지
蛛 : 거미 주
螽 : 메뚜기 공
莖 : 줄기 경
庸 : ① 떳떳할 용 ② 쓸 용 ③ 어리석을 용 ④ 범상할 용

針 : ① 바늘 침 ② 침 침 ③ 바느질할 침
孔 : ① 구멍 공 ② 성 공 ③ 매우, 심히 공
須 : ① 모름지기 수 ② 수염 수 ③ 필요할 수
銎 : 도끼자루 공
䍦 : 걸릴, 입을 리
臾 : 잠깐 유

咏 笠
(영립)삿갓을 읊음

浮浮我笠登虛舟	一着平生四十秋
부부아립등허주	일착평생사십추
牧竪輕裝隨野犢	漁翁本色伴白鷗
목수경장수야독	어옹본색반백구
醉來脫掛看花樹	興到携登翫月樓
취래탈괘간화수	흥도휴등완월루
俗子衣冠皆外飾	滿天風雨獨無愁
속자의관개외식	만천풍우독무수

♣ 풀이마당

떠돌아다니는 내 삿갓은 빈 배와 같고
우연히 한 번 쓴 것이 사십평생이 흘렀어라.

본시 더벅머리 목동이 가벼운 차림으로 송아지 몰을 때 쓰고
어부가 흰 갈매기 벗삼아 고기 잡을 때 쓰는 우장일러라.

술 취하면 벗어 나무에 걸고 꽃구경 하고
흥이 나면 벗어들고 누대에 올라 달구경했노라.

속인들의 사치스런 의관은 모두 겉치레이지만

삿갓만 쓰면 풍우가 만건곤해도 나는아무 걱정 없나니.

♣ 느낌터

이 시는 삿갓이 평생동안 쓰고 다니던 삿갓을 주제로 지은 것으로, 그 많은 시 중에서도 진정한 삿갓을 쓰고다니는 자기의 모든 것을 한꺼번에 담아낸 시로서 많은 독자들의 찬사를 받는 구(句)이다.

♣ 배움터

咏 : 읊을, 노래할 영
笠 : 삿갓 립
浮 : ① 뜰 부 ② 떠다닐 부 ③ 가벼울 부 ④ 덧없을 부
犢 : 송아지 독
掛 : 걸, 달 괘
興 : ① 일어날 흥 ② 시작할 흥 ③ 흥겨울 흥
携 : ① 가질 휴 ② 이끌 휴
翫 : ① 장난감 완 ② 놀릴 완 ③ 즐길 완
竪 : ① 더벅머리 수 ② 세울, 설 수

冠
(관)갓

首飾短儀勝插花	織織密孔僅容沙
수식단의승삽화	직직밀공근용사
紵篁合體均圓滿	漆墨成章極潤纓
저황합체균원만	칠묵성장극윤영
文物收同箕子國	規模粤自大明家
문물수동기자국	규모월자대명가
一曲滄浪纓可濯	至今傳唱楚江歌
일곡창랑영가탁	지금전창초강가

♣ 풀이마당

머리에 관 쓰는 것은 꽃을 꽂는 것보다 낫고
촘촘이 짠 갓은 구멍이 모래알보다 잘구나.

모시와 참대를 고루 섞어
당먹 보다 검은 옻칠은 갓끈까지 윤이 나네.

이 관의 문물은 옛 기자시대와 같은 바요
그 규모는 명나라 집안에서 나왔노라.

한 구비 창랑수에 갓끈을 빨고

초강의 노랫소리 지금까지 전해오네.

🍀 느낌터

일곡창랑(一曲滄浪)=굴원(屈原)의 어부사(漁父辭)
창랑탁혜가이탁오족(滄浪濁兮可以濯吾足)
창랑청혜가이탁오영(滄浪淸兮可以濯吾纓)에서 나온 말

🍀 배움터

飾 : 꾸밀 식
愁 : 근심 수
揷 : 꽂을, 끼울 삽
篁 : 대밭, 대 황
潤 : 젖을 윤
箕 : ① 키 기 ② 쓰레받기 기
儀 : ① 거동 의 ② 모형 의 ③ 법, 본보기 의
滄 : ① 푸를 창 ② 싸늘할 창 ③ 큰바다 창
濯 : 빨래할 탁
粤 : ① 어조사 월 ② 곰곰 생각할 월

滿 : ① 찰 만 ② 가득할 만
冠 : 갓 관
紵 : 모시 저
極 : ① 지극할 극 ② 다할 극
纓 : 갓끈 영

燈 火
(등화) 등불

檠長八尺掛層軒	其上玉盃磨出崑
경 장 팔 척 괘 층 헌	기 상 옥 배 마 출 곤
未望月何圓夜夜	非春花亦吐村村
미 망 월 하 원 야 야	비 춘 화 역 토 촌 촌
對筵還勝看白日	挑處能爲逐黃昏
대 연 환 승 간 백 일	도 처 능 위 축 황 혼
雖謂紅燈光若是	時時寧照覆傾盆
수 위 홍 등 광 약 시	시 시 영 조 복 경 분

♣ **풀이마당**

팔척이나 되는 등경이 대청 헌함에 걸렸으니
그 위에 옥배(玉盃)는 곤륜산(崑崙山)에서 다듬어 내었구나.

보름도 아닌데 어찌 밤마다 둥글며
봄도 아닌데 꽃은 또한 항상 피어있는고.

자리를 대하고 앉으면 대낮보다 밝고
심지를 돋우면 능히 황혼을 물리치누나.

그러나, 홍등이 이렇듯 밝다지만

엎어진 동이 밑을 어찌 비치리.

♣ 느낌 터

등잔불을 두고 지은 시.
경(檠)=등잔
곤(崑)=중국의 곤륜산을 말함
망월(望月)=보름달

♣ 배 움 터

軒 : ① 추녀 헌 ② 초헌 헌 ③ 난간 헌
磨 : ① 갈 마 ② 연자방아 마
吐 : ① 토할 토 ② 뱉을 토 ③ 말할 토
謂 : 이를, 고할 위
燈 : 등잔, 등불 등
傾 : ① 기울어질 경 ② 위태로울 경

崑 : 산이름 곤
層 : 층계 층
檠 : 등잔걸이 경

사신
일본측 부사가 그린 그림
정·부사를 위시하여 무관등 통신사 일행의 복식과 그 명칭과 재질을 설명

咏 影
(영영) 그림자를 읊음

| 進退隨儂莫汝恭 | 汝儂酷似實非儂 |
| 진 퇴 수 농 막 여 공 | 여 농 혹 사 실 비 농 |

| 月斜岸面驚魁狀 | 日午庭中笑矮容 |
| 월 사 안 면 경 괴 상 | 일 오 정 중 소 왜 용 |

| 枕上若尋無覓得 | 燈前回顧忽相逢 |
| 침 상 약 심 무 멱 득 | 등 전 회 고 홀 상 봉 |

| 心雖可愛終無信 | 不映光明去絶懿 |
| 심 수 가 애 종 무 신 | 불 영 광 명 거 절 종 |

♣ 풀이마당

나아가나 물러나나 나를 따르는 것이 너처럼 공손한 이가 없지만
너와 내가 똑같으나 실상 나는 아니로다.

달이 기우니 언덕 앞에 우뚝 설 때는 귀신처럼 놀랍고

점심 때 뜰 가운데 난쟁이 모양이 우습구나.
베개 위에서 찾으려면 찾을 수 없다가
등잔 앞에 돌아오면 홀연 다시 만나네.

마음은 비록 사랑하지만 믿음이 없으니
밝은 빛을 비추지 아니하면 자취를 숨기나니.

♣ 배 움 터

咏 : 읊을, 노래할 영
酷 : 혹독할 혹
魁 : 우두머리 괴
枕 : 베개 침
顧 : ① 돌아볼 고 ② 돌볼 고 ③ 마음쓸 고
覓 : 찾을, 구할 멱

儂 : ① 나 농 ② 저 농
斜 : 비스듬히 사
矮 : 난쟁이 왜
蹤 : 자취 종

통신사 인물 기장 교여도   일본 나고야 봉좌 문고 소장

고토관수
인제 강희안 (1419 ~ 1464) 종이에 수묵 23.4×15.7㎝ 국립중앙박물관 소장

대나무
이수문(1403~?) 종이에 수묵 30.4×44.5cm 일본 개인 소장

瓜
(과) 참외

外貌將軍衛	中心太子燕
외 모 장 군 위	중 심 태 자 연
汝本地氣物	何事體天團
여 본 지 기 물	하 사 체 천 단

♣ 풀이마당

겉모습은 장군 위엄 같은데
가운데 속은 연태자의 단(丹) 같이 사근사근 곱구나.

너는 본래 땅 기운을 타고난 물건인데
무슨 까닭으로 둥근 하늘을 닮았는고.

♣ 배움터

瓜 : 오이 과
貌 : 모양, 거동 모
衛 : 호위할, 지킬 위
氣 : ① 기운 기 ② 숨쉴 기 ③ 기체 기 ④ 자연현상 기
物 : 만물 물
體 : ① 몸 체 ② 몸소 체 ③ 모양 체 ④ 근본 체 ⑤ 격식 체 ⑥ 물질 체

攪 車
(교차)씨앗

揮手一人力	生花二木德
휘 수 일 인 력	생 화 이 목 덕
耳出蒼蛙聲	口吐白雲色
이 출 창 와 성	구 토 백 운 색

♣ 풀이마당

손을 휘두르는 것은 한 사람의 힘이요
꽃을 피우는 것은 두 나무의 덕이로다.

귀에서는 청개구리 소리를 내고
입에서는 흰구름 빛을 토하도다.

♣ 배움터

攪 : 어지러울 교
揮 : ① 휘두를 휘 ② 뿌릴 휘 ③ 흩어질 휘
德 : ① 큰 덕 ② 덕 덕 ③ 은혜 덕
蒼 : ① 푸를 창 ② 무성할 창

織 錦
(직금)비단을 짜다

煙梭出沒輕似鳧	響入秦天半夜烏
연 사 출 몰 경 사 부	향 입 진 천 반 야 오
聲催月戶鳴機蟀	巧學風簷繹絡蛛
성 최 월 호 명 기 솔	교 학 풍 첨 역 락 주
但使織成紅錦貝	何須願得白裘狐
단 사 직 성 홍 금 패	하 수 원 득 백 구 호
曝晒於陽光鶴鶴	吳門誰識絹如駒
폭 쇄 어 양 광 학 학	오 문 수 식 견 여 구

♣ 풀이마당

북 드나드는 모양이 물오리처럼 경쾌하고
그 소리가 진나라 밤하늘에 우는 까마귀 같구나.

또 달 비친 창틀에서 우는 귀뚜라미 같고
재주는 바람부는 처마끝에 거물 치는 거미 같아라.

이로써 홍금패를 짤 수 있다면
어찌 백구호 얻기를 원하리오.

볕에 쪼여 바래면 백학 같이 희나니

오나라를 지나던 안자(顔子)도 백구로 속았다네.

🍀 느낌터

연사(煙梭)=베짜는 북
홍금(紅錦)=중국의 귀하고 비싼 비단
백구호(白裘狐)=여우의 겨드랑이에 있는 털이며 예부터
　　　　　　　중국에서는 보물로 쳤다.
견여구(絹如駒)=오나라를 지나던 안자가 백견 바래 놓은 것을
　　　　　　　보고 흰 망아지로 보았다는 고사(古事)

🍀 배움터

織 : 짤 직
錦 : ① 비단 금 ② 아름다울 금
蛣 : 귀뚜라미 솔
蛛 : 거미 주
裘 : ① 갓놋 구 ② 겨울옷 구
曝 : ① 쬘 폭 ② 볕에 말릴 폭
絹 : 비단 견
鳧 : 물오리 부
沒 : ① 빠질 몰 ② 다할 몰 ③ 죽을 몰 ④ 없을 몰
烏 : ① 까마귀 오 ② 검을 오 ③ 어찌 오 ④ 탄식할 오
繹 : ① 풀 역 ② 찾을 역 ③ 연달을 역
貝 : ① 조개 패 ② 재물, 보화 패

巧 : 공교로울, 꾸밀 교
梭 : 북 사
絡 : ① 이을 락 ② 두를 락
願 : 원할, 바랄 원
狐 : 여우 호
晒 : 볕쬘 쇄
駒 : 망아지 구

錢
(전)돈

周遊天下皆歡迎
주 유 천 하 개 환 영

興國興加勢不輕
흥 국 흥 가 세 불 경

去復還來來復去
거 복 환 래 래 복 거

生能捨死死能生
생 능 사 사 사 능 생

♣ 풀이마당

천하를 돌아다니면 모두 너를 환영하고
나라와 집 모두 흥하게 하니 너의 힘 대단하구나.

갔다가도 되돌아오고 왔다간 또 가니
살아서 죽을 줄 모르고 죽어도 능히 사는도다.

♣ 배움터

錢 : ① 돈 전 ② 무게단위 전 (냥(兩)의 10분의 1)
遊 : 놀 유
迎 : 맞을, 맞이할 영
捨 : ① 버릴 사 ② 베풀 사

松 餠 詩
(송병시) 송편

手裡廻廻成鳥卵
수 리 회 회 성 조 란

脂頭個個合蚌脣
지 두 개 개 합 방 순

金盤削立峰千疊
금 반 삭 립 봉 천 첩

玉箸懸登月半輪
옥 저 현 등 월 반 륜

♣ 풀이마당

손에 넣고 뱅뱅 돌리면 새알이 되고
손끝으로 낱낱이 조개 입술처럼 만드네.

금소반에 천 봉우리처럼 첩첩이 쌓아올리고
옥젓가락으로 반달같은 송편을 먹도다.

♣ 배움터

捨 : 놀 사
卵 : ① 알 란 ② 기를 란
脣 : 입술 순
峰 : 산봉우리 봉
箸 : 젓가락 저

餠 : 떡 병
蚌 : 민물조개 방
削 : ① 깎을 삭 ② 빼앗을 삭
疊 : 거듭할 첩
懸 : ① 매달 현 ② 걸 현

燈
(등) 등불

用似焚香欲返魂 용 사 분 향 욕 반 혼	方生方死隔晨昏 방 생 방 사 격 신 혼
虞陶聖德從今覺 우 도 성 덕 종 금 각	燧鑽神功自古存 수 찬 신 공 자 고 존
滿腹出灰留客恨 만 복 출 회 유 객 한	終身吞炭報誰寃 종 신 탄 탄 보 수 원
靑樓煮酒曾何日 청 루 자 주 증 하 일	天下英雄哇可言 천 하 영 웅 와 가 언

♣ 풀이마당

향을 피우는 것은 혼을 부르는 것이고
등잔불 혼도 새벽 저녁으로 죽었다 살았다 하네.

요순시대의 성덕을 지금도 밝혀볼 수 있고
수인(燧人)씨의 신공이 예전부터 보존되어 왔도다.

뱃속 가득한 걸 토해 나그네 한을 서리게 하니
종신토록 술을 삼키니 뉘 원통함을 갚으려는가.

아! 청루에서 술을 데워 마시던 날이 언제였던고
천하 영웅을 웃으며 등불과 함께 벗하노라.

♣ 느낌터

수인(燧人) = 태고시대에 불을 발견한 사람이라고 전함.

♣ 배움터

焚 : ① 불사를 분 ② 태울 분
燧 : ① 봉화 수 ② 부싯돌 수
吞 : 삼킬 탄
鑽 : ① 뚫을 찬 ② 깊이 연구할 찬 ③ 송곳 찬
隔 : ① 막힐 격 ② 막을 격 ③ 사이 뜰 격 ④ 격할, 거를 격
炭 : ① 숯 탄 ② 석탄 탄 ③ 원소이름 탄
哇 : ① 음란한 소리 와 ② 아이 울음소리 와 ③ 웃음소리 와

虞 : ① 우나라 우 ② 우제 우
灰 : ① 재 회 ② 석회 회
寃 : 원통할 원

통신사 복식도
통신사 일행의 정장입상도(1권)과 향연 좌상도(2권)
제작 연대 미상

窓
(창)창문

十字相連口字橫
십 자 상 연 구 자 횡

間間棧道峽如巴
간 간 잔 도 협 여 파

隣翁順熟低首入
인 옹 순 숙 저 수 입

稚子難開擧手爬
치 자 난 개 거 수 파

♣ 풀이마당

십자(十字)가 서로 이어져 연하고 구자(口字)가 나란한데
사이사이 좁은 길이 험한 파촉(巴蜀) 같도다.

이웃 늙은이는 익숙하여 머리를 숙여 들어오고
어린 아이는 열기 어려워 손을 들어 긁기만 하네.

♣ 느낌터

잔교(棧橋) = 계곡에 걸쳐 놓은 다리

♣ 배움터

窓 : 창, 창문 창
橫 : ① 가로, 가로지를 횡 ② 거스를, 어그러질 횡 ③ 사나울 횡
　　④ 제멋대로 횡
熟 : ① 익을 숙 ② 낯익을 숙 ③ 성숙할 숙 ④ 익숙할 숙
棧 : ① 사다리 잔 ② 복도 잔 ③ 잔교 잔
低 : ① 낮을 저 ② 숙일 저 ③ 값쌀 저
爬 : ① 긁을 파 ② 잡을 파

稚 : 어릴 치
峽 : 골짜기 협
爐 : 화로 로
豹 : 표범 표

누각산수
소치 허련 (1809~1892) 종이에 수묵 99.2×48.5cm 개인 소장

꽃나무위의 새들
긍원 김양기 19세기 107×49.5cm 고려대학교 박물관 소장

꽃과 나비
일호 남계우 (1811~1888) 금은박 종이에 채색 이대 박물관 소장

火 爐
(화로)화로

頭似虎豹口似鯨 두 사 호 표 구 사 경	詳看非虎亦非鯨 상 간 비 호 역 비 경
若使雇人能盛火 약 사 고 인 능 성 화	可煮虎頭可煮鯨 가 자 호 두 가 자 경

♣ 풀이마당

머리는 범과 같고 입은 고래 같은데
자세히 보니 범도 아니요 고래도 아닐세.

만일 머슴으로 하여금 불만 잘 담게 하면
범의 머리도 굽고 고래의 머리도 굽겠도다.

♣ 배움터

鯨 : 고래 경
詳 : 자세할 상
雇 : ① 품삯 고 ② 품팔 고 ③ 머슴 고 ④ 새이름 고
盛 : ① 성할 성 ② 담을 성
煮 : 삶을 자

木 枕
(목침) 나무베개

撐來偏去伴燈斜	做得黃粱向粟誇
탱 래 편 거 반 등 사	주 득 황 량 향 속 과
爲體方圓經匠巧	隨心轉側作朋嘉
위 체 방 원 경 장 교	수 심 전 측 작 붕 가
五更冷夢同流水	一劫前生謝落花
오 경 냉 몽 동 유 수	일 겁 전 생 사 락 화
兩兩鴛鴦雙畵得	平生合我一鰥家
양 양 원 앙 쌍 화 득	평 생 합 아 일 환 가

♣ 풀이마당

끌어당겨서 등잔을 짝하여 비스듬히 베고 드러누우니
기장이 서숙을 보고 과시하는 것을 얻었도다.

몸뚱아리 모나고 둥글어져 장인의 손을 거쳤고
마음 따라 이리저리 뒤척이니 정말 좋은 친구로세.

오경의 찬 꿈은 유수와 같았고
일겁의 전생은 낙화와 같았네.

금슬 좋은 원앙을 쌍으로 얻었으니

나같은 홀아비 집에 평생 꼭 맞구나.

♣ 배 움 터

枕 : ① 베개 침 ① 침묵 침   撑 : 버틸 탱
粱 : 기장, 좋은 곡식 량   做 : 지을 주
粟 : ① 조 속 ② 벼 속 ③ 오곡 속   鰥 : 홀아비 환
誇 : ① 자랑할 과 ② 클 과
匠 : ① 장인 장 ② 계획 장 ③ 우두머리 장
嘉 : ① 아름다울 가 ② 착할 가 ③ 좋을 가 ④ 즐거워할 가
劫 : ① 겁탈할 겁 ② 빼앗을 겁 ③ 위협할 겁 ④ 겁 겁

통신사 복식도

紙
(지) 종이

闊面藤牋木質情
활 면 등 전 목 질 정

舖來當硯點毫輕
포 래 당 연 점 호 경

耽看蒼籙千編積
탐 간 창 록 천 편 적

誕此靑天萬里橫
탄 차 청 천 만 리 횡

華軸僉名皆後進
화 축 첨 명 개 후 진

文房列座獨先生
문 방 열 좌 독 선 생

家家資爾糊窓白
가 가 자 이 호 창 백

永使圖書照眼明
영 사 도 서 조 안 명

♣ 풀이마당

장계 올리는 활면은 본질이 나무지만
펴놓고 붓을 당하니 가볍게 점과 획을 긋는구나.

창창히 쌓인 천편의 서적을 탐독하였고
이것들을 펼쳐놓으면 청천만리까지 펼칠러라.

귀중히 여기는 화축(華軸)도 모두 종이의 후진이요
진열해 놓은 문방사우 중 으뜸일러라.

집집마다 방문에 종이를 발라 환한 빛을 얻고

종이 위에 쓴 책들을 읽어 어두운 눈 밝히도다.

🍀 느낌터

전(牋)=종이
록(籙)=서적(書籍)
선생(先生)=楮先生(저선생: 종이)

🍀 배움터

闊 : ① 넓을 활 ② 너그러울 활 ③ 우둔할 활 ③ 성길 활
　　④ 오래 만나지 못할 활
毫 : ① 가는 털 호 ② 아주 작을 호 ③ 붓 호
　　④ 분량의 단위 리의 10분의 1
舖 : ① 鋪의 俗자 ② 펼, 깔 포 ③ 벌릴 포 ④ 가게 포
藤 : 등나무 등　　　　　　　牋 : 전문, 표, 장계 전
硯 : 벼루 연　　　　　　　　耽 : 즐길, 빠질 탐
籙 : ① 서적 록 ② 비기 록　　軸 : 굴대 축
誕 : ① 태어날 탄 ② 속일 탄 ③ 거짓 탄
僉 : 다, 모두 첨

溺 缸
(요항)요강

賴渠深夜不煩扉	令作團隣臥處圍
뢰 거 심 야 불 번 비	영 작 단 린 와 처 위
醉客持來端膝跪	態我挾坐惜衣收
취 객 지 래 단 슬 궤	태 아 협 좌 석 의 수
堅剛做體銅山局	灑落傳聲練瀑飛
견 강 주 체 동 산 국	쇄 락 전 성 연 폭 비
最是功多風雨曉	偸閑養性使人肥
최 시 공 다 풍 우 효	투 한 양 성 사 인 비

♣ **풀이마당**

요강 덕분에 밤중에 사립문을 드나들지 않아도 되고
편히 누운 자리 가까이 있어 좋구나.

취객도 그 앞에서는 단정히 꿇어앉고
어여쁜 계집이 끼고 앉아 조심조심 속옷을 올리도다.

단단하게 생긴 생김새는 안성맞춤인데
쏴아 하고 오줌 누는 소리는 일련의 폭포수일러라.

가장 공이 많은 것이 비바람 치는 새벽이요

실로 요강은 사람을 편하게 하고 살찌게 하네.

배움터

尿 : 오줌 뇨(요)
醉 : ① 술취할 취 ② 침혹할 취
惜 : 아낄, 아깝게 여길 석
渠 : ① 개천 구 ② 클 구 ③ 우두머리 구 ④ 그 구
灑 : ① 물뿌릴 쇄 ② 씻을 쇄 ③ 깨끗할 쇄
肥 : ① 살찔 비 ② 기름질 비 ③ 걸, 땅기름질 비
缸 : 항아리 항
膝 : 무릎 슬
跪 : 꿇어앉을 궤

簾
(염)발

| 最宜城市十家樓 | 遮却繁華取闃幽 |
| 최 의 성 시 십 가 루 | 차 각 번 화 취 격 유 |

| 三更皓月玲瓏照 | 一陣紅埃隱映浮 |
| 삼 경 호 월 영 롱 조 | 일 진 홍 애 은 영 부 |

| 漏出琴聲豊乍動 | 覘看山影霧初收 |
| 누 출 금 성 풍 사 동 | 점 간 산 영 무 초 수 |

| 林葱萬類眞顔色 | 盡入窓櫳半掛鉤 |
| 임 총 만 류 진 안 색 | 진 입 창 롱 반 괘 조 |

♣ **풀이마당**

시가지 누각에 있어야 제격이니
번화함 물리치고 그윽하게 함일러라.

한밤중 밝은 달이 영롱하게 비추나니
한 무리 붉은 티끌 은은히 떠도누나.

새어나오는 거문고소리 바람에 잠시 흔들리고
엿보니 산에 어린 안개 이미 갇히고 없도다.

무성한 수풀의 만 가지 모습과 색채가

창으로 들어와 난간에 반쯤 걸려 있구나.

🍀 느낌터

발은 번화한 시가지 누각에 있어야 제격이다. 온갖 번잡하고 화려한 것들을 살며시 가려 주어 그윽하고 조용함을 느낄 수 있게 하기 때문이다. 교교한 달빛 아래 발 사이로 스며드는 빛을 받고 떠다니는 티끌을 완상(玩賞)할 수 있고 산을 두르고 있는 안개의 풍치도 발을 통하여 볼 수 있는 것이다. 만가지 나무로 깎아 만든 주렴이기에 그 모양도 갖가지여서 마치 울창한 수풀을 창 안으로 들여놓은 것 같음을 섬세한 감각으로 읊은 시이다.

격(関) = 유적(幽寂)의 뜻
총(葱) = 청야(青也)
롱(櫳) = 창(窓)

🍀 배움터

簾 : 발 렴(염)
関 : 고요할 격
玲 : 옥소리 여(령)
乍 : 잠깐 사
霧 : 안개 무
皓 : ① 희게 빛날 호 ② 빛날, 밝을 호
櫳 : ① 난간 롱 ② 우리 롱 ③ 창 롱

宜 : 마땅할, 옳을 의
幽 : 그윽할 유
瓏 : 환할 롱
葱 : ① 파 총 ② 푸를 총

硯
(연)벼루

腹坦受磨額凹池	拔乎凡品不礫奇
복 탄 수 마 액 요 지	발 호 범 품 불 책 기

濃硏每值工精日	寵任常從興逸時
농 연 매 치 공 정 일	총 임 상 종 흥 일 시

楮老敷容知漸變	毛公尖舌見頻滋
저 노 부 용 지 점 변	모 공 첨 설 견 빈 자

元來四友相須力	圓會文房似影隨
원 래 사 우 상 수 력	원 회 문 방 사 영 수

♣ 풀이마당

배는 갈려져 패이고 이마는 오목한 연못이 되었으니
평범한 돌일 뿐 진기한 옥돌은 아니로세.

짙게 갈리는 동안 필력이 날로 정교해지니
총애하여 맡기니 항상 좋은 인재를 만드네.

종이를 펴놓으면 그 얼굴이 점점 변함을 알겠고
뾰족한 붓끝이 자주 적셔짐을 보겠네.

원래 지필묵연(紙筆墨硯) 사우(四友)가 어우러져

문방 주위에 몰려 그림자 따르듯 하는구려.

🍀 느낌터

책(磔) = 빛이 도는 좋은 돌
저노(楮老) = 종이

🍀 배움터

坦 : ① 평탄할 탄 ② 너그러울 탄
池 : ① 못 지 ② 성 지
磔 : 찍을, 육시할 책
値 : ① 값 치 ② 만날 치
拔 : ① 뺄, 뽑아낼 발 ② 공략할 발 ③ 뛰어날 발 ④ 가릴 발
漸 : ① 점점 점 ② 나아갈 점 ③ 위독할 점 ④ 괘이름 점
       ⑤ 들, 스밀 점 ⑥ 젖을 점
尖 : ① 뾰족할 첨 ② 날타로울 첨

磨 : ① 갈 마 ② 연자방아 마
濃 : ① 짙을 농 ② 이슬 많을 농
敷 : ① 펼 부 ② 베풀 부

筆
(필)붓

四友相須獨號君
사 우 상 수 독 호 군

中書總記古今文
중 서 총 기 고 금 문

銳精隨世昇沈別
예 정 수 세 승 심 별

炎舌由人巧拙分
염 설 유 인 교 졸 분

畫出蟾烏照日月
화 출 섬 오 조 일 월

模成龍虎動風雨
모 성 용 호 동 풍 우

管城歸臥雖衰禿
관 성 귀 와 수 쇠 독

寵擢當時最有勳
총 탁 당 시 최 유 훈

♣ 풀이마당

문방사우(文房四友)가 서로 의지하는데 너를 군왕이라 부르니
그대 붓은 고금의 천만권 책을 다 기록했기 때문일러라.

그 예리함은 세상을 출세와 침체를 분별하고
뜨거운 혀로 사람 되고 안 됨을 분별하는구나.

게와 까마귀를 일월 아래 선명히 그려내고
용과 범을 그리면 마치 살아 움직이는 듯 바람이 이는구나.

비록 힘이 다해 돌아와 누워있으나

사랑으로 발탁되었을 땐 네 공이 가장 컸느니라.

♣ 느낌터

사우(四友)=종이(紙) 붓(筆) 먹(墨) 벼루(硯)
중서(中書)=붓의 다른 이름
관성(管城)=관성자(管城子) 즉 붓

♣ 배움터

筆 : 붓, 글씨, 글 필
管 : ① 대롱 관 ② 관리할 관
銳 : ① 날카로울 예 ② 빠를 예 ③ 날쌜 예 ④ 자상할 예
拙 : ① 옹졸할, 못생길 졸
　　② 자기에 관한 것을 겸손하게 이를 때 쓰는 접두사
　　예 : 졸필(拙筆)
畵 : ① 그을, 구획할 획 ② 꾀, 꾀할 획 ③ 획 획 ④ 그림, 그릴 화
蟾 : ① 두꺼비 섬 ② 달그림자 섬
勳 : 공 훈

煙 竹 ①
(연죽) 담뱃대

| 圓頭曲項又長身 | 銀飾銅裝價不貧 |
| 원 두 곡 항 우 장 신 | 은 식 동 장 가 불 빈 |

| 時吸靑煙能作霧 | 每焚香草暗消春 |
| 시 흡 청 연 능 작 무 | 매 분 향 초 암 소 춘 |

| 寒燈旅館千愁伴 | 細雨江亭一味新 |
| 한 등 여 관 천 수 반 | 세 우 강 정 일 미 신 |

| 斑竹年年爲爾折 | 也應堯女泣湘濱 |
| 반 죽 년 년 위 이 절 | 야 응 요 녀 읍 상 빈 |

♣ 풀이마당

둥근 머리 굽은 목과 또 긴 몸은
은으로 꾸미고 동으로 꾸며 값이 비싸구나.

때로는 푸른 연기 빨아 안개를 짓고
늘 향초 불살라 가만히 봄을 사르네.

여관 방 등잔 밑에 너로 하여금 온갖 근심 위로받고
가랑비 내리는 강정에서 피우는 그 맛 가히 일품이로다.

반죽이 해마다 너 때문에 꺾이니

응당 요녀가 상강가에서 울더구나.

♣ 느낌터

반죽(斑竹)=얼룩무늬가 있는 참대나무, 상강(湘江)이 그 원산지
요녀(堯女)=요임금의 둘째딸로서 아황여왕(娥皇女王)이다.
　　　　　반죽은 이 아황여왕(娥皇女王)이 상강수(湘江水)에
　　　　　빠져죽을 때 흘린 찬 눈물이 참대에 뿌려져 반점이
　　　　　되었다고 전해진다.

♣ 배움터

煙 : ① 연기 연 ② 안개 연 ③ 담배 연　　泣 : 울 읍
項 : ① 목 항 ② 조목 항 ③ 클 항　　　　湘 : 물이름 상
吸 : ① 숨들이쉴 흡 ② 마실, 빨 흡　　　斑 : 얼룩질, 얼룩 반
伴 : ① 짝, 동무 반 ② 따라갈 반　　　　味 : ① 맛, 맛볼 미 ② 뜻 미
細 : 가늘, 잘, 자세할 세
折 : ① 꺾을 절 ② 굽힐 절 ③ 타협할 절 ④ 일찍 죽을 절
　　⑤ 꾸짖을 절 ⑥ 깎을 절

대쾌도
혜산 유숙 (1827~1873) 종이에 채색 105×54㎝ 서울대학교 박물관 소장

煙 竹 ②
(연죽) 담뱃대

身體長蛇項似鳶
신 체 장 사 항 사 연

行之隨手從隨筵
행 지 수 수 종 수 연

全州去來千餘里
전 주 거 래 천 여 리

幾度蒼山幾渡船
기 도 창 산 기 도 선

♣ 풀이마당

몸이 길어 뱀 같고 목은 솔개 같으니
길을 갈 때나 자리에 앉을 때나 내곁에 있도다.

전주까지 오가는 길에
몇 번이나 청산을 지나고 몇 번의 배를 탔더냐.

♣ 배움터

蛇 : 뱀 사
幾 : ① 몇, 얼마 기 ② 기미, 낌새 기 ③ 거의, 가까울 기 ④ 위태할 기
　　 ⑤ 바랄 기
度 : ① 법도 도 ② 자 도 ③ 국량 도 ④ 정도 도 ⑤ 모양 도 ⑥ 도수 도
　　 ⑦ 단위, 각도, 온도, 경위도 도 ⑧ 건널 도 ⑨ 헤아릴 탁
渡 : ① 건넬 도 ② 건널 도　　　　　鳶 : 솔개 연

將　棋
(장기)장기

詩友酒朋意氣同　　戰場高設一堂中
시 우 주 붕 의 기 동　　전 장 고 설 일 당 중

飛包越處軍威壯　　猛象蹲前陣勢雄
비 포 월 처 군 위 장　　맹 상 준 전 진 세 웅

直走輕車先犯卒　　橫行駿馬每窺宮
직 주 경 차 선 범 졸　　횡 행 준 마 매 규 궁

殘兵散盡連呼將　　二士難存一局空
잔 병 산 진 연 호 장　　이 사 난 존 일 국 공

♣ 풀이마당

글친구 술친구가 의기 합하여
전쟁판을 방가운데 높이 차렸도다.

나는 포 넘나들면 군사 위세가 당당하고
사나운 상이 웅크린 앞에 진세가 드높구나.

곧게만 나가는 차 앞에 먼저 졸이 스러지고
횡행하는 준마는 항상 궁만 노리네.

병사들 다 죽고 연거푸 장 부르면

겨우 남은 두 사는 감당치 못하고 지는구나.

♣ **배움터**

將 : ① 장수 장 ② 장차 장 ③ 써, 가지고 장 ④ 나아갈 장 ⑤ 기를 장
散 : ① 흩어질 산 ② 한가로울 산 ③ 가루약 산 ④ 문체, 산문 산
飛 : ① 날 비 ② 빠를 비 ③ 높을 비 ④ 떠돌 비
越 : ① 넘을 월 ② 건널 월 ③ 넘칠 월 ④ 뛰어날 월
猛 : ① 사나울 맹 ② 용감할 맹 ③ 엄할 맹
蹲 : ① 걸터앉을 준 ② 모을 준 ③ 춤출 준 ④ 새이름 준
雄 : ① 수컷 웅 ② 씩씩할 웅 ③ 뛰어날 웅
駿 : ① 준마 준 ② 뛰어날 준 ③ 엄할 준   窺 : 엿볼 규
犯 : ① 범할 범 ② 죄인, 죄 범   棋 : 바둑 기
戰 : ① 싸울 전 ② 두려워할 전   朋 : ① 벗 붕 ② 무리 붕

棋
(기)바둑

縱橫黑白陣如圍	勝敗專由取捨機
종 횡 흑 백 진 여 위	승 패 전 유 취 사 기
四皓閑枰忘世坐	三淸仙局爛柯歸
사 호 한 평 망 세 좌	삼 청 선 국 란 가 귀
詭謀偶獲擡頭點	誤着還收擧手揮
궤 모 우 획 대 두 점	오 착 환 수 거 수 휘
半日輸贏更挑戰	丁丁然響到斜暉
반 일 수 영 갱 도 전	정 정 연 향 도 사 휘

♣ 풀이마당

종횡으로 흑과 백이 포위의 진을 치니
승패는 오직 집을 점령하는 기회에 달렸도다.

한나라의 네은사(四隱士)가 이 바둑으로 세상사를 잊었고
삼청시선계에서 바둑 구경하다가 도끼자루 썩는 줄을 몰랐다네.

속임수가 우연히 나서 중요한 점을 얻기도 하고
잘못 두어 물리자고 하니 손을 내두르는구려.

한나절을 두고서도 다시 도전하니

정정하는 포석소리 해는 벌써 서산에 기우네.

🍀 느낌 터

사호(四皓) = 한고조 때의 네 은사(四隱士)
란(爛) = 썩는다는 뜻
가(柯) = 도끼자루
삼청(三淸) = 신선계(神仙界)
수영(輸贏) = 승부(勝負)

🍀 배움 터

縱 : ① 세로 종 ② 놓을, 놓아줄 종 ③ 자유로울 종 ④ 방자할 종
橫 : ① 가로 횡 ② 거스를 횡 ③ 사나울 횡 ④ 제멋대로할 횡
勝 : ① 이길 승 ② 나을, 경치좋을 승
取 : ① 가질 취 ② 골라 가질 취 ③ 대책 세울, 할 취 ④ 꿀, 빌릴 취
閑 : ① 한가할 한 ② 등한할 한 ③ 마구간 한 ③ 막을 한
枰 : ① 바둑판, 장기판 평 ② 평상 평
爛 : ① 빛날 란 ② 델, 헐, 문드러질 란 ③ 무르녹을, 지나치게 익을 란
柯 : 가지 가   詭 : 속일, 어그러질 궤
擡 : 들, 쳐들 대   誤 : 그르칠, 잘못, 틀릴 오
贏 : ① 가득할 영 ② 남을 영   暉 : 빛날, 빛 휘

氷
(빙)얼음

| 塵襪仙娥石履僧 | 凌波滑步遞如鷹 |
| 진말선아석리승 | 능파활보체여응 |

| 層心易裂嫌銅馬 | 潔體無瑕笑玉蠅 |
| 층심이열혐동마 | 결체무하소옥승 |

| 雪氣凝中橫素鏡 | 月光穿底見紅燈 |
| 설기응중횡소경 | 월광천저견홍등 |

| 也知造物多神術 | 亘作銀橋濟衆藤 |
| 야지조물다신술 | 긍작은교제중등 |

♣ 풀이마당

진말(塵襪) 신은 선녀와 돌신을 신은 스님이
물결 위를 거쳐서 솔개처럼 빨리 지나는구나.

얼음은 깨지기 쉬워 동으로 만든 말발굽을 싫어하고
하자 없이 깨끗한 몸에 옥승(玉蠅)이 웃는구나.

눈 기운 어린 속에 흰 거울 가로 놓였고
달빛이 강 밑바닥 비추니 붉은 등불이어라.

내 알리라 조물주의 신묘한 재주 무궁함을

은으로 다리 놓아 오가는 길손 건너게 하나니.

♣ 배움터

履 : ① 신 리 ② 밟을 리
遞 : ① 갈마들 체 ② 역말, 전할 체
潔 : 깨끗할, 조촐할 결
瑕 : ① 띠끌 하 ② 옥의 티 하 ③ 허물, 과실, 흠 하
滑 : ① 미끄러울 활 ② 교활할 활 ③ 어지러울 골
素 : ① 흴 소 ② 생초, 흰 깁 소 ③ 질박할 소 ④ 바탕 소
⑤ 본디 소 ⑥ 채식 소
亘 : ① 뻗칠 긍 ② 펼 선

蠅 : 파리 승
裂 : 찢을, 터질 렬
銅 : 구리 동

영물편 215

竹 詩
(죽시) 대나무

| 此竹彼竹化去竹 | 風打之竹浪打竹 |
| 차 죽 피 죽 화 거 죽 | 풍 타 지 죽 랑 타 죽 |

飯飯粥粥生此竹　　是是非非付彼竹
반 반 죽 죽 생 차 죽　　시 시 비 비 부 피 죽

賓客接對家勢竹　　市井賣買歲月竹
빈 객 접 대 가 세 죽　　시 정 매 매 세 월 죽

萬事不如吾心竹　　然然然世過然竹
만 사 불 여 오 심 죽　　연 연 연 세 과 연 죽

♣ **풀이마당**

이대로 저대로 돼가는대로
바람 부는대로 물결 치는대로 사세나.

밥이면 밥 죽이면 죽 이대로 살고
옳으면 옳고 그르면 그른대로 저대로 맡겨두세나.

손님 접대는 가세대로 하고
시정에 매매는 시세대로 하는 거라네.

만사를 내 맘대로 하는 것만 못하니

그렇고 그런 세상 그런대로 지내세나.

♣ 배움터

彼 : ① 저, 저이, 저편 피
打 : ① 칠 타 ② 타, 다스 타 ③ 접두사(동사 앞에 쓰이는)
飯 : ① 밥 반 ② 먹을 반 ③ 먹일, 기를 반

眼 鏡
(안경)안경

江湖白首老如鷗	鶴膝烏精價易牛
강 호 백 수 노 여 구	학 슬 오 정 가 역 우
環若張飛蹲蜀虎	瞳成項羽沐荊唐
환 약 장 비 준 촉 호	동 성 항 우 목 형 후
霎疑濯濯穿籬鹿	快讀關關在渚鳩
삽 의 탁 탁 천 리 록	쾌 독 관 관 재 저 구
少年多事懸風眼	春陌堂堂倒紫騮
소 년 다 사 현 풍 안	춘 맥 당 당 도 자 류

♣ 풀이마당

모든 흰 머리는 늙어 흰 갈매기 같고
학의 무릎 같은 안경 값이 소 한 마리와 맞먹는구나.

눈알은 장비 같이 촉나라 범이 앉았고
무거운 눈알은 항우와 같으니 초나라 원숭이가 목욕한 것 같구나.

잠깐 울타리 뚫고 나온 사슴의 눈인가 의심가고
착용하니 물가에 앉은 비둘기가 환히 보이는구나.

소년들이 바쁘게 풍안(선글라스)을 걸고

봄 언덕에 자주빛 준마를 타고 당당히 나섰구려.

♣ 느낌터

학슬(鶴膝) : 둘로 접는 안경다리
백수(白首) : 흰머리 즉, 노인을 말함.

♣ 배움터

眼 : ① 눈 안 ② 요점 안 瞳 : 눈동자 동
沐 : ① 머리감을 목 ② 은혜 입을 목 唐 : 원숭이 후
霎 : ① 가랑비 삽 ② 잠간 삽 紫 : 자주빛 자
荊 : ① 가시 형 ② 광대 싸리 형 ③ 자기 아내의 겸칭 형
羽 : ① 깃 우 ② 새 우 ③ 도움 우 ④ 오음의 하나(궁, 상, 각, 치, 우)
鳩 : ① 비둘기 구 ② 모을 구 ③ 편안할, 편안히 할 구
陌 : ① 밭둑길 맥 ② 땅이름 맥
騮 : 검은 갈기에 붉은 말 류
蹲 : ① 걸터앉을 준 ② 모을 준 ③ 춤출 준 ④ 새이름 준

太
(태)콩

字在天皇第一章　　穀中此物大如王
자 재 천 황 제 일 장　　곡 중 차 물 대 여 왕

介介全黃峰轉蜜　　團團或黑鼠瞋眶
개 개 전 황 봉 전 밀　　단 단 혹 흑 서 진 광

新抽臘甑盤增菜　　潤入晨廚鼎減糧
신 추 납 증 반 증 채　　윤 입 신 주 정 감 량

當時若漏周家粟　　不使夷齊餓首陽
당 시 약 루 주 가 속　　불 사 이 제 아 수 양

♣ **풀이마당**

글자도 천황씨 제1장에 있으며
이 곡식은 크기가 오곡 중에 왕이로다.

알알이 노란 것은 벌이 꿀을 바른 듯 하고
둥근 몸에 박힌 검은 점은 부릅뜬 쥐눈 같구나.

시루에 길러서 뽑아 상에 올라 나물 한 가지가 더 늘고
불려서 새벽 부엌으로 들어가니 식량이 절약되는구나.

좁쌀을 안 먹던 당시 주나라에 만일 콩이 있었던들

백이숙제가 수양산에 들어가서 굶어죽지 않았으리.

♣ 느낌터

수양(首陽) : 백이와 숙제가 고사리를 캐먹고 살다가 죽었던 산이름

♣ 배움터

太 : ① 클 태 ② 심할 태 ③ 첫째, 처음 태 ③ 콩 태
介 : ① 끼일 개 ② 딱지, 단단한 껍질 개 ③ 갑옷 개 ④ 소개할 개
　　⑤ 깔끔할 개 ⑥ 낱 개
轉 : ① 구를, 굴릴 전 ② 옮길 전
蜜 : 꿀 밀
眶 : ① 눈시울 광 ② 눈두덩 광
臘 : 납향제 납
廚 : ① 부엌 주 ② 푸줏간 주
漏 : ① 샐 루 ② 물시계 루
粟 : ① 조 속 ② 벼 속 ③ 오곡 속
瞋 : 눈부릅뜰, 성낼 진
抽 : 뽑을 추
甑 : 시루 증
鼎 : 솥 정
糧 : 양식, 먹이 량
減 : 덜, 감할 감

萱 草
(훤초)원추리

| 觀萱占曆是唐虞 | 創始軒皇化鼎湖 |
| 관 훤 점 력 시 당 우 | 창 시 헌 황 화 정 호 |

| 春夏秋冬相遞永 | 弦望晦朔各分弧 |
| 춘 하 추 동 상 체 영 | 현 망 회 삭 각 분 호 |

| 都包高庳玄黃理 | 備載坎離紫白圖 |
| 도 포 고 비 현 황 리 | 비 재 감 리 자 백 도 |

| 三十六旬成十二 | 均其小大閏奇餘 |
| 삼 십 육 순 성 십 이 | 균 기 소 대 윤 기 여 |

♣ 풀이마당

원추리를 보고 점친 것이 당우(唐虞)나라 때이니
헌황씨가 정호에 돌아간 때부터로다.

춘하추동이 늘 있고 서로 영원히 교대하여
그믐과 보름, 초하루 그믐은 각각 고선(孤線)으로 나뉜다.

높낮이와 검고 누른 모든 이치를 모두 포함하고
감리(坎離)와 자백도(紫白圖)를 고루 갖추었도다.

1년의 36순(旬)이 열 두 달을 이루니

그 크기를 고르게 하고 남은 것을 윤달로 정했느니라.

🍀 느낌 터

훤(萱)=낭이라고도 한다. 매월 15일까지는
하루에 1협(莢 ; 한 닢)씩 나고, 보름이 지나 16일부터
는 한닢씩 져서 그믐이 되면 완전히 없어지는 특이한 풀
로서 고대에는 이 풀로 책력을 대신했다 함.
현망(弦望)=반달과 보름달
헌황(軒皇) : 고대 중국의 황제, 신농씨(神農氏) 다음 임금
회삭(晦朔) : 초하루와 그믐
당우(唐虞) : 중국 고대 임금

🍀 배움 터

餓 : 주릴 아
萱 : 원추리 훤
虞 : ① 헤아릴 우 ② 염려할 우
軒 : ① 추녀 헌 ② 난간 헌 ③ 높이 오를 헌 ④ 초헌 헌
弦 : ① 활시위 현 ② 악기줄 현 ③ 반달 현
庳 : ① 낮을 비 ② 오막사리 비 ③ 짧을 비
旬 : ① 열흘 순 ② 십년 순 ③ 두루펼 순
弧 : ① 나무활 호 ② 원주 또는 곡선의 일부 호 ③ 활모양으로 굽은것 호

載 : ① 실을 재 ② 해 재
均 : 고를, 평평할 균
閏 : ① 윤달 윤 ② 윤위 윤

看 鏡
(간경) 거울을 보다

白髮汝非金進士
백발여비김진사

我亦青春如玉人
아역청춘여옥인

酒量漸大黃金盡
주량점대황금진

世事纔知白髮新
세사재지백발신

♣ 풀이마당

백발아 너는 김진사가 아니더냐
나도 청춘시절에 옥같은 사람이었느니,

주량은 점점 느는데 돈은 떨어졌으니
세상사 겨우 알 만하니 어언 백발이로다.

♣ 배움터

看 : 볼 간
進 : ① 나아갈 진 ② 오를 진 ③ 나아질 진 ④ 말씀드릴 진
玉 : ① 옥 옥 ② 아름다울, 훌륭할 옥
　　③ 임금 또는 상대의 것을 높여 이르는 접두사
酒 : 술 주
鏡 : 거울 경
纔 : ① 겨우 재 ② 잠깐 재

달밤
시산 유운홍 (1797~1859) 종이에 채색 95×42cm 고려대학교 박물관 소장

영물편 225

한가한 봄날의 소동
긍재 김득신 (1754~1822)
종이에 수묵담채 22.5×27.1cm
간송미술관 소장

上元月
(상원월) 음력 정월 보름달

看月何事依小樓	心身飛越廣寒頭
간월하사의소루	심신비월광한두
光垂八域人皆仰	影入千江水共流
광수팔역인개앙	영입천강수공류
曠古詩仙曾幾問	長生藥兎未應愁
광고시선증기문	장생약토미응수
圓輪自重今宵出	碧落雲霽廓已收
원륜자중금소출	벽락운제곽이수

♣ 풀이마당

달을 보며 무슨 일로 작은 누대에 의지하고 있으니
심신은 광한루 마루로 날아가네.

달빛이 사방에 쏟아지니 모든 사람들 우러러 보고
그림자는 천강에 빠져 물과 함께 흐르네.

광고(曠古)의 시선(詩仙)은 일찍이 몇이나 물었느냐
장생하는 약토는 응당 근심하지 않느니라.

바퀴처럼 둥글게 오늘 밤에 떴으니

벽락(碧落)에 구름 개이니 더욱 그 모습 뚜렷해라.

♣ 느낌 터

광한(廣寒) : 남원의 광한루

♣ 배 움 터

依 : ① 의지할 의 ② 전과 같을 의 ③ 쫓을, 따를 의
仰 : ① 우러를 앙 ② 딸르, 좇을 앙 ③ 쳐다볼 앙
曠 : ① 휑할, 넓을 광 ② 빌 광 ③ 멀, 오랠 광
曾 : ① 일찍 증 ② 곧 증 ③ 거듭 증 ④ 더할 증
應 : ① 응할 응 ② 응당 응   域 : 지경, 구역 역
霽 : 비 개일 제   皆 : 다 개

聽 曉 鐘
(청효종) 새벽 종소리

霖雨長安時孟秋	嶠南歸客獨登樓
림 우 장 안 시 맹 추	교 남 귀 객 독 등 루
吼來地上雷霆動	擊送人間歲月流
후 래 지 상 뇌 정 동	격 송 인 간 세 월 류
鳴吠俱淸千戶裡	乾坤忽肅九街頭
명 폐 구 청 천 호 리	건 곤 홀 숙 구 가 두
無窮四十年間事	回首今宵又一悲
무 궁 사 십 년 간 사	회 수 금 소 우 일 비

♣ 풀이마당

장마비 내리는 장안은 마침 초가을인데
교남에 손님 돌아가고 나홀로 누대에 오르네.

때마침 들려오는 종소리 지상을 흔들고
인간만사 흐르는 세월과 함께 보내라 하네.

개 짖고 닭 우는 소리 함께 잠들고
하늘도 땅도 거리도 홀연 숙연하구나.

무궁세월 사십년사를 생각하니

오늘밤도 또한 구슬프고녀.

♣ 배움터

聽 : ① 들을 청 ② 들어줄 청 ③ 판결할 청
嶠 : ① 산쭈뼛할 교 ② 산길 교
霆 : ① 우뢰, 천둥 정 ② 번개 정
歲 : ① 해 세 ② 나이 세 ③ 시일 세
窮 : ① 궁할, 막힐 궁 ② 궁리할 궁
俱 : ① 함께 구 ② 갖출 구
乾 : ① 하늘 건 ② 괘이름 건 ③ 의지할곳 엇을 건
　　④ 임금, 남자, 아비, 남편 건 ⑤ 마를 건(간)
坤 : ① 땅 곤 ② 이름(왕후, 여자) 곤 ③ 곤방(서남쪽) 곤

曉 : 새벽 효
鐘 : 쇠북 종
霖 : 장마 림
擊 : 칠 격
吠 : 개짖을 폐
悲 : 슬플, 슬퍼할 비

伐 木
(벌목) 나무를 베다

虎踞千年樹 호 거 천 년 수	龍顚一夕空 용 전 일 석 공
杜楠前後無 두 남 전 후 무	桓斧古今同 환 부 고 금 동
影斷三更月 영 단 삼 경 월	聲虛十里風 성 허 십 리 풍
出門無所見 출 문 무 소 견	搔首望蒼穹 소 수 망 창 궁

♣ 풀이마당

호랑이가 꿇어앉은 듯한 천년 거목이
용이 넘어지듯 하루 저녁에 비었구려.

두자미(杜子美)의 뜰에 있던 녹나무(楠木) 같은 나무는
전혀 없고
환퇴(桓魋)가 쓰던 도끼는 예나 지금이나 같구나.

나무가 없어지니 그림자는 삼경 달같이 끊어지고
나무 스치는 소리는 십리 밖에서도 안 들리네.

문밖에 나서도 보이는 나무 하나 없으니
머리만 긁적이며 창공만 바라보노라.

♣ 느낌 터

환부(桓斧)=환퇴(桓濩)의 도끼. 환퇴는 고대로 도끼
　　　　　　　잘 쓰는 명인.
두남(杜楠) : 두보(杜甫)의 뜰에 있던 녹나무

♣ 배 움 터

伐 : ① 칠, 정벌할 벌 ② 처벌할 벌 ③ 벨, 나무벨 벌 ④ 공, 공훈 벌
　　⑤ 자랑할 벌
顚 : ① 정수리, 꼭대기 전 ② 근본, 처음 전 ③ 넘어질 전 ④ 미칠 전
桓 : ① 굳셀 환 ② 머뭇거릴 환 ③ 모감주나무 환
斧 : 도끼, 도끼질할 부　　　　　　　踞 : 걸터앉을 거
斷 : ① 끊을 단 ② 결단할 단　　　　楠 : 녹나무 남
虛 : ① 빌 허 ② 약할 허

雪中寒梅
(설중한매) 눈 속에 핀 매화

雪中梅寒酒傷妓	風前橋柳宋鏡僧
설 중 매 한 주 상 기	풍 전 교 류 송 경 승
栗花已落尨尾短	榴花初生鼠耳凸
율 화 이 락 방 미 단	류 화 초 생 서 이 철

♣ 풀이마당

눈 속에 핀 매화는 술취한 기생 같고
바람에 흔들리는 버들가지는 주문 외는 중이러니.

떨어진 밤꽃은 삽살개 꼬리 같고
석류꽃은 쥐의 귀처럼 뾰족뾰족 돋아나네.

♣ 느낌터

산간 마을은 겨울이 가고 봄이 오는 길목에서 눈 속에서 매화가 피고, 매화가 지고나면 석류꽃이 핀다. 산 속을 혼자 거닐다가 매화와 밤나무와 석류나무가 함께 어우러진 모습을 보고 즉석에서 지었던 시.

♣ 배움터

寒 : ① 찰 한 ② 떨, 오싹할 한 ③ 어려울 한
栗 : ① 밤, 밤나무 율(률) ② 떨, 두려워할 률 ③ 추위, 심할 률
尨 : ① 삽살개 방 ② 클 방   尾 : ① 꼬리 미 ② 끝 미 ③ 교미할 미
短 : ① 짧을 단 ② 허물 단   榴 : 석류나무 류   僧 : 중 승

雪 ①
(설)눈

白屑誰飾亂洒天
백설수식난쇄천

雙眸忽爽霽樓前
쌍모홀상제루전

練舖萬壑光斜月
연포만학광사월

玉削千峰影透烟
옥삭천봉영투연

訪隱人應隨剡掉
방은인응수섬도

懷兄吾亦坐講筵
회형오역좌강연

文章大手如逢此
문장대수여봉차

興景高吟到百篇
흥경고음도백편

♣ 풀이마당

누가 하얀 가루를 어지럽게 하늘에 뿌렸을까
두 눈이 부시도록 다락 앞이 밝구나.

모든 골짜기에 달빛이 어린 듯하고
백옥을 깎아세운 듯 산봉우리엔 맑은 기운이 감도누나.

은사를 찾는 사람은 응당 섬도(剡掉)땅으로 갈 것이요
형 생각을 하며 나도 강연자리에 앉았어라.

문장대가가 이 광경을 보았다면

흥에 겨워 읊는 시가 백 편도 넘으리라.

🍀 느낌터

섬도(剡掉) : 은사들이 많이 살았다는 중국의 고을 지명

🍀 배움터

屑 : ① 가루 설 ② 달갑게 여길 설   眸 : 눈동자 모
壑 : 골, 구렁 학   削 : ① 깎을 삭 ② 빼앗을 삭
爽 : ① 시원할 상 ② 새벽 상 ③ 굳셀 상
練 : ① 익힐 련 ② 연복 연 ③ 가릴 연 ④ 누일 연
舖 : ① 鋪와 同字 ② 펼, 깔 포 ③ 벌릴 포 ④ 가게, 상점 포
剡 : ① 땅이름 섬 ② 깎을 염 ③ 번뜩일 섬
掉 : ① 흔들 도 ② 두드릴 도 ③ 흔들, 떨칠 도 ④ 상앗대 도
懷 : ① 품을, 생각할 회 ② 위로할, 달랠 회
洒 : ① 씻을 세 ② 뿌릴 쇄

雪 ②
(설)눈

| 蕭蕭密密又霏霏 | 故向斜風滿襲衣 |
| 소소밀밀우비비 | 고향사풍만습의 |

| 澗邊獨鶴愁無語 | 木末寒鴉凍不飛 |
| 간변독학수무어 | 목말한아동불비 |

| 從見江山颺白影 | 誰知天地弄玄機 |
| 종견강산양백영 | 수지천지농현기 |

| 强近店婆因向酒 | 緬然醉臥却忘愁 |
| 강근점파인향주 | 면연취와각망수 |

♣ 풀이마당

쓸쓸이 휘날리는 함박눈이
바람을 타고 옷자락 가득 적시누나.

냇가에 홀로 앉은 저 학은 수심에 잠겨 울지 못하고
나무 끝에 앉은 갈가마귀는 얼어붙어 날지 못하나.

많은 사람들이 날리는 백설을 보련만
그 누가 천지의 오묘한 이치를 알리요.

가까운 주막집 노파에게 술을 청하여

망연자실 술취해 누웠으니 근심도 수심도 다 잊었노라.

🍀 느낌터

양(颺)＝날린다는 뜻
면연(緬然)＝우두커니, 정신없이

🍀 배움터

密 : ① 빽빽할 밀 ② 비밀할 밀 ③ 가까울, 친할 밀
霏 : ① 눈 펄펄날릴 비 ② 비내릴 비 ③ 연기 오를 비
滿 : ① 가득할 만 ② 풍족할 만 ③ 만주의 준말
襲 : ① 엄습할 습 ② 인할 습 ③ 염습할 습 ④ 옷껴입을 습
澗 : ① 산골물 간 ② 물이름 간   蕭 : ① 쓸쓸할 소 ② 쑥 소
鴉 : ① 갈가마귀 아 ② 검을 아   凍 : 얼 동
颺 : ① 바람에 날릴 양 ② 새날아갈 양
婆 : ① 할미 파 ② 춤추는 모양 파
緬 : ① 멀, 아득할 면 ② 가는 실 면 ③ 옮겨 장사지낼 면

雪 ③
(설) 눈

天皇崩乎人皇崩	萬樹靑山皆被服
천 황 붕 호 인 황 붕	만 수 청 산 개 피 복
明日若使陽來弔	家家簷前淚滴滴
명 일 약 사 양 래 조	가 가 첨 전 누 적 적

♣ 풀이마당

천황이 죽었느냐 인황이 죽었느냐
삼라만상이 모두 소복을 입었구나.

내일이면 태양이 와서 조문할 것이고
집집마다 처마 앞에 눈물이 방울져 떨어지겠지.

♣ 느낌터

삼라만상에 하얗게 눈이 내리는 것을 마치 천황이나 나라 임금이 죽은 것처럼 소복을 입은 것에 비유했고, 해가 뜨면 눈이 녹아 처마에 떨어지는 물방울을 애도의 눈물에 비유한 명구(名句)이다.

♣ 배움터

皇 : ① 임금 황 ② 클 황
崩 : ① 산무너질 붕 ② 죽을, 임금죽을 붕
被 : ① 입을 피 ② 이불 피 ③ 풀어헤칠 피 ④ 옷 피
若 : ① 같을 약 ② 너 약 ③ 만약 약 ④ 어조사 약 ⑤ 땅이름 야
滴 : 물방울, 물방울 떨어질 적

눈속에 핀 매화를 찾아서
영천자 신잠 (1491~1554) 43.9×210.5cm 국립중앙박물관 소장

영물편 239

雪 景 ①
(설경) 눈덮인 경치

送月開簾小碧峰	滿庭疑是玉人逢
송 월 개 렴 소 벽 봉	만 정 의 시 옥 인 봉
冥魂灑入孤江釣	冷意添牽暮寺鐘
명 혼 쇄 입 고 강 조	냉 의 첨 견 모 사 종
却訪梅花清我興	能令蓓屋素其封
각 방 매 화 청 아 흥	능 령 배 옥 소 기 봉
個邊頗有精神竹	助合詩腸動活龍
개 변 파 유 정 신 죽	조 합 시 장 동 활 룡

♣ 풀이마당

넘어가는 달을 보내고 작은 벽봉(碧峯)을 보니
뜰에 백설이 가득해 옥인이 아닌가 하노라.

나그네의 어두운 혼 외로운 강 낚시에 뿌리고
한기는 저무는 산사의 종소리와 함께 오네.

문득 매화를 찾아 내 흥취를 맑게 하려는데
이런 백설 속에서는 가난과 부자도 같을지라.

매화 주변에는 정신을 맑게 하는 대나무가 있어

나의 시흥을 돋구워 용트림하게 하노라.

🍀 느낌터

배옥(稖屋)=평민의 빈가(貧家)
소봉가(素封家)=봉후(封候)와 같은 부자(富者)집

🍀 배움터

開 : ① 열 개 ② 펼 개 ③ 슬기열릴 개 ④ 시작할 개 ⑤ 필 개
牽 : ① 이을 견 ② 끌, 끌어당길 견
頗 : ① 자못, 매우, 많을 파 ② 치우칠 파
簾 : 발 렴   逢 : 만날 봉
快 : 편지 부   屋 : ① 집 옥 ② 덮개 옥
腸 : 창자 장
灑 : ① 물뿌릴, 씻을 쇄 ② 깨끗할 쇄
稖 : 풀이름 배

雪 景 ②
(설경) 눈덮인 경치

飛來片片三月蝶　　踏去聲聲六月蛙
비 래 편 편 삼 월 접　　답 거 성 성 육 월 와

寒將不去多言雪　　醉或以留更進盃
한 장 불 거 다 언 설　　취 혹 이 류 갱 진 배

♣ **풀이마당**

날려드는 눈송이는 꽃 찾는 나비 같고
밟히는 눈 소리는 유월의 개구리 소리로구나.

눈이 많이 와서 못 간다고 말하고선
취한 김에 혹 머무를까 하고 다시 한 잔 더하네.

♣ **배움터**

蝶 : 나비 접
踏 : 밟을 답
多 : 많을 다

雪 日
(설일) 눈 오는 날

雪日常多晴日或　　前山旣白後山赤
설일상다청일혹　　전산기백후산적

推窓四面琉璃壁　　吩咐寺童故掃莫
추창사면유리벽　　분부사동고소막

♣ 풀이마당

눈 내리는 날이 많고 개인 날이 적으니
앞산은 하얗고 뒷산은 붉도다.

창을 밀치고 내다보니 사방이 유리알 같은데
사동(寺童)에게 분부하여 구태여 쓸지 말라 하리라.

♣ 배움터

晴 : 개일, 날 갤 청　　　琉 : 유리 류(유)
璃 : 유리 리　　　　　　旣 : 이미 기
吩 : 분부할 분　　　　　咐 : 분부할 부

風 月
(풍월) 풍월

風失古行路	月得新照處 (김삿갓)
풍 실 고 행 로	월 득 신 조 처
風動樹枝動	月昇水波昇 (主人)
풍 동 수 지 동	월 승 수 파 승

♣ 풀이마당

바람은 예전에 다니던 길을 잃었고
달은 새로 비칠 곳을 찾았어라.

바람이 움직이니 나뭇가지도 움직이고
달이 오르니 물결도 오르더라.

♣ 배움터

照 : ① 비출 조 ② 맞대어볼, 대조할 조
枝 : ① 가지 지 ② 버틸 지 ③ 육손이 기
昇 : 오를, 올릴 승

秋 吟
(추음) 가을을 읊다

邨裡重陽不記名　　故人書到喜平生
촌 리 중 양 불 기 명　　고 인 서 도 희 평 생

登樓便有登山意　　送馬還勝送酒情
등 루 편 유 등 산 의　　송 마 환 승 송 주 정

病起黃花今歲色　　秋深落木異鄕聲
병 기 황 화 금 세 색　　추 심 낙 목 이 향 성

此來相見爲佳節　　快賞前宵獨月明
차 래 상 견 위 가 절　　쾌 상 전 소 독 월 명

♣ 풀이마당

동네 가운데 중양(重陽)이란 이름은 기억도 없어도
고인의 서책을 읽고 평생을 기쁘게 살리라.

누대에 오르니 산에 오른 것 같은데
말을 보내니 술을 보낸 정보다 낫더라.

병에서 일어나니 내 꼴이 누른 꽃 같은데
어느덧 늦가을 낙엽 지니 다른 고을 같구나.

이번 만남은 다음 좋은 만남을 위함이니

간밤에 홀로 밝은 달구경한 것만큼이나 상쾌하네.

♣ 느낌터

중양(重陽) : 중양절, 음력 9월 9일을 말함.

♣ 배움터

邨 : ① 농막 촌 ② 마을 촌
喜 : ① 기쁠 희 ② 즐거워할, 좋아할 희
情 : ① 뜻 정 ② 사랑 정 ③ 사실, 형편 정
病 : ① 병들 병 ② 앓을, 병 병 ③ 조심할 병 ④ 흠 병
佳 : ① 아름다울 가 ② 좋을, 훌륭할 가

落 葉
(낙엽) 떨어지는 나뭇잎

盡日聲乾啄啄鴉　　虛庭自屯減空華
진 일 성 건 탁 탁 아　　허 정 자 둔 감 공 화

如戀故香徘徊下　　可恨餘枝的歷斜
여 연 고 향 배 회 하　　가 한 여 지 적 역 사

夜久堪聽燈外雨　　朝來忽見水西家
야 구 감 청 등 외 우　　조 래 홀 견 수 서 가

知君去後惟風雪　　招帳離情倍洛花
지 군 거 후 유 풍 설　　초 장 이 정 배 낙 화

♣ 풀이마당

까마귀가 쪼는 소리처럼 종일토록 들리더니
빈 뜰 가득 쌓인 낙엽 화려한 빛을 잃었어라.

낙엽은 옛날을 생각하는 양 배회하며 내리고
가지에 있을 때를 그리워하며 흩어지누나.

밤새도록 바깥에 궂은비 소리 들리더니
아침이 열리니 홀연 강건너 집들이 보이네.

그대는 낙엽 뒤에 오는 찬바람과 눈보라를

이별의 정 서러움이야 낙엽에 비길손가.

🍀 느낌터

늦가을 낙엽 지는 소리가 마치 까마귀 나무 쪼는 소리 같이 들리더니 화려했던 낙엽은 다 지고 떨어지는 낙엽은 못내 아쉬운 듯 빙글빙글 돌며 떨어진다. 밤새 객창에 비를 뿌리더니 아침엔 낙엽 진 나뭇가지 사이로 건너편 마을이 훤히 보이는 쓸쓸한 늦가을 풍경을 읊은 시.

🍀 배움터

葉 : ① 잎 엽 ② 대, 세대 엽 ③ 장(종이 세는 단위) 엽
　　 ④ 성 섭 ⑤ 땅이름 섭
啄 : ① 쪼을 탁 ② 똑똑 두드릴 탁
屯 : ① 모일 둔 ② 진칠 둔 ③ 어려울, 괴로울 준
徘 : 어정거릴, 거닐 배
徊 : 어정거릴 회
惟 : ① 생각할 유 ② 오직, 한갓 유
倍 : ① 곱, 갑절, 곱할 배 ② 더할 배 ③ 어긋날, 어길 배

吟 落 葉
(음낙엽) 낙엽을 읊다

蕭蕭瑟瑟又齊齊	埋山埋谷或沒溪
소 소 슬 슬 우 제 제	매 산 매 곡 혹 몰 계
如鳥以飛還上下	隨風之自各東西
여 조 이 비 환 상 하	수 풍 지 자 각 동 서
綠其本色黃猶病	霜是仇緣雨更凄
녹 기 본 색 황 유 병	상 시 구 연 우 갱 처
杜宇爾何情薄物	一生何爲落花啼
두 우 이 하 정 박 물	일 생 하 위 낙 화 제

♣ 풀이마당

낙엽은 쓸쓸하게 우수수 떨어져
산과 골짜기 혹은 계곡에 빠지네.

새가 날 듯 치솟았다 내려왔다 춤을 추면서
바람에 휩쓸려 스스로 사방으로 흩날리네.

푸른 빛이 본색인데 누른 것은 병색이요
원수의 서리 내리고 찬비마저 쓸쓸히 내리네.

소쩍새야 너는 어이 야속하게도

일생동안 봄에 지는 꽃만 울어주느냐.

♣ 느낌터

두견새는 주로 봄에만 운다. 김삿갓은 오색 단풍이 낙엽되어 계곡에 쌓였는데도 왜 떨어진 낙엽보고는 두견새가 울지 않느냐고 두견새를 원망하는 듯한 시를 읊었지만 내면에는 지는 낙엽을 보고 감상에 젖어 읊은 시이다.
두우(杜宇) : 소쩍새

♣ 배움터

緣 : ① 인연 연 ② 연줄, 인할 연 ③ 가장자리 연 ④두를 연
瑟 : 큰거문고 슬
埋 : 묻을, 묻힐 매
猶 : ① 오히려 유 ② 같을 유 ③ 머뭇거릴 유
仇 : ① 원수 구 ② 짝, 상대 구 ③ 미워할, 원망할 구
凄 : 쓸쓸할, 춥고 쓸쓸할 처
杜 : ① 막을 두 ② 아가위 나무 두 ③ 성 두
啼 : ① 울 제 ② 새울 제
宇 : ① 집 우 ② 하늘, 세계, 천지사방 우 ③ 도량 우
霜 : ① 서리 상 ② 세월 상

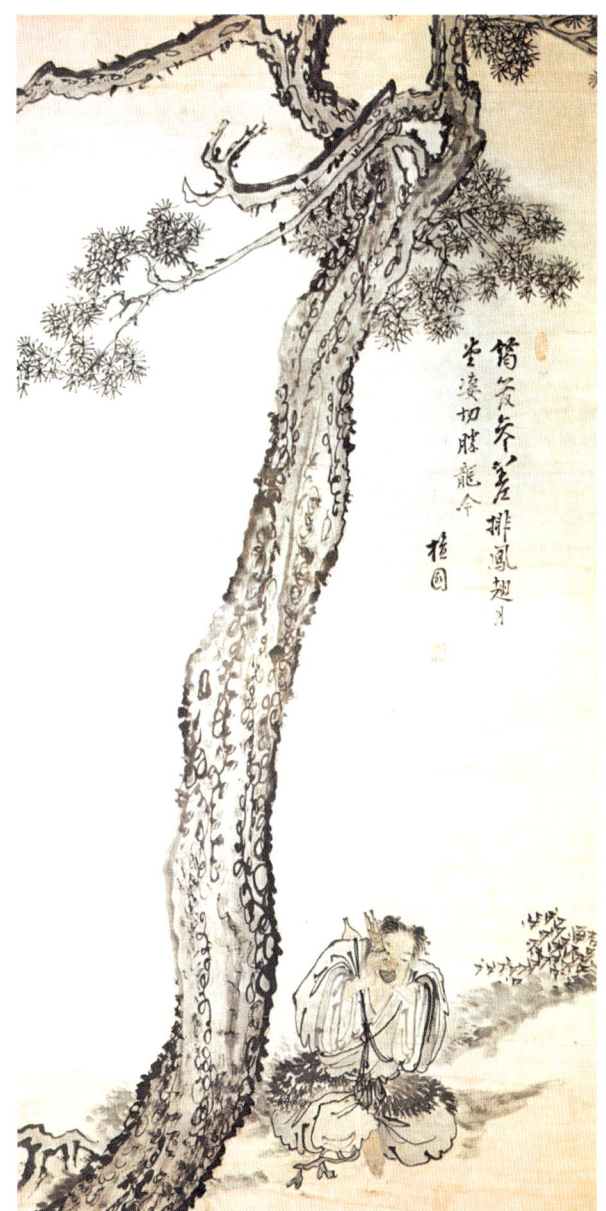

소나무 밑의 젊은 선인이 생황을 부는 모습
단원 김홍도 (1745~?) 종이에 수묵담채 109×55cm 고려대학교 박물관 소장

검 선
능호관 이인상(1710~1760) 종이에 수묵담채 96.7×61.8cm
국립중앙박물관 소장

吟 落 花
(음낙화) 낙화를 노래함

曉起翻驚滿山紅	開落都歸細雨中
효 기 번 경 만 산 홍	개 락 도 귀 세 우 중
無端作意移黏石	不忍辭枝倒上風
무 단 작 의 이 점 석	불 인 사 지 도 상 풍
鵑月靑山啼忽罷	燕泥香逕蹴全空
견 월 청 산 제 홀 파	연 이 향 경 축 전 공
繁華一度春如夢	坐嘆城南頭白翁
번 화 일 도 춘 여 몽	좌 탄 성 남 두 백 옹

♣ 풀이마당

새벽에 일어나 산 가득 떨어진 붉은 꽃잎을 보니
피고 지는 것이 모두 가랑비 때문이구려.

끝없이 뜻을 세워 돌이나 흙에 달라붙고
참아 가지 떠나지 못해 바람 타고 다시 오르려 하네.

뻐꾹이는 청산 위에 뜬 달을 보고 울음을 그치고
제비는 향기로운 낙화를 차며 창공을 나는구나.

이렇듯 번화로운 일들이 한낱 봄 꿈 같은데

늙은이는 주저앉아 무상한 세월만 탄식하누나.

♣ 느낌터

꽃이 피고 지는 이치나, 사람이 나서 자라고 늙어가는 이치가 같음을 뜻하는 의미있는 시이다.

♣ 배움터

翻 : ① 펄럭일 번 ② 날 번 ③ 뒤집을 번 ④ 번역할 번
罷 : ① 파할, 마칠, 그만둘 파 ② 내칠 파 ③ 고달플 피
黏 : 粘과 同字, 끈끈할 점　　　　　紅 : 붉을 홍
忍 : ① 참을 인 ② 모질, 잔인할 인　驚 : 놀랄 경
鵑 : 두견새, 소쩍새 견　　　　　　辭 : 말씀 사
泥 : 진흙, 수렁 니(이)　　　　　　蹴 : 찰 축
逕 : ① 지름길 경 ② 좋은 길 경　　燕 : 제비 연
嘆 : 탄식할, 한숨쉴 탄

仙人畵像
(선인화상) 선인화상

龍眠活手妙傳神	玉斧銀刀別樣人
용면활수묘전신	옥부은도별양인
萬里浮雲長憩處	九天明月遠懷辰
만리부운장게처	구천명월원회진
庶幾玄圃乘鸞跡	太半靑城幻鶴身
서기현포승난적	태반청성환학신
我欲相隨延佇立	訝君巾履淡非眞
아욕상수연저립	아군건리담비진

♣ 풀이마당

용면(龍眠)이 손으로 깍은 듯 신묘(神妙)함이 전해오고
옥도끼로 쪼고 은장두로 다듬은 듯한 사람 모양이어라.

만리 장천 뜬구름은 신선이 쉬어 가는 곳이요
구천의 명월은 그가 멀리서 동경하는 별이로다.

몇몇 현포(玄圃)의 난새를 타는 자취러니
태반이나 청성에 학인 양 여겨지노라.

내 서로 따르고자 우두커니 섰으니

다만 그대의 수건과 신발이 참이 아닌가 하노라.

♣ 느낌터

금강산 일만이천 봉우리를 보고 이곳이 실제 땅이 아니라 선경인 듯 착각이 인다는 김삿갓의 감탄 시.

용면(龍眠)=유명한 조각가
현포(玄圃), 청성(淸城)=다 선경(仙境)
승란(乘鸞)=환학(幻鶴)=모두 선경(仙境)으로 갈 때 타는 선학(仙鶴)
구천(九天)=고대 중국에서는 하늘을 9개로 나눠서 부름
① 중앙(鈞天 균천) ② 동쪽(蒼天 창천) ③ 서쪽(昊天 호천) ④ 남쪽(炎天 염천) ⑤ 북쪽(玄天 현천) ⑥ 북동쪽(變天 변천) ⑦ 북서쪽(幽天 유천) ⑧ 남서쪽(朱天 주천) ⑨ 남동쪽(陽天 양천)

♣ 배움터

像 : ① 형상, 모양 상 ① 본뜰 상 ③ 초상 상   眠 : 잠잘, 쉴 면
神 : ① 귀신 신 ② 정신 신 ③ 영민할 신   憩 : 쉴 게
佇 : 우두커니, 머물러 있을 저
巾 : ① 수건 건 ② 건, 두건 건
活 : ① 살 활 ② 생기 있을 활 ③ 으용할 활 ④ 물소리 괄
庶 : ① 여러, 무리 서 ② 거의, 가까울 서 ③ 바랄 서 ④ 첩의 아들 서
訝 : ① 맞을 아 ② 의심할 아
樣 : 모양, 본, 본보기 양

제 5장

金剛山篇
금강산편

금강산전도 겸제 정선(1676~1759) 종이에 수묵담채 130.6×94.1cm 호암미술관 소장

金剛山詩
금강산시

我向青山去　　綠水爾何來
아 향 청 산 거　　녹 수 이 하 래

♣ 풀이마당

나는 청산을 향하여 가는데
녹수야 너는 어디서 오느냐.

♣ 배움터

剛 : 굳셀, 강할 강
去 : ① 갈 거 ② 거성 거 ③ 버릴, 물리칠 거 ④ 이혼연 거
向 : ① 향할, 대할 향 ② 나아갈 향 ③ 접데, 이전 향

金剛山 ①
(금강산) 금강산

松松栢栢岩岩廻　　水水山山處處奇
송 송 백 백 암 암 회　　수 수 산 산 처 처 기

♣ 풀이마당
소나무와 잣나무 숲 바위를 돌아오니
물이면 물 산이면 산 곳곳이 기이하여라.

♣ 느낌터
금강산의 웅장하고 기묘한 절경을 단조로우면서도 재치있게 표현한 특유의 기지가 돋보이는 시이다.

♣ 배움터
松 : 솔 송
栢 : 柏의 俗子 ① 측백나무 백 ② 잣나무 백
岩 : 巖의 俗子, 바위 암

金 剛 山 ②
(금강산) 금강산

泰山在後天無北　　大海當前地盡東
태 산 재 후 천 무 북　　대 해 당 전 지 진 동

橋下東西南北路　　杖頭一萬二千峰
교 하 동 서 남 북 로　　장 두 일 만 이 천 봉

♣ 풀이마당

태산이 뒤에 있으니 하늘은 북쪽이 없고
대해 앞에 다다르니 여기가 동쪽 끝이로세.

다리 아래는 길이 사방으로 통하고
지팡이 끝을 바라보게 일만이천 봉우리로세.

♣ 배움터

廻 : ① 돌 회 ② 머리 돌릴 회
泰 : 클, 심할 태
當 : ① 마땅할 당 ② 당할 당 ③ 전당잡힐 당 ④ 이, 그 당
前 : 앞, 먼저 전
杖 : ① 지팡이, 짚을 장 ② 몽둥이 장

金剛山 ③
(금강산)금강산

| 萬二千峰歷歷遊 | 春風獨上衆樓隅 |
| 만 이 천 봉 역 역 유 | 춘 풍 독 상 중 루 우 |

照臨日月圓如鏡　　覆載乾坤小似舟
조 림 일 월 원 여 경　　복 재 건 곤 소 사 주

東壓大洋三島近　　北撐高沃六鰲浮
동 압 대 양 삼 도 근　　북 탱 고 옥 육 오 부

不知無極何年闢　　太古山形白老頭
불 지 무 극 하 년 벽　　태 고 산 형 백 노 두

♣ 풀이마당

일만이천 봉우리를 두루 돌아다니다가
봄바람에 이끌려 누각 위를 홀로 오르네.

거울 같이 밝은 달과 둥근 해가 비추고
아득한 하늘은 겨우 작은 조각배 같구나.

동쪽은 대양을 누르고 삼도에 가깝고
북쪽 높은 옥답들은 자라들이 기어가는 듯.

알지 못할레라 이 땅이 언제 열렸는지

태고 적 산 모양 늙은이의 머리 같아라.

♣ 느낌터

삼도(三島)=봉래(蓬萊), 방과(方戈), 영주(磩州)의 삼신산
무극(無極)=천지 우주

금강산을 구경하던 중 누대에 올라 북쪽은 높은 산과 작은 섬들이 마치 자라가 엎드린 듯 누워있고 기암괴석의 흰 꼭대기는 이 땅이 언제 열렸는지를 가늠하기 어렵다는 도처에서 감탄사를 토해낸다.

♣ 배움터

歷 : ① 지낼 력 ② 두루, 차례차례 역 ③ 책력 력 ④ 분명할 력
遊 : ① 놀 유 ② 여행할 유 ③ 떠돌 유 ④ 사귈 유
隅 : ① 모퉁이, 구석 우 ② 기슭 우 ③ 곁, 옆 우
臨 : ① 임할, 다다를 임(림) ② 다스릴 림   撑 : 버틸 탱
鰲 : ① 머리 희고 입 붉은새 오 ② 나는 고기 오   壓 : 누를 압
極 : ① 다할 극 ② 지극할 극 ③ 끝 극 ④ 제위 극   島 : 섬 도
闢 : ① 열 벽 ② 물리칠, 피할 벽   浮 : 뜰 부

金 剛 山 ④
(금강산)금강산

長夏居然近素秋	脫巾抛襪步寺樓
장 하 거 연 근 소 추	탈 건 포 말 보 사 루
波聲通野巡墻滴	靄色和煙繞屋浮
파 성 통 야 순 장 적	애 색 화 연 요 옥 부
酒到公壺生肺渴	詩猶餘債上眉愁
주 도 공 호 생 폐 갈	시 유 여 채 상 미 수
與君分手芭蕉雨	應相歸家一夢幽
여 군 분 수 파 초 우	응 상 귀 가 일 몽 유

♣ 풀이마당

긴 여름 다 지나고 가을이 오는데
삿갓 버선 다 벗어버리고 산사 누대를 거닐었네.

들을 지나 담 밑으로 파도소리 흐르고
연기와 구름이 한데 어울려 지붕위를 떠도네.

술독은 비어있고 갈증은 더하는데
시상은 가물거려 미간만 찌푸리네.

그대와 더불어 헤어질 때 파초에 비 뿌리니

집에 돌아가 잠이 들면 꿈만은 그윽하리.

♣ 느낌터

계곡 사이사이에 흘러내리는 물소리가 마음속으로 스며들 듯하여 정신을 맑게 해 주는 것 같고, 깊은 산중 오두막집에 아련히 피어오르는 연기가 마치 집을 감싸듯 둘러져 있는 그윽한 금강산의 풍경을 노래하였다.

♣ 배움터

脫 : 벗을, 빠질 탈
抛 : ① 던질 포 ② 버릴 포
襪 : 버선 말
靄 : 아지랑이 애
壺 : 병, 항아리 호
喝 : ① 더위먹을 갈 ② 꾸짖을 갈 ③ 부를 갈
蕉 : ① 파초 초 ② 야윌 초
幽 : ① 그윽할 유 ② 숨을 우 ③ 아득할, 멀 유 ④ 어두울 유
⑤ 가둘 유 ⑥ 조용할 유 ⑦ 귀신 유 ⑧ 저승 유

秋 : 가을 추
墻 : 담 장
滴 : 물방울 적
肺 : 허파 폐
債 : 빚 채
眉 : 눈썹 미

몽유도원도
현동자 안견 15세기 비단위 수묵담채 38.7×106.1cm 일본천리도서관소장

金剛山 ⑤
(금강산) 금강산

江湖浪跡又逢秋　　約伴詩朋會寺樓
강호랑적우봉추　　약반시붕회사루

小洞人來流水暗　　古龕僧去白雲浮
소동인래유수암　　고감승거백운부

薄遊少答三生願　　豪飮能消萬種愁
박유소답삼생원　　호음능소만종수

擬把淸懷書枾葉　　臥聽西園雨聲幽
의파청회서시엽　　와청서원우성유

♣ 풀이마당

강호를 방랑하던 이몸이 또다시 가을을 만나
글벗들과 더불어 절간 누대에 모였네.

작은 동네 사람들이 모이니 흐르는 물도 어둡고
절간으로 가는 스님 머리위엔 흰 구름만 머흐노라.

금강산에 올라 삼생의 소원을 빌고
넉넉히 술 마시니 오만 근심이 사라지네.

내 이제 맑은 회포 풀어 감나무 잎에 써놓고
누워서 들으니 후원에 내리는 그윽한 빗소리.

배움터

詩 : 귀글, 시 시
龕 : ① 감실 감 ② 탑, 불탑 감
答 : ① 대답할 답 ② 갚을 답
暗 : ① 어두울 암 ② 흐릴 암 ③ 가만히 암 ④ 욀 암 ⑤ 어리석을 암
種 : ① 씨 종자 종 ② 종류 종 ③ 종족 종 ④ 심을 종
柿 : 감나무 시

金剛山 ⑥
(금강산) 금강산

矗矗金剛山　　　　　高峰萬二千
촉 촉 금 강 산　　　　고 봉 만 이 천

遂來平地望　　　　　三夜宿靑天
수 래 평 지 망　　　　삼 야 숙 청 천

♣ 풀이마당

우뚝우뚝 금강산은
높은 봉만 일만이천이구나.

평지를 바라보고 내려왔으나
사흘 밤이나 잤어라 푸른 하늘 아래서.

♣ 배움터

遂 : ① 드디어 수 ② 이를, 이룩할 수
矗 : 곧을, 우뚝 솟을 촉
宿 : ① 잘, 묵을 숙 ② 지킬 숙 ③ 본디, 오랠 숙
　　④ 주막, 여관 숙 ⑤ 별 수

入金剛山 ①
(입금강산) 금강산에 들다

書爲白髮劒斜陽　　天地無窮一恨長
서 위 백 발 검 사 양　　천 지 무 궁 일 한 장

痛飮長安紅十斗　　秋風簑笠入金剛
통 음 장 안 홍 십 두　　추 풍 사 립 입 금 강

♣ 풀이마당

글로 보낸 평생 어느새 백발되고 칼 같은 붓끝도 무디어
세상 천지 붙일 곳 없어 장탄식만 늘어나네.

장안에 좋은 술 다 마시고
가을바람에 삿갓 쓰고 금강산을 찾았노라.

♣ 배움터

恨 : ① 한할 한 ② 뉘우칠 한
痛 : ① 아릴 통 ② 원통할 통 ③ 상할 통 ④ 심할, 몹시 통
紅 : 붉을 홍
斗 : ① 말 두 ② 우뚝솟을 두 ③ 별이름 두
簑 : 도롱이 사

入金剛山 ②
(입금강산) 금강산에 들다

綠靑碧路入雲中	樓使能詩客住筇
녹 청 벽 로 입 운 중	누 사 능 시 객 주 공
龍造化舍飛雪瀑	劒精神削揷天峰
용 조 화 함 비 설 폭	검 정 신 삭 삽 천 봉
仙禽白幾千年鶴	澗樹靑三百丈松
선 금 백 기 천 년 학	간 수 청 삼 백 장 송
僧不知吾春睡惱	忽無心打日邊鍾
승 불 지 오 춘 수 뇌	홀 무 심 타 일 변 종

♣ **풀이마당**

푸른 산길을 밟고 구름속을 드니
정자가 시인의 지팡이를 머물게 하네.

용이 눈을 머금어 뿜는 듯 폭포수 날아 내리고
깎아지른 듯 높은 봉우리 하늘을 찌르도다.

신선 닮은 봉우리는 천년 묵은 학 같고
산여울 푸른 나무 삼백발은 되는 듯.

나그네의 봄 졸음과 번뇌를 모른 채

스님은 홀연히 정오에 종을 치는구나.

♣ 배 움 터

住 : ① 살, 머무를 주 ② 사는 곳 주
含 : ① 머금을, 입에 넣을 함 ② 품을, 생각할 함 ③ 쌀, 담을 함
　　④ 무궁주 함
揷 : 꽂을, 끼울 삽
禽 : ① 날짐승 금 ② 사로잡을, 사로잡힐 금
澗 : ① 산골물 간 ② 물이름 간
惱 : 괴로워할 뢰(뇌)

金剛山景
(금강산경) 금강산 구경

若捨金剛經
약 사 금 강 경

靑山皆骨餘
청 산 개 골 여

其後騎驢客
기 후 기 려 객

無興但躊躇
무 흥 단 주 저

♣ 풀이마당

만약 금강산 경치를 빼놓는다면
청산은 모두 뼈만 남을 것이로다.

그 후에 나귀 탄 나그네들
흥이 안 나 다만 주저할 것이다.

♣ 배움터

捨 : ① 버릴 사 ② 베풀 사
餘 : ① 남을, 나머지 여 ② 다른, 딴일 여
騎 : ① 말탈 기 ② 말탄군사 기
躊 : 머뭇거릴 저
骨 : 뼈, 뼈대 골
驢 : 나귀 여(려)
躇 : 머뭇거릴 주
經 : ① 경서, 경전, 책 경 ② 날, 날실 경 ③ 떳떳할 경
④ 지날, 지낼, 겪을 경 ⑤ 길, 법, 도리 경 ⑥ 다스릴, 경영할 경
⑦ 목맬 경 ⑧ 월경 경 ⑨ 불경 경

山 水 詩
(산수시) 산과 물

| 山如劍氣衝天立 | 水學兵聲動地流 (삿갓) |
| 산 여 검 기 충 천 립 | 수 학 병 성 동 지 류 |

| 山欲渡江江口立 | 水將穿石石頭廻 (崔氏) |
| 산 욕 도 강 강 구 립 | 수 장 천 석 석 두 회 |

| 山不渡江江口立 | 水難穿石石頭廻 (김삿갓의 改作) |
| 산 부 도 강 강 구 립 | 수 난 천 석 석 두 회 |

♣ **풀이마당**

산 기운은 칼 같아서 우뚝 서 하늘을 찌르고
물은 군화소리를 배웠는지 진동하며 흐르는구나.

산은 물을 건너려고 강어귀에 섰는데
물은 장차 돌을 뚫으려는 듯 돌머리를 돌아가네.

산은 강을 건너지 못하여 강어귀에 서있고
물은 돌을 뚫기 어려워 돌머리를 돌아가네.

♣ **배움터**

衝 : ① 찌를, 뚫을, 부딪칠 충 ② 사복, 목, 요긴한 곳 충
動 : ① 움직일 동 ② 어지러울 동 ③ 문득, 걸핏하면 동
渡 : ① 건널 도 ② 건넬 도   崔 : 높을 최
穿 : ① 뚫을 천 ② 꿰뚫을 천   廻 : ① 돌 회 ② 피할 회

만폭동(금강산)
겸재 정선(1676~1759) 비단위에 수묵 담채 33×22cm 서울 대학교 박물관 소 장

금강산편 277

금강내산 겸재 정선

석난정양사(금강산)
겸재 정선(1676~1759) 종이위에 수묵부채화 22.7×61.5cm 국립중앙 박물관 소장

答僧金剛山詩
(답승금강산시) 금강산에서 스님과 함께

百尺丹岩桂樹下 백척단암계수하	柴門久不向人開 시문구불향인개
今朝忽遇詩仙過 금조홀우시선과	喚鶴看庵乞句來 (僧) 환학간암걸구래
矗矗尖尖怪怪奇 촉촉첨첨괴괴기	人仙神佛共堪疑 인선신불공감의
平生詩爲金剛惜 평생시위금강석	及到金剛不敢詩 (笠) 급도금강불감시

♣ 풀이마당

백척 붉은 바위 계수나무 아래
사립문은 찾는 이 없어 닫힌지 오래노라.

오늘 아침 홀연히 지나치는 시선(詩仙)을 만나
학을 불러 암자로 오게하여 시를 청하였노라.

뾰족뾰족 우뚝우뚝 하도 기괴하여서
사람인지 부처인지 신선인지 분간이 어려워라.

한평생 시로 금강산을 읊으려 했건만

이제 금강산에 이르고 보니 시를 짓지 못할러라.

♣ 느낌 터

금강산을 구경하던 중 시승과 합작한 시로서, 시선(詩仙)이라는 삿갓도 자기 시재(詩才)로서는 금강산의 아름다운 광경을 못다 표현하겠다는 금강산에 대한 감탄의 시.

♣ 배 움 터

尺 : ① 자 척 (길이 단위 : 1자는 10寸) ② 짧을, 작을 척 ③ 편지 척
丹 : ① 붉을 단 ② 정성스러울 단 ③ 약 단
桂 : ① 계수나무 계 ② 성 계
柴 : ① 섶나무, 땔나무 시 ② 울장, 울타리 채
門 : ① 문 문 ② 집안 문 ③ 동문 문 ④ 전문 문 (분류의 단위〈생물〉)
遇 : ① 만날 우 ② 접대할 우   喚 : 부를 환
尖 : 뾰족할, 날카로울 첨   乞 : 빌 걸
及 : ① 미칠 급 ② 및 와 급   怪 : 기이할 괴

시승(詩僧)과 같이 읊음

朝登立石雲生足(僧)　　暮飮黃泉月掛脣(笠)
조 등 입 석 운 생 족　　모 음 황 천 월 괘 순

아침에 입석봉에 오르니 구름이 발 밑에 서 일고
저녁에 황천탄(黃泉灘)물을 마시니 달그림자 입술에 걸리네.

澗松南臥知北風(僧)　　軒竹東傾覺日西(笠)
간 송 남 와 지 북 풍　　헌 죽 동 경 각 일 서

간송(澗松)이 남쪽으로 누우니 북풍이 부는 줄 알겠고
헌죽(軒竹)이 동쪽으로 기우는 걸 보고 해저문 걸 알겠도다.

간송(澗松) = 물가의 소나무
헌죽(軒竹) = 난간의 대나무

絶壁雖危花笑笠(僧)　　陽春最好鳥啼歸(笠)
절 벽 수 위 화 소 립　　양 춘 최 호 조 제 귀

절벽은 위태롭지만 꽃은 웃으며 피어나고
양춘가절 좋은 봄에도 새는 울며 돌아가네.

天上白雲明日雨(僧)　　岩間落葉去年秋(笠)
천 상 백 운 명 일 우　　암 간 낙 엽 거 년 추

하늘에 흰구름은 내일 비가 될 것이고
바위 틈 낙엽 보고 작년 가을 흔적을 알리라.

兩姓作配己酉日最吉(僧) 半夜生孩亥子時難分(笠)
양 성 작 배 기 유 일 최 길　 반 야 생 해 해 자 시 난 분

두 성씨가 짝을 이루려면 기유일이 가장 좋은 날이고
밤중에 아이를 낳으려는데 해자(亥子)시가 어렵도다.

기유(己酉)=합하면 配자가 된다.
자해(子亥)=합하면 孩자가 된다.

♣ 배 움 터

笑 : 웃을 소　　　　　　　雲 : 구름 운
侵 : 침노할 침　　　　　　濕 : 젖을, 축축할 습
孩 : 아이, 어린아이 해
酉 : 닭 유 (방위로는 서쪽, 시각으로는 오후 5~7시, 동물로는 닭,
　　　열번째 지지)
亥 : 돼지 해 (12지의 맨 끝으로서 동물로는 돼지,방위로는 북북서,
　　　오행으로는 수, 시간은 오후 9~11시이다)

| 影侵綠水衣無濕(僧) | 蒙踏靑山脚不苦(笠) |
| 영 침 녹 수 의 무 습 | 몽 답 청 산 각 불 고 |

그림자는 푸른 강물에 빠졌으되 옷이 젖지 아니하듯
꿈속에 청산을 걸었어도 다리는 아프지 아니하네.

| 群鴉影裡千家夕(僧) | 一雁聲中四海秋(笠) |
| 군 아 영 리 천 가 석 | 일 안 성 중 사 해 추 |

떼까마귀 나는 그림자 속에 해는 뉘엿뉘엿
외기러기 울음소리 가운데 사해에 가을이 깊어가네.

| 假僧木折月影軒(僧) | 眞婦菜美山姙春(笠) |
| 가 승 목 절 월 영 헌 | 진 부 채 미 산 임 춘 |

가죽나무 부러지니 달이 난간에 어리고
참며느리 나물 맛나니 산이 아기를 배었도다.

가승목(假僧木)=가죽나무
진부채(眞婦菜)=참며느리나물

♣ 배움터

苦 : ① 괴로울 고 ② 쓸 고　　　韻 : 사다새 제
假 : ① 거짓 가 ② 잠시, 임시 가 ③ 빌릴 가 ④ 너그러울 가 ⑤ 가령 가
姙 : 妊과 같은 글자, 아이밸 임

| 石轉千年方倒地(僧) | 峯高一尺敢摩天(笠) |
| 석 전 천 년 방 도 지 | 봉 고 일 척 감 마 천 |

산에서 돌을 굴리니 천년이나 되어야 땅에 닿을 것 같고
산봉우리는 한 자만 더 있으면 하늘에 닿겠네.

| 靑山買得雲空得(笠) | 白水臨來魚自來(笠) |
| 청 산 매 득 운 공 득 | 백 수 임 내 어 자 래 |

청산을 얻고 보니 구름은 공짜로 얻었고
맑은 물가에 오니 물고기는 저절로 따라오네.

| 秋雲萬里魚鱗白(僧) | 枯木千年鹿角高(笠) |
| 추 운 만 리 어 린 백 | 고 목 천 년 녹 각 고 |

가을 하늘 흰 고기비늘 같은 구름이 만리에 뻗혔고
천년 묵은 나뭇가지 사슴뿔 같이 드높네.

배움터

倒 : ① 넘어질 도 ② 거꾸로 도
摩 : 문지를, 만질, 어루만질 마
鱗 : 비늘 린

雲從樵兒頭上起(僧)　　山入漂娥手裡鳴(笠)
운 종 초 아 두 상 기　　산 입 표 아 수 리 명

구름은 나무꾼 아이의 머리 위에 떠있고
산은 빨래하는 아낙네의 방망이 소리에 우네.

登山鳥萊羹(僧)　　臨海魚草餅(笠)
등 산 조 래 갱　　임 해 어 초 병

산에 오르니 새가 '쑥국 쑥국' 울어 예고
바다에 다다르니 고기가 '풀떡풀떡' 뛰어 오르네.

래갱(萊羹)=한문 뜻을 따르면 쑥 래(萊)와 국 갱(羹)이다.
초병(草餅)=이것 역시 풀 초(草)와 떡 병(餅)이다.

水作銀杵舂絕壁(僧)　　雲爲玉尺度青山(笠)
수 작 은 저 용 절 벽　　운 위 옥 척 도 청 산

폭포수는 은 절구공이로 절벽아래를 찧고
구름은 옥으로 만든 자처럼 청산을 재도다.

♣ 배움터

樵 : ① 나무할 초 ② 땔나무 초　　娥 : ① 예쁠 아 ② 여자이름 아
萊 : ① 명아주, 쑥 래 ② 밭 묵힐 래　　羹 : 국 갱
漂 : ① 뜰, 떠돌 표 ② 높고 먼 모양 표 ③ 빨래할 표
舂 : 절구질할 용

月白雪白天地白(僧)　　山深夜深客愁深(笠)
월 백 설 백 천 지 백　　산 심 야 심 객 수 심

달빛도 희고 눈빛도 희고 천지가 모두 희니
산도 깊고 밤도 깊어 나그네 수심 또한 깊구나.

燈前燈後分晝夜(僧)　　山南山北判陰陽(笠)
등 전 등 후 분 주 야　　산 남 산 북 판 음 양

등잔불을 켰다 껐다 하므로 낮과 밤을 구별하고
산의 남과 북으로 음지와 양지를 구분하노라.

♣ 느낌터

금강산 입석봉 아래 작은 암자에 시에 능통한 시승이 있어 누구든지 시를 다투러 오면 지는 사람이 이빨 하나를 빼기로 하였다고 한다. 이 스님은 한 번도 패한 일이 없었다. 이 소문을 들은 김삿갓은 스님을 찾아가 이빨 뽑기 내기를 하여 마침내 낙승을 함으로써 그 시 좋아하는 스님의 이빨을 뽑았다는 일화가 전한다.

♣ 배움터

餠 : 떡 병
判 : ① 판단할, 판결할 판 ② 구별이 똑똑할 판

看 金 剛 山
(간금강산) 금강산을 바라봄

一步二步三步立
일 보 이 보 삼 보 립

山靑石白間間花
산 청 석 백 간 간 화

若使畵工摸此景
약 사 화 공 모 차 경

其於林下鳥聲何
기 어 림 하 조 성 하

♣ 풀이마당

한 걸음 두 걸음 세 걸음걸음마다 멈춰 서서 구경하니
푸른 산 흰 바위 그 사이사이에 곱게 핀 예쁜 꽃이여
만일 화가에게 이 아름다운 경치 그리게 한다면
숲 속에서 지저귀는 새소리는 어찌 그릴런지?

♣ 배움터

步 : ①걸음, 걸을 보 ②보 보 (거리의 한단위 주척으로 여섯자)
　　③운수 보
立 : ①설, 세울 립 ②바로, 곧 립 ③리터(ℓ)의 약호
間 : ①사이 간 ②때, 동안 간 ③칸 간 ④이간할 간 ⑤엿볼 간 ⑥섞일 간
若 : ①같을 약 ②너 약 ③만약 약 ④어조사 약 ⑤땅이름 야
使 : ①하여금 사 ②시킬, 부릴 사 ③가령 사 ④사신, 심부름꾼 사
　　⑤벼슬 사 ⑥심부름할, 보낼, 파견할 사
摸 : ①더듬어 찾을 모 ②본뜰 모 ③본 모
何 : ①어찌, 무슨, 무엇, 어느 하 (의문 또는 반어의 뜻을 나타냄)
　　②누구 하 ③얼마 하

看金剛山白雲峰
(간금강산백운봉) 금강산 백운봉 구경

朝上白雲峰頂觀
조 상 백 운 봉 정 관

夜投峰下孤庵宿
야 투 봉 하 고 암 숙

夜深僧定客無眠
야 심 승 정 객 무 면

杜宇一聲山月落
두 우 일 성 산 월 락

♣ 풀이마당

아침에 백운봉 올라 정상을 구경하고
밤에는 산아래 외진 암자에서 잠을 청하는데
깊은 밤 스님은 참선을 하고 나그네는 잠 못 이루고
소쩍새 우는 소리에 산의 달이 지누나.

♣ 느낌터

금강산 백운봉 산속에서 밤이 깊어 가는데 참선하고 있는 스님과 온갖 세상 잡생각으로 잠못 이루는 나그네를 비유한 시.

♣ 배움터

頂 : ①정수리 정 ②꼭대기 정
觀 : ①볼 관 ②생각, 관념, 관점, 견해 관 ③경치, 모습 관 ④보일 관
庵 : 초막, 암자 암
眠 : 잠잘, 쉴 면
落 : ①떨어질 락 ②마을 락 ③비로소 락 ④쓸쓸할 락
杜宇(두우) : 소쩍새
杜 : ①막을 두 ②아가위 나무 두 ③성 두

금궤
창강 조속 (1595 ~ 1668) 비단위에 채색 105.5×56cm
국립중앙박물관 소장

제 6장

山川樓臺篇
산천누대편

산수
학림정 이경윤 (1545~?) 비단위 수묵담채 91.1×59.5cm 국립중앙박물관 소장

問 僧
(문승) 스님에게 물음

僧乎汝在何山寺
승 호 여 재 하 산 사

龍在鷄龍上上阿
용 재 계 룡 상 상 아

昔聞鷄龍今見汝
석 문 계 룡 금 견 여

景物風光近如何
경 물 풍 광 근 여 하

♣ 풀이마당

스님스님 어느절에 계시나요
용이 산다는 계룡산 상상봉에 있지요.

예전에 계룡산을 들은 적 있었는데 이제사 그대를 보네
근래에 풍광이 어떻던가요?

♣ 배움터

汝 : 너 여
何 : ① 어찌, 무슨, 무엇, 어느 하 ② 누구 하 ③ 얼마 하
阿 : ① 언덕 아 ② 아름다울 아 ③ 아첨할 아
聞 : ① 들을 문 ② 냄새맡을 문 ③ 들릴 문 ④ 널리 알려질, 이름날 문

卽 景
(즉경) 경치를 보며

叶執猶煩帶一條	清風纔生復寥寥
협 집 유 번 대 일 조	청 풍 재 생 부 요 요
綠憐蕉葉凉如蘸	紅怕榴花照欲燒
녹 연 초 엽 량 여 잠	홍 파 류 화 조 욕 소
微雷小雨相爭篩	老魃驕炎未格苗
미 뢰 소 우 상 쟁 사	노 발 교 염 미 격 묘
聞說江樓堪避飮	漁舟準備月明宵
문 설 강 루 감 피 음	어 주 준 비 월 명 소

♣ 풀이마당

더울 때는 혁대 하나도 번거로운데
시원한 바람 겨우 일더니 고요하구나.

어여쁜 푸른 잎새 시원하기가 물에 잠긴 듯 하고
붉은 빛이 석류꽃에 비치니 불붙을까 두렵다.

가는 천둥소리 가랑비를 체질하고
늙은 가뭄과 교만한 더위는 못자리 감동시키지 못하도다.

듣건대 강루에는 더위 피해 술 마실만 하다하니

달밝은 밤 작은 고깃배 하나 준비하리로다.

♣ 느낌터

삿갓 시인은 정말 풍류를 즐기셨던 분 같다. 무더위라 하더라도 강물 위에 작은 배 한 척 띄우고 맘에 맞는 벗과의 한 잔은 아무리 더운 무더위라 하더라도 훌훌 날려버릴 수 있을 것이다. 그 정경이 손에 잡힐 듯하다.

♣ 배움터

卽 : ① 곧, 이제 즉 ② 즉 즉 ③ 나아갈 즉
執 : ① 잡을, 가질 집 ② 벗 집
煩 : 번거로울, 수고로울, 번민할 번
帶 : ① 띠 대 ② 찰 대 ③ 데릴 대
爭 : ① 다툴, 다투게 할 쟁 ② 간할 쟁
魃 : ① 가뭄귀신 발 ② 가물 발
條 : ① 가지 조 ② 조리 조 ③ 가닥, 조목 조
寥 : ① 쓸쓸할, 잠잠할 료 ② 횡할 료 ③ 허공, 하늘 료
苗 : ① 싹 묘 ② 자손 묘 ③ 종족이름 묘
怕 : 두려워할 파

蘸 : 물에 담글 잠
叶 : 화합할 협
榴 : 석류나무 류
篩 : 체 사
舟 : 배 주

遊山吟
(유산음) 산에서

一笠茅亭傍小松	衣冠相對完前客
일 립 모 정 방 소 송	의 관 상 대 완 전 객
橫籬蟬蛻凉風動	藥圃蟲聲夕露濃
횡 리 선 태 양 풍 동	약 포 충 성 석 노 농
秋雨纔晴添晚暑	暮雲爭出幻奇峰
추 우 재 청 첨 만 서	모 운 쟁 출 환 기 봉
悠悠萬事休提說	未老須謀選日逢
유 유 만 사 휴 제 설	미 로 수 모 선 일 봉

♣ 풀이마당

외로운 삿갓이 원두막 옆 작은 소나무 밑에 쉬니
앞에 앉은 나그네와 서로 마주하게 되었도다.

울타리에서 우는 철늦은 매미소리에 시원한 바람 일고
약초밭에 벌레소리에 밤이슬만 짙어오네.

가을 비 겨우 개이니 늦더위가 기승을 부리고
저녁무렵 뭉게구름 기암괴석 같구나.

세상만사 유유한데 작은 일 논하지 말고
아직 젊으니 차후에 만날 날이나 기약하세나.

🍀 배움터

傍 : ① 곁 방 ② 방 방
蟬 : 매미 선
圃 : 밭 포
濃 : ① 짙을 농 ② 이슬 많을 농
添 : 더할 첨
暑 : 더울, 더위 서
提 : ① 끌 제 ② 내놓을, 드러낼 제
幻 : ① 허깨비 환 ② 바뀔, 변할 환 ③ 미혹할 환 ④ 마술, 요술 환
蛻 : 허물벗을 태(세)

籬 : 울타리 리
蟲 : 벌레 충
晴 : 개일 청
晩 : 늦을 만
悠 : 멀 유
謀 : 꾀할, 도모할 모

看 山
(간산) 산을 보며

倦馬看山好 권 마 간 산 호	停鞭故不加 정 편 고 불 가
岩間纔一路 암 간 재 일 로	烟處或三家 연 처 혹 삼 가
花色春來矣 화 색 춘 래 의	溪聲雨過耶 계 성 우 과 야
渾忘吾歸去 혼 망 오 귀 거	奴曰夕陽斜 노 왈 석 양 사

♣ 풀이마당

게으른 말 덕분에 산 구경하기 좋아
채찍 멈추고 고의로 치지 아니하네.

바위 사이로 겨우 길 하나 나있고
연기 나는 걸 보니 혹 서너집 사는지.

꽃 색깔을 보니 봄이 완연하고
시내물 소리 들으니 비가 지나갔구나.

내 홀연히 돌아갈 곳 잊었느니

종놈이 말하길 해가 저물었다네.

♣ 배움터

倦 : 게으를, 싫증날, 고달플 권
烟 : ① 연기 연 ② 안개 연 ③ 담배 연
耶 : ① 어조사 야 ② 아버지 야
渾 : ① 흐릴 혼 ② 온, 모두 혼 ③ 한데 섞일 혼 ④ 세찰, 크고 힘셀 혼
鞭 : 채찍, 채찍질할 편
忘 : 잊을 망
奴 : ① 종 노 ② 놈 노

빈풍철월도 '추수'
이방운 18세기 중엽 종이에 수묵담채 25.6×20.1cm 국립중앙박물관 소장

力 拔 山
(역발산) 힘이 장사다

南山北山神靈曰	項羽當年難爲山 (甲童詠曰)
남산북산신령왈	항우당년난위산
右拔左拔投空中	平地往往多新山 (乙童詠曰)
우발좌발투공중	평지왕왕다신산
項羽死後無將士	誰將拔山投空中 (金笠詠曰)
항우사후무장사	수장발산투공중

♣ 풀이마당

남산 신령 북산 신령이 말하길
항우당년에는 산 되기 어렵겠다.

오른 쪽으로 던지고 왼쪽으로 던지고 공중으로 던지니
평지에도 이따끔 새로운 산이 많더이다.

항우가 죽은 뒤에는 장사가 없으니
누가 장차 산을 뽑아 공중에 던질 건가.

♣ 느낌터

김삿갓이 방랑 중에 어떤 서당에 들렀더니 훈장이 '力拔山'이란 운자를 내어 시를 짓게 하는데 학동들의 시 솜씨가 비범하여 이를 보고 있던 김삿갓은 놀라서 슬그머니 한 수 지어놓고 나와버렸다고 전한다.

역발산(力拔山) = 역발산 기개세(氣蓋世)의 고사에서 초나라 항우의 힘과 기상이
산을 들어올려 세상을 덮을 만한 괴력을 지녔다는 뜻.

🍀 배움터

拔 : ① 뺄, 뽑아낼 발 ② 공략할, 쳐 빼앗을 발 ③ 빼어날 뛰어날 발
　　 ④ 가릴 발
投 : ① 던질 투 ② 줄, 보낼 투 ③ 버릴 투 ④ 머무를 투 ⑤ 맞을 투
往 : ① 갈 왕 ② 옛 왕 ③ 이따금 왕

파도타는 신선
진제 김윤겸(1711~?) 종이에 채색 45.5×110.3cm 국립중앙박물관 소장

秋夜偶吟
(추야우음) 가을 밤에 님을 만나

白雲來宿碧山亭	夜氣秋懷兩杳冥
백 운 래 숙 벽 산 정	야 기 추 회 양 묘 명
野水精神通室白	市嵐消息入簾靑
야 수 정 신 통 실 백	시 남 소 식 입 염 청
生來杜甫詩爲癖	死且劉伶酒不醒
생 래 두 보 시 위 벽	사 차 유 령 주 불 성
欲識吾儕交契意	勿論淸濁謂刎頸
욕 식 오 제 교 계 의	물 론 청 탁 위 문 경

♣ 풀이마당

백운(白雲)이란 곳에 와서 벽산정에서 자게되니
밤기운과 가을 회포가 모두 아득하여라.

냇물에 세수하니 정신이 맑아지고
시정 소식 들으니 새롭기만 하구나.

두보(杜甫)는 예부터 시벽(詩癖)이 있었고
유령(劉伶)은 죽을 때까지 술을 끊지 않았다네.

우리들 사이에 교분을 알고자 할진대

청탁을 불문하고 문경지우(刎頸之友)로 하세.

🍀 느낌 터

문경지교(刎頸之交)=목숨을 걸고 맹세한 친구 사이
유영(劉伶)=고대 중국의 사상가
　　　　　죽림칠현의 한사람으로서 장자의 사상을 추구함.

🍀 배 움 터

冥 : ① 어두울 명 ② 깊숙할, 아득할, 그윽할 명 ③ 저승 명
　　④ 보이지 않을 명
野 : ① 들 야 ② 민간 야 ③ 분야 야 ④ 촌스러울 야 ⑤ 길들지 않을 야
通 : ① 통할 통 ② 다닐 통 ③ 알릴 통 ④ 알 통 ⑤ 정을 통할 통
消 : ① 끌, 꺼질, 사라질 소 ② 삭일 소 ③ 물러설 소
　　④ 거닐 소 ⑤ 줄 소
息 : ① 숨쉴 식 ② 쉴, 그칠 식 ③ 살, 생존할 식 ④ 자식 식 ⑤ 이자 식
且 : ① 또 차 ② 우선 차 ③ 구차할 차 ④ ~하기도 한 차
室 : ① 집, 방 실 ② 아내 실 ③ 별이름 실
癖 : ① 버릇 벽 ② 오래묵은병 벽
劉 : ① 성 류(유) ② 죽일 류(유)
伶 : ① 영리할 령 ② 광대 영 ③ 외로울 영(령)
醒 : ① 술깰 성 ② 잠깰 성 ③ 깨달을 성
欲 : ① 하고자할 욕 ② 욕심 욕
勿 : ① 말 물(금지하는 조사) ② 없을, 아닐 물(부정의 조사) 물
謂 : 이를, 일컬을, 고할 위
夜 : 밤 야　　　　　　　　　杳 : 아득할 묘
頸 : 목 경　　　　　　　　　刎 : 목 자를 문
嵐 : 산기운, 아지랑이 람(남)　儕 : ① 무리 제 ② 함께 제

九月山吟
(구월산음) 구월산에서

昨年九月過九月	今年九月過九月
작년구월과구월	금년구월과구월
年年九月過九月	九月山光長九月
연년구월과구월	구월산광장구월

♣ 풀이마당

작년 구월에 구월산을 지났는데
금년 구월에도 구월산을 지나네.

해마다 구월달에 구월산을 지나니
구월산 풍경은 언제나 구월이로세.

♣ 느낌터

구월산(九月山) : 황해도에 있는 산. 높이는 954m이다.

♣ 배움터

昨 : 어제 작
過 : ① 지날, 지나칠 과 ② 잘못할, 허물 과 ③ 건널, 지낼 과
光 : ① 빛 광 ② 영화, 영화로울 광 ③ 경치 광
長 : ① 길 장 ② 오랠 장 ③ 멀 장 ④ 뛰어날 장 ⑤ 어른 장 ⑥ 자랄 장

妙香山詩
(묘향산시) 묘향산에서

平生所欲者何求　　每擬妙香山一遊
평생소욕자하구　　매의묘향산일유

山疊疊千峰萬仞　　路層層十步九休
산첩첩천봉만인　　로층층십보구휴

♣ 풀이마당

평생 하고 싶었던 일이 무엇이던가
묘향산을 유람하는 일이었었어라.

산은 첩첩이 만 길이요
길은 층층이라 아홉번 쉬어야 열걸음 걷나니.

♣ 배움터

妙 : ① 묘할 묘 ② 예쁠 묘 ③ 젊을 묘
香 : 향기, 향기로울 향
求 : 구할, 탐낼 구
每 : 매양, 마다 매
休 : ① 쉴, 잠시동안 쉴 휴 ② 아름다울, 좋을 휴
仞 : 길 인 (길이나 높이를 재는 단위: 1尺 : 30.303㎝)

청풍계곡
겸재 정선(1676~1759) 비단위 수묵담채 133.2×58.8cm
간송 미술관 소장

산 수
현재 심사정 (1707~1769)
종이위 수묵담채 32×50.5cm
홍익대학교박물관 소장

新溪 吟
(신계음) 신계에서

一任東風燕子斜　　棠梨樹下訪君家
일 임 동 풍 연 자 사　　당 리 수 하 방 군 가

君家春盡飛將去　　留待棠梨後歲花
군 가 춘 진 비 장 거　　유 대 당 리 후 세 화

♣ 풀이마당

동풍에 제비 나는 걸 한 번 맡기니
아그배나무 아래서 그대 집을 찾았노라.

그대 집에 봄이 가면 날아갈 것이로되
아그배 꽃 다시 피는 내년을 기다리겠네.

♣ 배움터

任 : ① 맡길 임 ② 일, 직무, 맡은 일 임 ③ 내릴, 임용할 임
　　④ 마음대로 할 임
燕 : ① 제비 연 ② 편안할 연 ③ 잔치 연
訪 : ① 찾을, 뵈올 방 ② 널리 물을 방
君 : ① 임금 군 ② 남편 군 ③ 그대, 자네 군 ④ 어진이, 군자 군
待 : ① 기다릴 대 ② 대할 대

泛舟醉吟
(범주취음) 배 위에서 한 잔

江非赤壁泛舟客　　地近新豊沽酒人
강 비 적 벽 범 주 객　　지 근 신 풍 고 주 인

今世英雄錢項羽　　當時辯士酒蘇秦
금 세 영 웅 전 항 우　　당 시 변 사 주 소 진

♣ 풀이마당

강은 적벽강에 띄운 손님의 배가 아니요
가까운 신풍 땅에 주막집 주인 것이로다.

금세기 영웅은 돈이 항우요
당시의 변사는 술이 소진(蘇秦)이로다.

♣ 배움터

梨 : 배 리
泛 : ① 뜰 범 ② 널리 범 ③ 범범할 범
近 : 가까울 근
沽 : ① 팔 고 ② 살 고
辯 : ① 말잘할 변 ② 따질, 논란할 변 ③ 판별할 변
蘇 : ① 깨어날, 회생할 소 ② 차조기 소 ③ 소련의 약칭

過寶林寺
(과보림사) 보림사를 지나며

窮達在天豈易求　　從吾所好任悠悠
궁달재천기이구　　종오소호임유유

家鄕北望雲千里　　身勢南遊海一區
가향북망운천리　　신세남유해일구

掃去愁城盃作箒　　釣來詩句月爲鉤
소거수성배작추　　조래시귀월위구

寶林看盡龍泉又　　物外閑跡共比丘
보림간진용천우　　물외한적공비구

♣ 풀이마당

궁하고 달한 것은 하늘에 있으니 어찌 쉽게 구할 수 있으랴
내 좋아하는 것을 따라 내맘대로 하리라.

북으로 바라보니 고향 집은 천리 아득한데
몸은 남쪽에서 바다 경치에 흠뻑 빠져있네.

성벽 가득 쌓인 수심 술잔 속에 쓸어버리고
시를 낚다보니 낚시대엔 초생달이 걸렸구나.

보림사를 다 구경하고 용천사에 나다르니

속세 떠난 중처럼 도 같아라.

♣ 느낌터

비구(比丘)＝불교에 귀의하여 구족계(具足戒)를 받은 남자중
비구니(比丘尼)＝출가해 머리를 깍고 구족계를 받은 여자중
보림(寶林)＝보림사＝전라남도 장흥군 가지산에 있는 절
용천(龍泉)＝용천사＝전라남도 함평군 무악산에 있는 절

♣ 배움터

悠 : ① 멀, 아득할 유 ② 한가할 유 ③ 근심할 유 ④ 생각할 유
漚 : ① 물거품 구 ② 오래 불릴 구
鉤 : ① 갈고리, 낚시바늘 구 ② 옭아당길, 끊어당길 구
比 : ① 견줄 비 ② 비례 비 ③ 무리 비 ④ 나란할 비
掃 : 쓸 소
丘 : 언덕 구
箒 : 비 추

자장대사
신라의 승려
평남 용강 출신
황룡사 9층탑과 통도사 창건

학조대사
조선 시대의 승려
금강산 유점사의 중창에 착수
해인사 대장경 3부 간인

登百祥樓
(등백상루) 백상루에 올라

清川江上百祥樓　　萬景森羅未易收
청 천 강 상 백 상 루　　만 경 삼 라 미 이 수

錦屛影裏飛孤鶩　　玉鏡光中點小舟
금 병 영 리 비 고 목　　옥 경 광 중 점 소 주

草偃長堤靑一面　　天底列岫碧千頭
초 언 장 제 청 일 면　　천 저 열 수 벽 천 두

不信人間仙境在　　密城今日見瀛洲
불 신 인 간 선 경 재　　밀 성 금 일 견 영 주

♣ 풀이마당

청천강 위에 있는 백상루는
경치가 너무 아름다워 쉬이 거두지 못하네.

비단 병풍 같은 산그림자 속에 외로운 따오기 날고
구슬 같이 맑은 물 위에 작은 배 한 척 떠있구나.

길게 뻗은 뚝은 한 자락을 강물에 담그고
하늘은 늘어선 산에 맞닿아 천봉우리 다 푸르구나.

인간세상에 선경(仙境)이 있는 줄 몰랐더니

밀성(密城)땅에서 오늘 비로소 영주(瀛洲)를 보았도다.

♣ 느낌터

금병(錦屛) = 흘립(吃立)한 산을 병풍이라 형용한 것
옥경(玉鏡) = 흐르는 물을 거울에 비유한 것.
영주(瀛洲) = ① 삼신산(三神山)의 하나
　　　　　　② 진시황과 한무제가 불사약을 구하러 사신을 보냈
　　　　　　　다는 가상적인 선경(仙境)

♣ 배움터

祥 : ① 상서로울 상 ② 조짐 상 ③ 제사이름 상
森 : ① 나무 빽빽할 삼 ② 많고 성할 삼
羅 : ① 벌일 라 ② 새그물, 그물 칠 라 ③ 비단, 깁 라
屛 : ① 병풍 병 ② 숨죽일, 두려워할 병 ③ 물리칠, 물러날 병
偃 : ① 누울 언 ② 쉴, 편안할 언 ③ 거만할 언 ④ 그칠 언
底 : ① 밑 저 ② 속, 구석 저 ③ 이를 저　　鶩 : 집오리 목
瀛 : ① 가득할 영 ② 남을 영　　　　　　　堤 : 방죽 제
錦 : ① 비단 금 ② 아름다울 금　　　　　　吃 : 말 더듬을 흘

登咸興九天閣
(등함흥구천각) 함흥 구천각에서

人登樓閣臨九天
인 등 누 각 임 구 천

馬渡長橋踏萬歲
마 도 장 교 답 만 세

山疑野狹遠遠立
산 의 야 협 원 원 립

水畏舟行淺淺流
수 외 주 행 천 천 류

山勢龍盤虎踞形
누 각 난 비 봉 익 세

樓閣鸞飛鳳翋勢
산 세 용 반 호 거 형

♣ 풀이마당

구천각에 오르니 정자는 하늘에 닿은 듯 하고
말 타고 긴 다리 건너니 오랜 세월 밟는 듯하구나.

산은 들이 좁을까 걱정하여 멀찍이 섰고
물은 지나는 배 두려워 얕게 흐르네.

산세는 용이 서리고 범이 앉은 형국이요
누각은 난새가 날고 봉황이 날개를 편 형세구나.

♣ 배 움 터

咸 : 다 함   畏 : 두려워할 외
踞 : 걸터앉을 거
閣 : ① 누각 각 ② 빗장 각 ③ 선반 각 ④ 내각 각
臨 : ① 임할 림(임) ② 다스릴 림(임)
歲 : ① 해 세 ② 나이 세 ③ 시일 세
鸞 : ① 난새 란(난) ② 수레, 방울 란
翌 : ① 날개 익 ② 다음날, 이튿날 익

행상
김홍도 19세기 초
비단에 수묵담채 28.3×19.1cm
국립중앙박물관 소장

安邊飄然亭 ①
(안변표연정) 안변 표연정에서

一城踏罷有高樓	覓酒題詩問幾流
일 성 답 파 유 고 루	멱 주 제 시 문 기 류
古木多情黃鳥至	大江無恙白鷗浮
고 목 다 정 황 조 지	대 강 무 양 백 구 부
英雄過去風煙盡	客子登臨歲月悠
영 웅 과 거 풍 연 진	객 자 등 림 세 월 유
宿債關東猶未了	欲隨征雁下長洲
숙 채 관 동 유 미 료	욕 수 정 안 하 장 주

♣ **풀이마당**

성을 한 바퀴 돌아 표연정에 올라서
술을 찾고 시를 쓰며 강이 몇인가 묻노라.

고목은 다정하여 꾀꼬리 모여들고
하염없이 흐르는 강물 위에 갈매기 떠가네.

영웅들의 과거는 연기처럼 사라지고
나그네만 누각에 올라 세월 가는 줄 모르노라.

관동땅 다 보지 못해 아쉽기만 하고

기러기 따라 장주에도 가고 싶어라.

♣ 느낌터

황조(黃鳥) : 꾀꼬리
황조가(黃鳥歌) : 고구려 제2대 유리왕 3년(17BC)에 왕이 지었다는 우리나라에서 가장 오래된 노래. 화희(禾姬)와 중국 태생의 치희(雉姬) 두 후실이 있었는데 서로 불화하여 싸우다가 치희가 중국으로 달아나니 왕이 몹시 비감하여 꾀꼬리의 쌍쌍이 노니는 것을 보고 지었다함. 한문으로 전함.

♣ 배움터

飄 : ① 나부낄 표 ② 회오리바람 표 ③ 방랑할, 떠돌 표
罷 : ① 파할, 마칠, 그만둘 파 ② 내칠 파 ③ 고달플 파
題 : ① 제목 제 ② 이마 제 ③ 머리말 제 ④ 적을, 글쓸 제
　　　⑤ 문제, 물음 제 ⑥ 값매길 제
恙 : ① 근심할 양 ② 병 양
征 : ① 칠, 정벌할 정 ② 갈, 여행할 정

安邊飄然亭 ②
(안변표연정) 안변 표연정에서

飄然亭子出長堤	鶴去樓空鳥獨啼
표연정자출장제	학거누공조독제
十里煙霞橋上下	一天風月水東西
십리연하교상하	일천풍월수동서
神仙踪跡雲過香	遠客襟懷歲暮幽
신선종적운과향	원객금회세모유
羽化門前無問處	蓬萊消息夢中迷
우화문전무문처	봉래소식몽중미

♣ 풀이마당

표연정은 긴 뚝방 위에 우뚝 서있고
학 떠난 빈 누대엔 새만 홀로 우는구나.

십리 이어진 다리 위아래 자욱하고
하늘에 걸린 달은 바람 따라 흘러가네.

신선의 종적은 바람에 구름 가듯 향기만 남아있고
먼데서 온 나그네 소매자락 그윽히 세모(歲暮)의 감회 어리네.

우화문 앞에서 물을 곳조차 없고

봉래산 소식은 꿈결같이 희미하여라.

🍀 느낌터

우화(羽化) : 우화등선(羽化 登仙)의 준말.
사람이 날개가 돋혀 하늘을 나는 신선이 되었다는 전설임.
봉래(蓬萊) : 봉래산
① 중국에서 가상적으로 이름지은 삼신산(三神山)의 하나
② 여름철의 '금강산'의 별칭

🍀 배움터

霞 : 노을, 이내 하
踪 : 자취 종
襟 : ① 옷깃 금 ② 가슴, 생각 금
萊 : ① 명아주, 쑥 래 ② 밭 묵힐 래
迷 : ① 미혹할 미 ② 길 잘못들 미

橋 : 다리 교
跡 : 발자국, 자취 적

왕세자 출궁도 작가 미상 1817년 종이에 채색 34×46.5cm 고려대도서관 소장

安邊飄然亭 ③
(안변표연정) 안변 표연정에서

林亭秋已晚	騷客意無窮
임 정 추 이 만	소 객 의 무 궁
遠水連天碧	霜楓向日紅
원 수 연 천 벽	상 풍 향 일 홍
山吐孤輪月	江含萬里風
산 토 고 륜 월	강 함 만 리 풍
塞鴻何處去	聲斷暮雲中
새 홍 하 처 거	성 단 모 운 중

♣ 풀이마당

숲속 정자엔 이미 늦가을이 깃들었고
글 읊는 사람의 마음 한없이 슬프구려.

먼 수평선은 하늘과 닿아 푸르기만 하고
단풍잎은 햇빛을 받아 붉게 타는구나.

산은 외로운 둥근 달을 토해내고
강물은 만리 바람을 다 머금었어라.

변방의 기러기야 너 가는 곳 어디메뇨

노을 속으로 사라지는 기러기 소리마저 끊어졌네.

♣ 배움터

晚 : 늦을, 저물 만
遠 : ① 멀, 먼곳 원 ② 심오할, 깊을 원
霜 : ① 서리 상 ② 세월 상
楓 : 단풍나무 풍
含 : ① 머금을, 입에 넣을 함 ② 품을, 생각할 함
   ③ 쌀, 담을 함 ④ 무궁주 함
塞 : ① 변방 새 ② 요새 새 ③ 막을, 막힐 색
鴻 : ① 기러기 홍 ② 클 홍
騷 : ① 시끄러울 소 ② 풍류, 시부 소 ③ 근심 소

과거 ①과장 ②급제자가 광대를 데리고 친구와 친척들을 찾아보는 유가행렬
③처음으로 벼슬을 받고 행렬을 지어가는 한림행렬 ④유수가 되어 가마를 타고 나아가는 유수행렬

인왕산
강희언 (1710 ~ 1764)
종이위 수묵담채 24.5×42.6cm
개인 소장

暮投江齊吟
(모투강제음) 저무는 강가에서

滿城春訪讀書家	雜木疎篁映墨花
만 성 춘 방 독 서 가	잡 목 소 황 영 묵 화
鶴與淸風橫遊浦	鴻因落日伴平沙
학 여 청 풍 횡 유 포	홍 인 낙 일 반 평 사
江山有助詩然作	歲月無心酒以過
강 산 유 조 시 연 작	세 월 무 심 주 이 과
獨椅乾坤知己少	强將纖律和高歌
독 의 건 곤 지 기 소	강 장 섬 율 화 고 가

♣ **풀이마당**

봄기운 가득한 성 안에서 글 읽는 집을 찾으니
잡목과 성긴 참대가 묵화에 어리누나.

학은 바람과 함께 포구에서 노닐고
기러기는 저무는 백사장에 짝을 지어 날아든다.

이처럼 좋은 풍경 덕택에 절로 시상이 떠오르고
무심한 세월은 술잔 위로 흐르네.

홀로 떠돌다보니 참다운 친구 드물지만

장차 강하고 섬세한 운율로 화답하리라.

배움터

讀 : ① 읽을 독 ② 구절 두
篁 : 대밭, 대 황
浦 : 물가, 개 포
雜 : ① 섞일, 섞을 잡 ② 번거로울 잡
高 : ① 높을 고 ② 비쌀 고 ③ 뛰어날 고
疎 : ① 성길, 버성길 소 ② 소통할 소 ③ 나물 소 ④ 상소 소
律 : ① 법 률(율) ② 절제할 률(율) ③ 음률 률 ④ 율시 율
投 : ① 던질 투 ② 줄, 보낼 투 ③ 버릴 투
④ 머무를, 묵을 투 ⑤ 맞을 투
纖 : 가늘 섬

歌 : 노래, 노래할 가
墨 : ① 먹 묵 ② 자자할 묵
椅 : 교의 의

수렵
작자 미상 19세기 초 58.5×38cm
개인 소장

登廣寒樓
(등광한루) 광한루에 올라

南國風光盡此樓
남 국 풍 광 진 차 루

龍城之下鵲橋頭
용 성 지 하 작 교 두

江空急雨無端過
강 공 급 우 무 단 과

野闊餘雲不肯收
야 활 여 운 불 긍 수

千里筇鞋孤客到
천 리 공 혜 고 객 도

四時笳鼓衆仙遊
사 시 가 고 중 선 유

銀河一脈連蓬島
은 하 일 맥 연 봉 도

未必靈區入海求
미 필 영 구 입 해 구

♣ 풀이마당

남국의 풍광은 이 광한루에 다한 듯
용성 아래 오작교 머리에 솟아있구나.

메말랐던 강물에 소낙비 끝없이 내리고
드넓은 들판에는 뭉게구름이 떠 머무네.

외로운 나그네는 천리길을 지팡이와 짚신차림으로 몰려들어
사시사철 풍류소리 끊일날 없이 신선처럼 노니네.

한 줄기 은하수는 봉래섬과 이어졌는데

영구(靈區)를 구하는 것은 바다가 아니라도 좋을레라.

♣ 느낌터

남국(南國) : 남쪽지방. 즉 전라도, 경상도를 말함.

♣ 배움터

廣 : ① 넓을 광 ② 넓이 광 ③ 널리 광
空 : ① 빌 공 ② 하늘, 공중 공 ③ 헛될, 부질없을 공
急 : ① 급할 급 ② 중요할 급
闊 : ① 넓을, 너그러울 활 ② 우둔할 활 ③ 성길 활
　　④ 오래 만나지 못할 활
肯 : ① 즐길, 긍정할 긍 ② 뼈에 붙은 살 긍
衆 : ① 무리 중 ② 많을 중
脈 : ① 맥, 혈관, 혈맥 맥 ② 줄기, 연달을 맥

아이와 개
신광순 1847년작 종이에 수묵 35.3×29.5cm
국립중앙박물관 소장

登文星岩
(등문성암) 문성암에 올라

削立千峰疊	平鋪海一杯
삭 립 천 봉 첩	평 포 해 일 배
林深鳥語鬧	日暮棹歌回
임 심 조 어 료	일 모 도 가 회
欲覓任公釣	留間學士臺
욕 멱 임 공 조	유 간 학 사 대
酷憐山水樂	待月久徘徊
혹 련 산 수 락	대 월 구 배 회

 풀이마당

문성암에 오르니 깍아세운 듯 첩첩 절벽이요
그 앞으로 바다가 술잔처럼 펼쳐있네.

숲이 깊으니 새소리 요란하고
날저문 바닷가에 뱃노래 들려오네.

임공이 낚시질 하던 곳을 상상하며
학사대에 머물러 보았도다.

지극히 산수를 사랑하여
세월을 기다려 오래도록 배회하노라.

🍀 느낌터

임공(任公)=송시대(宋時代) 사람 임호연(任鎬連), 속세를 떠나 낚시질로 세월을 보낸 사람.

🍀 배움터

棹 : 노 **도**
削 : 깎을, 빼앗을 **삭**
臺 : ① 던대 **대** ② 누각, 정자 **대** ③ 조정, 관청 **대** ④ 토대 **대**
⑤ 대(수량) **대**
酷 : ① 혹독할, 참혹할 **혹** ② 심할, 극심할 **혹**
待 : ① 기다릴 **대** ② 대접할 **대**
星 : ① 별 **성** ② 세월 **성**
鬧 : 시끄러울 **뇨(료)**

투전도
김양기 19세기 중엽 개인 소장

大同江練光亭
(대동강연광정) 대동강 연광정에서

截然乎吃立高門
절연호흘입고문

碧萬頃蒼波直翻
벽만경창파직번

一斗酒三春過客
일두주삼춘과객

千絲柳十里江村
천사류십리강촌

孤舟鷺帶來霞色
고주목대래하색

雙白鳩飛去雪痕
쌍백구비거설흔

波上之亭亭上我
파상지정정상아

坐初更夜月黃昏
좌초갱야월황혼

♣ 풀이마당

대동강 연광정에 높은 문 홀연 서있고
그 아래 굽이치는 만경창파여

한 말 술로 나그네들 봄놀이 즐기고
십리 강촌에는 천만갈래 버들가지 휘늘어졌네.

외로운 조각배엔 따오기가 저녁노을 물어오고
흰갈매기 짝지어 날리는 눈송이 같이 날아가네.

물결 위엔 정자 있고 정자 위엔 내가 있는데

황혼이 지나고 달이 뜨도록 자리에서 떠날 줄 모르노라.

♣ 느낌터

십리강촌＝능라도(綾羅島)에 있는 마을을 말함.
연광정(練光亭)＝대동강변에 있는 정자

♣ 배움터

截 : 끊을 절
霞 : 노을, 이내 하
絲 : ① 실 사 ② 거문고, 현악기 사
練 : ① 익힐 련 ② 연복 련 ③ 가릴 련 ④ 마전할, 누일 련
頃 : ① 잠깐 경 ② 요즈음, 즈음 경 ③ 백이랑 경 ④ 가을 경
　　⑤ 반걸음 규
直 : ① 곧을, 바를 직 ② 바로 직 ③ 번, 번들, 당할 직 ④ 값 치

鶩 : 집오리 목
吃 : ① 마실 흘 ② 더듬을 흘

들놀이에서의 씨름
혜원 신윤복

關王廟
(관왕묘) 관왕사당

古廟幽深白日寒	全身腹見漢衣冠
고묘유심백일한	전신복견한의관
當時未了中原事	赤兎千年不解鞍
당시미료중원사	적토천년불해안

♣ 풀이마당

옛날 사당 그윽한 곳에 햇볕 차기만 하고
전신에 한(漢)나라 의관만 다시 볼 수 있구나.

당시 중원의 큰일 다 마치지 못하고 가셨으니
죽어서도 천만년 안장을 풀지 못하리라.

♣ 느낌터

당시(當時) = 옛 중국의 삼국전란당시
관왕묘(關王廟) = 삼국지에 나오는 유명한 장수 관우, 유비, 장비 셋중 관우를 모신 사당.

♣ 배움터

鞍 : 안장 안
廟 : ① 사당, 종묘 묘 ② 묘당, 조정 묘
腹 : ① 배 복 ② 마음 복
赤 : ① 붉을, 붉은빛 적 ② 빌, 아무것도 없을 적 ③ 벌거벗을, 거짓없을 적

安邊老姑峯過次吟
(안변노고봉과차음) 안변 노고봉을 지나면서

葉落瘦容雪滿頭
엽 낙 수 용 설 만 두

勢如天撐屹然浮
세 여 천 탱 흘 연 부

餘峯羅立兒孩似
여 봉 나 립 아 해 사

或者中間仙鶴遊
혹 자 중 간 선 학 유

♣ 풀이마당

얼굴엔 낙엽이 지고 머리엔 백설로 가득한데
산세는 하늘에 기대어 우뚝 솟아있어라.

다른 작은 고개들은 노고봉의 아이들 같으나
혹 그 중 어떤 봉에는 선학(仙鶴)이 노니누나.

♣ 배움터

次 : ① 버금, 다음 차 ② 차례 차 ③ 변 차
屹 : 산우뚝 솟을 흘
餘 : ① 남을, 나머지 여 ② 다른, 딴일 여
兒 : ① 아이, 아기 아 ② 아들 아 ③ 젊은 남자의 애칭 아 ④ 성 예
孩 : 아이, 어린아이, 어릴 해

馬 島
(마도) 마도에서

故人吟望雪連天	別後梅花又一年
고인음망설연천	별후매화우일년
快士暫遊仍出塞	冷官多曠不求田
쾌사잠유잉출색	냉관다광불구전
山川重閱龍灣路	畫盡繞歸馬島船
산천중열용만로	화진재귀마도선
城外未將壺酒餞	此詩難寫意茫然
성외미장호주전	차시난사의망연

♣ 풀이마당

고인을 사모하며 하늘을 바라보니
작별 후 또 한 번의 매화가 피었구려.

쾌사(快士)가 잠시 변방에 나아가 노는데
한직 자리라 많이 비어 전답 구할 일 없구나.

산과 내를 굽이굽이 돌아서니 용만(龍灣) 길이요
서화로 겨우 돌아오니 마도(馬島)로 가는 배 안이네.

성곽 밖까지 술두루미 들고 전송 못했으니

이 시를 쓰기 어렵고 시상은 아득하기만.

배움터

島 : 섬 도
船 : 배 선
快 : ① 쾌할, 시원할 쾌 ② 빠를 쾌 ③ 잘 들 쾌
仍 : ① 인할, 그대로 따를 잉 ② 거듭, 거푸 잉
塞 : ① 변방 새 ② 요새 새 ③ 막을 색
曠 : ① 훵할, 넓을 광 ② 빌 광 ③ 멀, 오랠 광
閱 : ① 볼, 살필, 읽을 열 ② 겪을, 지낼 열
寫 : ① 베낄, 쓸 사 ② 그릴 사
茫 : 망망할, 멀, 넓을 망

灣 : 물굽이 만
暫 : 잠깐 잠

풍속도
김득신 팔폭병풍
제 1폭(왼쪽) 제 2폭(오른쪽)

嶺南述懷
(영남술회) 영남술회

超超獨倚望鄕臺 초 초 독 의 망 향 대	强壓霸愁快眼開 강 압 패 수 쾌 안 개
與月經營觀海去 여 월 경 영 관 해 거	乘花消息入山來 승 화 소 식 입 산 래
長遊宇宙餘雙履 장 유 우 주 여 쌍 리	盡數英雄又一杯 진 수 영 웅 우 일 배
南國風光非我土 남 국 풍 광 비 아 토	不如歸對漢濱梅 불 여 귀 대 한 빈 매

♣ 풀이마당

나홀로 망향대 위에 올라가서
나그네 근심을 숨기고 눈을 시원하게 떴다.

달이 차고 기우는 운행을 따라 바다로 갔고
꽃 소식 궁금하여 산에 올랐노라.

긴 세월 유랑해도 아직 한 켤레 신이 남았고
영웅을 생각하며 또 한 잔 기울이노라.

그러나 남쪽 풍광은 낯선 타향이라서

고향에 돌아가 시냇가 매화를 대하느니만 못하여라.

♣ 배움터

巓 : 산마루 전
覇 : 으뜸, 우두머리 패
述 : ① 지을, 책쓸 술 ② 펼, 말할 술
懷 : ① 품을, 생각할 회 ② 위로할, 달랠 회
倚 : ① 의지할, 기댈 의 ② 기울, 치우칠 의
花 : ① 꽃 화 ② 아름다울 화 ③ 어두울, 흐릴 화
觀 : ① 볼 관 ② 생각, 관념, 관점, 견해 관 ③ 경치, 모습 관 ④ 보일 관
乘 : ① 탈 승 ② 의지할, 기회 탈 승 ③ 곱할, 곱셈 승 ④ 수레 승
　　⑤ 대(수레의 수) 승
臺 : ① 돈대, 대 대 ② 누각, 정자 대 ③ 조정, 관청 대 ④ 토대 대
　　⑤ 대 대 숫자를 세는 단위

壓 : 누를 압
濱 : ① 물가 빈 ② 다가올 빈

풍속도
김득신 팔폭병풍
제 3폭(왼쪽) 제 4폭(오른쪽)

過廣灘
(과광탄) 광탄을 지나며

幾年短杖謾徘徊	愁外鄉山夢裏回
기년단장만배회	수외향산몽리회
憂國空題王粲賦	逢時虛老賈誼才
우국공제왕찬부	봉시허노고의재
風吹落葉三更急	月搗寒衣萬戶催
풍취낙엽삼경급	월도한의만호최
齷齪生涯何足歎	携盃更上鳳凰臺
악착생애하족탄	휴배갱상봉황대

♣ 풀이마당

단장 짚고 배회한 지 몇해런가
고향산천 생각하니 꿈결 같구려.

나라를 걱정하여 부질없이 왕찬의 부를 쓰고
때를 만나 재주를 팔아볼까 했건만 헛되이 늙어만 가네.

바람 불어 낙엽 지고 삼경이 되었는데
달밤에 다듬이소리 온동네를 흔드네.

악착스러운 생애를 무엇 때문에 탄식하는가

술두루미 들고 다시 봉황대를 오르네.

♣ 배움터

灘 : 여울 탄
齷 : 악착할 악
齪 : 악착할 착
攜 : ① 가질, 들 휴 ② 끌, 이끌 휴
賈 : ① 장사 고 ② 값 가
潺 : ① 많을 찬 ② 물 출렁거릴 찬
誼 : ① 옳을 의 ② 도타울 의
擣 : ① 찧을 도 ② 두드릴 도
催 : ① 재촉할 최 ② 열, 베풀 최
過 : ① 지날, 지나칠 과 ② 잘못할, 허물 과 ③ 건널, 지낼 과
賦 : ① 구실, 세금거둘 부 ② 줄 부 ③ 부(물체의 하나) 부

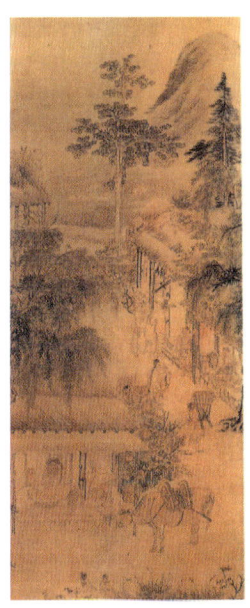

풍속도
김득신 팔폭병풍
제 5폭(왼쪽) 제 6폭(오른쪽)

건너는 다리 중순 이흥효(1537~1593) 종이위 수묵 29.3×24.9cm 개인 소장

산수
월담 윤의립 (1568 ~ 1643)
비단위 수묵 21.5×22.2cm
국립중앙박물관 소장

下 汀 洲
(하정주) 정주에 내려와서

翠禽暖戱對沈浮	晴景闌珊也未收
취 금 난 희 대 침 부	청 경 란 산 야 미 수
人遠謾愁山北立	路長惟見水東流
인 원 만 수 산 북 립	노 장 유 견 수 동 류
垂楊多在鶯啼驛	芳草無邊客倚樓
수 양 다 재 앵 제 역	방 초 무 변 객 의 루
怊悵送君自崖返	那堪落月下汀洲
초 창 송 군 자 애 반	나 감 낙 월 하 정 주

♣ 풀이마당

따뜻한 날씨에 물총새 한 쌍 자멱질하고
맑은 풍광이 난산하여 거두지 못하더라.

멀어져 가는 사람 근심스레 보며 산북에 섰고
오직 동으로 흘러가는 먼 길 물만을 바라보노라.

수양버들 늘어져 꾀꼬리 우는 역마을에
방초는 무성한데 누대에 기댄 나그네

슬픈 맘으로 그대를 보내고 돌아오는 언덕길엔

정주에 떨어지는 달을 어찌 보며 견디리오.

♣ 배움터

汀 : 물가 정
悵 : 슬퍼할, 탄식할 창
返 : 돌이킬, 돌아올 반
洲 : ① 물가 주 ② 섬 주 ③ 대륙 주
珊 : 산호 산
闌 : ① 늦을 란 ② 다할 란
謾 : ① 게으를 만 ② 속일 만 ③ 느릴 만
驛 : ① 역말 역 ② 역참, 역마을 역 ③ 역, 정거장 역
芳 : ① 꽃다울 방 ② 이름빛날, 마음과 행실이 바를 방
那 : ① 어찌, 어떻게 나 ② 많을 나 ③ 저, 저것 나 ④ 무엇 나
⑤ 짧은 사간 나
堪 : ① 견딜 감 ② 하늘 감
翠 : ① 푸를 취 ② 물총새 취 ③ 비취, 비취옥 취
戲 : ① 희롱할, 놀 희 ② 연극 희 ③ 탄식할 호

怊 : 슬퍼할 초
崖 : 낭떠러지, 언덕 애
禽 : 날짐승 금
晴 : 비개일 청
鶯 : 꾀꼬리 앵
暖 : 따뜻할 란

開 城
(개성) 개성에서

故國江山立馬愁	半千王業空一邱
고 국 강 산 입 마 수	반 천 왕 업 공 일 구
煙生廢墻寒鴉夕	葉落荒台白雁秋
연 생 폐 장 한 아 석	엽 락 황 태 백 안 추
石狗年深難轉舌	銅台陥滅但首頭
석 구 년 심 난 전 설	동 태 타 멸 단 수 두
周觀別有傷心處	善竹橋川洇不流
주 관 별 유 상 심 처	선 죽 교 천 인 불 류

♣ **풀이마당**

아! 고국산천에 말을 세우고 근심하노라
오백년 왕업 어디 가고 텅빈 언덕 뿐이더냐.

무너진 담장 밑에 저녁연기 일고 석양에 쓸쓸히 까마귀 날고
낙엽지는 황량한 터 위로 가을 기러기 울며 가네.

오랜 세월 탓이련가 석구(石狗)는 혀를 굴리지 못하고
동태(銅台)는 파멸되어 다만 머리를 숙였어라.

둘러보고 특히 상심케 하는 곳은

선죽교 아래 냇물이 목메어 흐르지도 못하도다.

♣ 느낌터

선죽교(善竹橋) : 경기도 개성에 있는 다리. 고려말의 충신 정몽주가 이성계를 만나고 돌아가다 선죽교에서 방원이 보낸 조영규 등에게 죽임을 당한곳. 지금도 당시의 핏자국이 어렴풋이 남아 있다고 한다.

♣ 배움터

邱 : ① 언덕 구 ② 땅이름 구
廢 : ① 폐할, 버릴, 그칠 폐 ② 못쓰게될, 부서질 폐 ③ 고칠 폐
滅 : ① 멸망할, 멸망시킬 멸 ② 죽을 멸 ③ 불거질 멸 ④ 다할, 없어질 멸
首 : ① 머리 수 ② 우두머리, 첫째, 처음 수
周 : ① 두루, 두루미칠 주 ② 둘레, 두를 주 ③ 주밀할 주
善 : ① 착할 선 ② 좋을, 훌륭할 선 ③ 친할, 사이좋을 선 ④ 잘할 선
　　⑤ 옳게 여길 선 ⑥ 아낄 선
鴉 : 갈가마귀 아
舌 : ① 혀 설 ② 말 설
陀 : 섬 타　　　　　　　　　洇 : 煙과 같은자, 잠길 인

平 壤
(평양) 평양에서

千里平壤十里於	大蛇當道人皆也
천리평양십리어	대사당도인개야
落日練光亭下水	白鷗無恙去來乎
낙일연광정하수	백구무양거래호

♣ 풀이마당

천리 되는 평양이 십리가 늘어진다고,
큰 뱀이 길에 나타나니 사람들이 모두 '잇기' 한다.

해 떨어지는 연광정 아래 물에
무심히 오락가락 하는 하얀 갈매기.

♣ 느낌터

어(於) : 늘 어
야(也) : 잇기 야

♣ 배움터

壤 : 부드러운 흙, 땅 양
於 : ① 어조사 어 ② 탄식하는 소리 오
恙 : ① 근심할 양 ② 병 양

咸關嶺
(함관령) 함관령에서

四月咸關嶺	北靑郡守寒
사 월 함 관 령	북 청 군 수 한
杜鵑今始發	春亦上山難
두 견 금 시 발	춘 역 상 산 난

♣ 풀이마당

사월에도 함관령에는 봄이 더디어
북청 군수가 추워하도다.

진달래꽃 이제 막 피기 시작했으니
봄이지만 산에 오르기는 역시 어렵겠구나.

♣ 배움터

咸 : 다 함
鵑 : 두견, 소쩍새 견
守 : ① 지킬, 막을 수 ② 살필, 보살필 수
始 : 비로소, 시작할, 처음 시
杜 : ① 막을 두 ② 아가위나무 두

嶺 : 재, 산고개 령(영)
亦 : 또, 또한 역

過 長 端
(과장단) 장단을 지나며

對酌慾歌無故人	一聲黃鳥獨傷神
대 주 욕 가 무 고 인	일 성 황 조 독 상 신
過江柳絮晴獨電	入峽梅花香如春
과 강 유 서 청 독 전	입 협 매 화 향 여 춘
地接關河來往路	日添車馬迎送塵
지 접 관 하 내 왕 로	일 첨 차 마 영 송 진
臨津關外處處草	管得羈愁百種新
임 진 관 외 처 처 초	관 득 기 수 백 종 신

♣ **풀이마당**

술상을 마주하여 노래하고 싶지만 친구가 없고
꾀꼬리 울음소리에 마음을 상하노라.

강변에 버들가지는 마냥 싱그럽기만 하고
산골짜기 들어서니 매화향기가 봄 같구나.

이곳은 많은 사람들이 오가는 관문이라
날마다 우마차 지나는 먼지만 이는구나.

임진나루 밖에는 잡초만 무성하고

나그네는 수심만 새로워질 뿐.

♣ 배움터

傷 : ① 상할, 다칠 상 ② 해칠 상 ③ 애태울, 근심할 상
神 : ① 신기할, 신, 신경 신 ② 정신 신 ③ 영묘할 신
絮 : ① 솜, 헌솜 서 ② 버들가지 서 ③ 지루하게 얘기할 서
接 : ① 댈, 이을 접 ② 맞을, 대접할 접
津 : ① 나루 진 ② 침, 진액 진 ③ 넘칠, 윤택할 진
處 : ① 곳 처 ② 살, 있을 처 ③ 처할, 처리할 처
車 : ① 수레(거, 차) ② 수레바퀴, 바퀴 차
羈 : 굴레 기
慾 : 욕심 욕　　　　　　　　峽 : 골짜기 협
迎 : 맞을, 맞이할 영　　　　電 : ① 번개 전 ② 전기 전

풍속도
김득신 팔폭병풍
제 7폭(왼쪽)　제 8폭(오른쪽)

浮碧樓吟
(부벽루음) 부벽루에서

三山半落青天外	二水中分白鷺洲
삼 산 반 락 청 천 외	이 수 중 분 백 로 주
已矣謫仙先我得	斜陽投筆下西樓
이 의 적 선 선 아 득	사 양 투 필 하 서 루

♣ 풀이마당

세 산들은 푸른 하늘 밖으로 걸려 있는데
두 물줄기는 갈라져서 백로 노는 능라도를 끼고 흐르네.

아! 적선(謫仙)이 나보다 먼저 이 절경에 놀고 있으니
석양 무렵 붓 팽개치고 서루로 내려가노라.

♣ 느낌터

적선(謫仙) = 이백(李白)
삼산(三山) = 중국 전설에 나오는 봉래산, 방장산, 영주산의
　　　　　　세산을 삼신산(三神山) 줄여서 삼산이라 함. 그러나
　　　　　　여기서는 평양 근처의 세산을 가리킴.

♣ 배움터

半 : ① 반, 절반, 가운데 반 ② 조각 반　　　筆 : 붓, 글씨, 글 필
洲 : ① 고을 주 ② 삼각주 주　　　　　　　矣 : 어조사 의
謫 : ① 꾸짖을 적 ② 귀양보낼 적
已 : ① 이미 이 ② 그칠 이 ③ 너무 이 ④ 뿐, 따름 이

大同江上
(대동강상) 대동강에서

大同江上仙舟泛
대 동 강 상 선 주 범

吹笛歌聲泳遠風
취 적 가 성 영 원 풍

客子停驂聞不樂
객 자 정 참 문 불 락

蒼梧山色暮雲中
창 오 산 색 모 운 중

♣ 풀이마당

대동강물에 떠있는 배 그림 같은데
피리 소리, 노랫 소리 멀리서 바람타고 헤엄쳐 오네.

강가에 말 멈추고 듣는 나그네 마음은 서글프고
창오산(蒼梧山) 푸른 빛이 구름 속에 저물어 가네.

♣ 배움터

泛 : ① 뜰 범 ② 널리 범 ③ 범범할 범
客 : ① 손, 나그네 객 ② 볼일, 의탁할 객 ③ 의식의 대상 객
　　 ④ 과거 객 ⑤ 쓸데없을 객
吹 : 불 취　　　　　　　笛 : 피리 적
泳 : 헤엄칠 영　　　　　驂 : 세말 멍에멜 참

집으로 가는 배
나옹 이정 (1579 ~ 1607)
비단위 수묵 19.1×23.5cm
국립중앙박물관 소장

日 暮
(일모) 해질 녘

茅屋炊煙歇	日暮飛鳥還
모 옥 취 연 헐	일 모 비 조 환
樵客見明月	長歌下靑山
초 객 견 명 월	장 가 하 청 산

♣ 풀이마당

초가집 저녁 연기 사라지고
새들도 으스름녘 깃으로 돌아가네.
나뭇꾼은 달 바라보며
긴 노래 부르면서 푸른 산을 내려가네.

♣ 느낌터

시골 산골의 저녁 해가 지는 아름다운 풍경을 말함.

♣ 배움터

暮 : ①저물 모 ②늦을, 더딜 모 ③늙을 모
茅 : 띠 모
屋 : ①집 옥 ②덮개 옥
炊 : 불땔, 밥지을 취
歇 : ①쉴, 그칠 헐 ②헐할, 값쌀 헐
還 : ①돌아올, 돌아갈 환 ②돌릴, 돌려줄 환
樵 : ①나무할 초 ②땔나무 초
樵客(초객) : 나뭇꾼

長 洲 行
(장주행) 장주로 가는길

英雄過去風雲盡　　客子登臨歲月悠
영웅과거풍운진　　　객자등임세월유

宿債關東猶未了　　欲隨征雁下長洲
숙채관동유미료　　　욕수정안하장주

♣ 풀이마당

모든 영웅들이 떠난후 난세도 끝이 나고
나그네는 누각 위에 한가롭게 앉았노라.
관동지방 아직 다보진 못했으나
기러기 가는 곳 따라 장주로 갈까나.

♣ 배움터

盡 : 다할 진　　　　　　債 : 빚 채
客 : ①손, 나그네 객 ②볼일, 의탁할 객 ③의식이나 행동의 대상이
　　되는것 객 ④과거 객 ⑤유세자, 사람 객 ⑥쓸데없을, 객적을 객
雁 : 기러기 안
登 : ①오를 등 ②나갈 등 ③실을, 기재할 등 ④익을 등 ⑤보탤 등
臨 : ①임할, 미칠, 다다를 림 ②다스릴 림
關 : ①빗장 관 ②잠글, 닫을 관 ③관 관 ④목, 요새 관 ⑤관계할 관
宿 : ①잘, 묵을 숙 ②지킬 숙 ③본디, 오랠 숙 ④주막여관 숙 ⑤별 수
悠 : ①멀, 아득할 유 ②한가할 유 ③근심할 유 ④생각할 유

爭 鷄 岩
(쟁계암) 쟁계암

雙岩竝起疑紛爭　　一水中流解忿心
쌍 암 병 기 의 분 쟁　　일 수 중 류 해 분 심

♣ 풀이마당

쌍바위가 서로 다투듯 서 있는데,
한 줄기 물이 가운데로 흐르며 분한 마음 풀어 주네.

♣ 느낌터

닭모양을 한 두바위가 싸우는 모습으로 비쳐서 시를 한수 지음.

♣ 배움터

爭 : ①다툴, 다투게 할 쟁 ②간할 쟁
鷄 : 닭 계
雙 : 쌍, 둘, 짝 쌍
紛 : 어지러울, 엉클어질 분
流 : ①흐를, 흐르게 할 류 ②떠돌아 다닐 류 ③귀양보낼 류
　　④세상에 퍼질 류 ⑤흐름, 계통 류 ⑥품격, 계층 류
竝 : 아우를, 나란할 병
岩 : 바위 암
忿 : 분할, 성낼 분

五更登樓
(오경등루) 깊은 밤 누각에 오름

天高萬里不擧頭　　地闊千里不宣足
천 고 만 리 불 거 두　　지 활 천 리 불 선 족

五更登樓非翫月　　三朝辟穀不求仙
오 경 등 루 비 완 월　　삼 조 벽 곡 불 구 선

♣ 풀이마당

하늘은 높아 만리인데 머리를 둘 곳 없고
땅은 천리 넓건만 다리를 쉴 곳 없네.
깊은 밤 누각에 오른 것은 달구경 하려는 것 아니고
삼일을 굶은 것도 신선되려 함 아닐세.

♣ 느낌터

죽장에 삿갓 쓰고 삼천리 전국을 방랑하면서 노숙하는 자신의 가엾은 신세를 한탄함.

♣ 배움터

擧 : ①들 거 ②일으킬 거 ③행할 거 ④온통, 다 거 ⑤빼어올릴 거
　　⑥들추어 낼 거 ⑦낱낱이 들 거
闊 : ①너그러울, 넓을 활 ②우둔할 활 ③성길 활
　　④오래 만나지 못할 활
宣 : ①베풀, 널리 펼 선 ②임금의 말 선
翫 : ①가지고 놀, 장난감 완 ②놀릴, 깔볼 완 ③즐길 완

朝 : ①아침 조 ②조정 조 ③임금 뵐 조 ④왕조 조
穀 : ①곡식 곡 ②좋을, 길할 곡
仙 : ①신선 선 ②고상한 사람 선 ③미국화폐 단위 cent의 약자
辟 : ①물리칠 벽 ②임금 벽 ③부를 벽 ④피할 피

숲속의 정자
인객 허필 (1709~1761) 종이위 수묵담채 7.9×12.36cm
이화여대박물관 소장

박연폭포(개성)
겸재 정선(1676~1759) 종이위 수묵 119.1×52cm 개인 소장

제 7장

愛 情 篇

애정편

미인도
신윤복 (1758~?) 비단에 담채 114×45.2cm
서울관송 미술관 소장

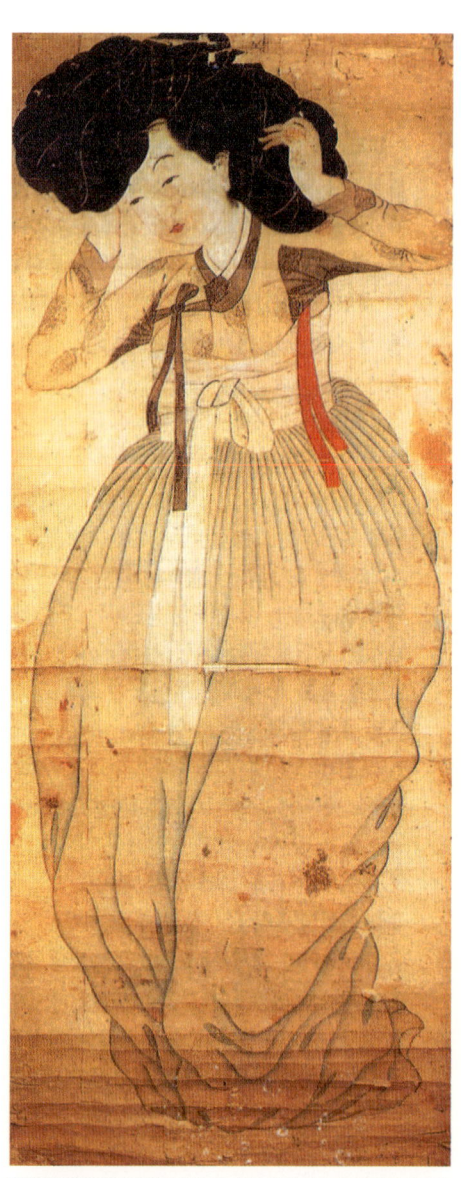

미인도
작자 미상 19세기중엽 종이에 수묵담채 117×49cm
해남 윤씨 종가 소장

可憐妓詩
(가련기시) 기생 가련에게

可憐行色可憐身	可憐門前訪可憐
가련행색가련신	가련문전방가련
可憐此意傳可憐	可憐能知可憐心
가련차의전가련	가련능지가련심

♣ **풀이마당**

가련한 행색과 가련한 몸으로
가련의 문전에서 가련을 찾는도다.

가련에게 이 뜻이 전달되면
가련이도 이 내 가련한 마음을 능히 알리라.

♣ **느낌터**

이 시는 가련이라는 기생에게 가련한 자신의 정을 호소한 시이다. 가련(可憐)이라는 기생의 이름과 가련(可憐)하다는 단어가 한데 어울려 있으나 이런 표현 역시 삿갓 특유의 재치이다.

♣ **배움터**

憐 : ① 불쌍히 여길 련 ② 사랑할 련   妓 : 기생 기
色 : ① 빛 색 ② 색 색   身 : ① 몸 신 ② 아이밸 신
訪 : ① 찾을 방 ② 널리 물을 방   傳 : ① 전할 전 ② 전기 전
能 : ① 능할 능 ② 재능 능 ③ 능력 능

치마를 쓴 여인
신윤복 1805년작 비단에 수묵담채 28.3×19cm
국립중앙박물관 소장

전모를 쓴 여인
신윤복
국립중앙박물관 소장

街上初見 ①
(가상초견) 길에서 처음 본 여인에게

街上相逢時目明　　有情無語似無情
가 상 상 봉 시 목 명　　유 정 무 어 사 무 정

踰墻鑿穴非難事　　已許農夫更不更
유 장 착 혈 비 난 사　　이 허 농 부 갱 불 갱

♣ 풀이마당

길에서 만나는 아름다운 그대의 눈이 빛나서
정(情)은 있는 듯하나 말이 없어 무정한척 했노라.

담을 넘고 벽에 구멍을 뚫는 일이야 어렵겠냐만
이미 농부에 허락한 몸이니 다시 고칠 수 없도다.

♣ 배움터

街 : 거리 가
情 : ① 뜻 정 ② 사랑 정 ③ 사실, 형편 정
語 : 말씀, 말할 어
鑿 : ① 뚫을 착 ② 구멍 조
許 : ① 허락할 허 ② 가량 허 ③ 곳 허 ④ 매우 허
已 : ① 이미 이 ② 그칠 이 ③ 너무 이 ④ 뿐, 따름 이

踰 : 넘을 유
墻 : 담 장
穴 : 구멍 혈
農 : 농사 농

362 방랑시인 김삿갓

사녀도
신윤복(1758~?) 비단에 담채 29.6×24.8cm
국립중앙박물관 소장

街上初見 ②
(가상초견) 길에서 처음 본 여인에게

豳風七月誦分明	客駐征驂忽有情 (샷갓시)
유 풍 칠 월 송 분 명	객 주 정 참 홀 유 정
虛閣夜深人不識	半輪殘月已三更
허 각 야 심 인 불 식	반 륜 잔 월 이 삼 경
難掩長程十目明	有情無語似無情 (여인시)
난 엄 장 정 십 목 명	유 정 무 어 사 무 정
踰墻鑿穴非難事	已與農夫誓不更
유 장 착 혈 비 난 사	이 여 농 부 서 불 갱

♣ 풀이마당

유풍칠월편을 외우는 것은 분명한데
나그네 말이 멈추니 홀연 정분이 돋네요.

빈 집에 밤은 깊어 사람이 살지 않으니
반달의 밝은 빛은 이미 삼경이로다.

길거리 여러 사람 눈을 가리기 어려우니
정이야 있소만 말을 못하니 무정한 체 하리다.

담을 넘고 벽을 뚫는 일은 어렵지 않지만

이미 농부와 더불어 지냄을 맹세하였으니 어찌하리오.

♣ 느낌 터

노상에서 만나 여인과 통정하여 주고 받은 시.
유장착혈(踰墻鑿穴)＝맹자에 있는 문귀로 남의 집 부녀자를
　　　　　　　　　보려고 담장을 뛰어 넘고 구멍을 뚫는다는 뜻.

♣ 배움 터

誦 : 욀, 소리내어 읽을 송
駐 : 머무를 주
驂 : 세말 멍에 참
忽 : 문득 홀
輪 : ① 바퀴 륜(윤) ② 둘레 륜
殘 : ① 남을 잔 ② 모질 잔 ③ 상할 잔
程 : ① 법 정 ② 길 정 ③ 정도 정
與 : ① 줄 여 ② 더불어 여 ③ 참여할 여
誓 : 맹세할 서

戱贈妻妾
(희증처첩) 아내와 첩에게

不熱不寒二月天	一妻一妾最堪憐
불열불한이월천	일처일첩최감련
鴛鴦枕上三頭並	翡翠衾中六臂連
원앙침상삼두병	비취금중육비연
開口笑時渾似品	翩身臥處變成川
개구소시혼사품	편신와처변성천
東邊未了西邊事	更向東邊打玉拳
동변미료서변사	갱향동변타옥권

♣ 풀이마당

마음 들뜨기 좋은 춥지도 덥지도 않은 이월에
처와 첩이 한 방에 사는 게 가련하구나.

원앙금침에는 머리 셋이 나란하고
비치 이불 속에는 여섯 어깨가 이어졌구나.

입 벌려 웃을 때는 마치 품(品)자 같고
옆으로 누운 모습은 마치 내천(川)자 같구나.

동쪽에 일이 끝나기도 전에 서쪽 일을 해야하고

또다시 동쪽을 향하여 섬섬옥수를 쓰다듬누나.

🍀 느낌 터

여인네의 마음이 들뜨기 좋은 춥지도 덥지도 않은 봄에 처와 첩이 한 지붕 밑에 사는 것이 가련해 보여 읊은 시인데, 입 벌려 웃는 모양이 품(品)자 같고 세 사람이 옆으로 누운 모습이 천(川)자 같다는 표현은 역시 재치있다.
과연 두 여자를 한 남자가 잘 다스렸을까?

🍀 배움 터

贈 : 줄, 선사할 증
枕 : ① 베개 침 ② 침목 침
並 : 아우를, 나란할 병
翡 : ① 물총새 비 ② 비취 비
翩 : ① 펄럭일 편 ② 빨리 날 편
變 : ① 변할 변 ② 재앙 변
邊 : ① 가 변 ② 국경 변 ③ 이자 변
戱 : ① 희롱할 희 ② 연글 희 ③ 탄식할 호
翠 : ① 푸를 취 ② 물총새 취 ③ 비취 취
熱 : ① 더울 열 ② 쏠릴 열 ③ 바쁠 열 ④ 더위 열

妾 : 첩 첩
堪 : 견딜 감
鴛 : 원앙새 원
鴦 : 원앙새 앙
衾 : 이불 금
臂 : 팔뚝 비
拳 : 주먹 권

운낭자 27세
석지 채용신 종이에 채색 120.5×62cm 국립중앙박물관 소장

贈某女
(증모녀) 어떤 여인에게

客枕蕭條夢不仁	滿天霜月照吾隣
객침소조몽불인	만천상월조오린
綠竹青松千古節	紅桃白李一年春
녹죽청송천고절	홍도백리일년춘
昭君玉骨胡地土	貴妃花容馬嵬塵
소군옥골호지토	귀비화용마외진
人性本非無情物	莫惜今宵解汝身
인성본비무정물	막석금소해여신

♣ 풀이마당

나그네 잠자리 쓸쓸하고 꿈도 좋지 않으니
하늘 가득 차가운 달빛만이 객창을 비추누나.

푸른 대와 소나무는 천고 절개의 표상이요
복사꽃 배꽃은 한 해 봄 피었다 지는 것을.

왕소군(王昭君)의 옥골도 한 줌의 흙이 되고
양귀비의 절색도 마외(馬嵬)땅의 티끌이 되었느니

인간의 성정이 본래 무정한 것이 아니니

오늘 밤 그대 몸 푸는 것을 아끼지 말라.

🍀 느낌터

주막에서 주인여자가 애기(愛妓) 가련과 닮은 과부인지라, 천하 절색 양귀비와 왕소군도 죽으면 그만인데 절개를 지키느라 애쓰느니 오늘밤 회포를 풀자는 유혹의 내용이 주조를 이룬다.

마외(馬嵬) : 양귀비의 무덤이 있는 땅
소군(昭君) : 왕소군(王昭君)
호지(胡地) : 오랑캐의 땅
귀비(貴妃) : 양귀비(楊貴妃)

🍀 배움터

蕭 : 퉁소 **소**
條 : ① 가지 **조** ② 조리 **조** ③ 가닥 **조**
霜 : ① 서리 **상** ② 세월 **상**
照 : ① 비출 **조** ② 대조할 **조**
胡 : ① 오랑캐 **호** ② 어찌 **호** ③ 오래살 **호** ④ 멀 **호**
嵬 : 산높을 **외**
惜 : 아낄, 아깝게 여길 **석**
汝 : 너 **여**

거문고 줄매기
신윤복 국립중앙박물관 소장

鶴城訪美人不見
(학성방미인불견) 학성을 방문했으나 아름다운 여인을 만나지 못함

瓊雨蕭蕭入雪樓 경우소소입설루	歸尋舊約影無留 귀심구약영무류
盤龍寶鏡輕塵蝕 반룡보경경진식	睡鶴香爐瑞霧收 수학향로서무수
楚峽行雲難作夢 초협행운난작몽	漢宮執扇易生秋 한궁집선이생추
寥寥寂寂江天暮 요요적적강천모	帶月中宵下小舟 대월중소하소주

♣ 풀이마당

보슬비 소록소록 설루에 내리는데
옛 약속 지키려 찾아왔건만 그림자도 없어라.

용무늬 박힌 보경엔 가벼운 티끌에 침식되었고
학 무늬 박힌 향로엔 연기마저 걷혔구나.

초협을 떠가는 구름 꿈 이루기 어렵고
한궁의 부채바람 어느덧 가을이로다.

고요한 강가에 날은 저물고

달은 뜨고 밤은 깊은데 작은 배만 흘러가네.

🍀 느낌터

덧없이 흐르는 세월을 한탄한 시.

🍀 배움터

鶴 : 두루미 학
瓊 : 아름다운 옥 경
樓 : 다락 루
留 : 머무를 유(류)
鏡 : 거울 경
瑞 : 상서로울 서
楚 : 초나라 초
帶 : ① 띠 대 ② 찰 대 ③ 데릴 대
寥 : ① 쓸쓸할 료(요) ② 공허할 료 ③ 하늘 요

峽 : 골짜기 협
扇 : 부채 선
輕 : ① 가벼울 경 ② 경솔할 경
易 : ① 바꿀 역 ② 쉬울 이
霧 : 안개 무
寂 : ① 고요할 적 ② 죽을 적

기방도
유운홍 19세기 중엽 개인 소장

밀회
혜원 신윤복 18세기 종이에 채색 28.3×35.2cm 간송 미술관 소장

暗夜訪紅蓮
(암야방홍련) 한밤에 홍련을 만남

探香狂蝶半夜行	百花深處摠無情
탐 향 광 접 반 야 행	백 화 심 처 총 무 정
欲埰紅蓮南浦去	洞庭秋波小舟驚
욕 채 홍 련 남 포 거	동 정 추 파 소 주 경

♣ 풀이마당

향기를 탐낸 미친 나비처럼 밤길을 왔는데
백화 무성한 깊은 곳은 너무 무정쿠나.

홍련을 캐러 남포로 가니
동정호 가을 물결에 작은 배만 놀라네.

♣ 느낌터

홍련에게 반하여 지은 시.
동정(洞庭) : 동정호, 중국의 큰 호수이름

♣ 배움터

蓮 : 연꽃 연(련)   探 : 탐할 탐
蝶 : 나비 접   摠 : ① 거느릴 총 ② 다 총 ③ 묶을 총
埰 : 성 채   紅 : 붉을 홍
浦 : 개 포   庭 : ① 뜰 정 ② 집안 정 ③ 조정 정
驚 : 놀랄 경

물놀이터
혜원 신윤복 18세기 종이에 채색 28.3×35.2㎝
간송미술관 소장

빨래터
김홍도 보물 제 527호
국립중앙박물관 소장

贈 妓
(증기)기생에게

| 却把難同調 | 還爲一席親 |
| 각 파 난 동 조 | 환 위 일 석 친 |

| 酒仙交市隱 | 女俠是文人 |
| 주 선 교 시 은 | 여 협 시 문 인 |

| 太半衿期合 | 成三意態新 |
| 태 반 금 기 합 | 성 삼 의 태 신 |

| 和携東郭月 | 醉倒落梅春 |
| 화 휴 동 곽 월 | 취 도 낙 매 춘 |

♣ **풀이마당**

처음에는 그대와 어울리기 어렵더니
도리어 한 자리에서 친하게 되었구려.

주선은 시외의 은사와 교제하기를 즐기니
여장부는 문장이나 다름 없도다.

옷깃이 절반은 이미 합해졌으니
셋을 이룬 태도가 새롭기만 하여라.

동곽의 월색을 찾아 서로 끼고 나가

매화꽃 떨어지는 향기에 취하고 싶소.

🍀 느낌 터

문장이 능통한 기녀와 의사상통하여 지은 시.
금기(衿期) = 통정하는 비기(秘期)
성삼(成三) = 기생의 얼굴과 달그림자와 술잔에 어린 기녀의 얼굴

🍀 배움 터

贈 : ① 보낼 증 ② 작위 줄 증
把 : ① 잡을 파 ② 쥘 파
調 : ① 고를 조 ② 균형잡을 조
親 : ① 친할 친 ② 어버이 친
交 : 사귈 교
是 : 이 시
態 : 모양 태
郭 : 성곽 곽

却 : 물리칠 각
爲 : 할 위
席 : 자리 석
仙 : 신선 선
俠 : 호협할 협
衿 : 옷깃 금
新 : 새로울 신

嚥乳章三章
(연유장삼장) 젖빠는 세 장면

父嚥其上 부 연 기 상	婦嚥其下 부 연 기 하
上下不同 상 하 부 동	其味則同 기 미 즉 동
父嚥其二 부 연 기 이	婦嚥其一 부 연 기 일
一二不同 일 이 부 동	其味則同 기 미 즉 동
父嚥其甘 부 연 기 감	婦嚥其酸 부 연 기 산
甘酸不同 감 산 부 동	其味則同 기 미 즉 동

♣ **풀이마당**

시아비가 그 위의 것을 빨고
며느리가 아래 것을 빠니
위 아래는 같지 않으나

그 맛은 똑같다네.
아비가 그 둘을 빨고
며느리는 그 하나를 빠는데
하나와 둘은 틀리지만
그 맛은 똑같다.
시아비는 그 단물을 빨고
며느리는 그 신 것을 빠니
달고 신 맛은 틀리나
그 쾌감은 똑같을지니.

♣ 느낌터

사랑방에서 정담이 벌어졌는데, 어떤 홀아비가 홀로된 며느리의 유종(乳腫 : 젖꼭지에 난 종기)이 나 그것을 빨아주었다는 이야기를 듣고 갑자기 해학기가 발동하여 지은 시.

♣ 배움터

嚥 : ① 빨 연 ② 삼킬　　　　　　乳 : ① 젖 유 ② 젖같은 액 유
味 : ① 맛 미 ② 기본, 뜻 미　　　則 : ① 법 칙 ② 곧 즉
酸 : ① 실 산 ② 아플 산 ③ 원소이름 산　甘 : 달 감
婦 : ① 며느리 부 ② 지어미 부 ③ 아내 부

애정편 381

춘화도 김홍도 19세기

춘화도 김홍도 19세기

두여인
혜원 신윤복 18세기 종이에 채색 27.1×28cm
서울대학교 박물관 소장

애정편 383

李氏之三女吟
(이씨지삼녀음) 이씨네 셋째 딸

折枝李之三枝
절 지 이 지 삼 지

知李家之三女
지 이 가 지 삼 녀

開面鏡面反覆
개 면 경 면 반 복

望晦間之來期
망 회 간 지 내 기

♣ 풀이마당

오얏나무 가지의 셋째 가지를 꺾으니
이씨집의 셋째 따님인줄 알리로다.

면경을 열어 반복하니
보름날 쯤 오라는 기약이로다.

♣ 느낌터

망회(望晦) = 보름과 그믐

♣ 배움터

折 : ① 꺾을 절 ② 타협할 절 ③ 일찍 죽을 절 ④ 꾸짖을 절
枝 : ① 가짓 지 ③ 육손이 지
開 : ① 열 개 ② 펼 개 ③ 깨우칠 개 ④ 개척할 개 ⑤ 시작할 개
面 : ① 낯, 얼굴 면 ② 탈 면 ③ 대할, 만날, 볼 면 ④ 겉, 면 면
望 : ① 바랄 망 ② 바라볼 망 ③ 원할 망 ④ 보름 망
鏡 : ① 거울 경 ② 거울삼을 경
晦 : ① 그믐 회 ② 어두울 회   覆 : 덮을 복(부)

봄나들이
혜원 신윤복 18세기 종이에 채색 28.3×35.2cm 간송 미술관 소장

妓生과의 合作
(기생과의 합작) 기생과 함께

平壤妓生何所能(金笠)　　能歌能舞又能詩(妓生)
평 양 기 생 하 소 능　　　능 가 능 무 우 능 시

能能其中別無能(金笠)　　月夜三更呼夫能(妓生)
능 능 기 중 별 무 능　　　월 야 삼 경 호 부 능

♣ 풀이마당

평양 기생이 잘 하는 게 무엇이냐?
노래도 잘하고 춤도 잘 추지만 시 또한 능하지요.

잘 한다고는 하지만 별로 잘하는 것이 없구나
달밝은 밤 남정네 부르는 일을 제일 잘합지요.

♣ 배움터

妓 : ① 기생 기 ② 갈보, 창녀 기
合 : ① 합할 합 ② 맞을 합 ③ 홉(양을 되는 단위) 홉　10홉은 1되
能 : ① 능할, 능히 할 능 ② 능력, 재능 능
舞 : ① 춤출, 춤 무 ② 환롱할 무
月 : ① 달 월(위성) ② 세월, 달 월

묵란
원정 민영익 (1860~1914)
종이에 수묵 65×42.2cm
동국대학교 박물관 소장

難 避 花
(난피화) 꽃을 피하기 어려워

靑春抱妓千金芥
청춘포기천금개

白日當樽萬事空
백일당준만사공

鴻飛遠天易隨水
홍비원천이수수

蝶過靑山難避花
접과청산난피화

♣ 풀이마당

청춘에 기생을 안고 도니 천금이 검불같고
대낮에 술두루미 기울이니 만사가 다 공허하여라.

하늘을 나는 기러기는 물을 좇아가기 쉽지만
나비가 청산을 지나는데 꽃을 피해가기 어려워라.

♣ 느낌터

김삿갓이 술집에서 젊은 기생을 만나 나비가 꿀이
샘솟는 꽃을 피해 가기 어렵다는 솔직한 사내의 심사를 표현.

♣ 배움터

避 : 피할, 면할 피
芥 : ① 겨자 개 ② 티끌, 천할 개
鴻 : ① 큰기러기 홍 ② 클 홍
飛 : ① 날 비 ② 빠를 비 ③ 높을 비 ④ 떠돌 비

抱 : 안을, 품을, 가질 포
樽 : 술단지 준

큰머리 여인
단원 김홍도 (1745~?) 종이에 채색 24.2×26.3cm
서울대학교박물관 소장

扶餘妓生과의 共作詩
(부여기생과의 공작시) 부여기생과 함께

白馬江頭黃犢鳴(金笠)　　老人山下少年行(妓生)
백 마 강 두 황 독 명　　　노 인 산 하 소 년 행

離家正初今三月(金笠)　　對客初更復三更(妓生)
이 가 정 초 금 삼 월　　　대 객 초 경 부 삼 경

澤裡芙蓉深不見(金笠)　　園中桃李笑無聲(妓生)
택 리 부 용 심 불 견　　　원 중 도 리 소 무 성

良宵可興比誰於(金笠)　　紫午山頭月正明(妓生)
양 소 가 흥 비 수 어　　　자 오 산 두 월 정 명

♣ **풀이마당**

백마강 머리 누런 송아지 울고
노인산 아래는 소년이 가고 있네.

정초에 집 떠났는데 어느새 삼월이구나
초저녁에 대한 손님 벌써 삼경입니다.

연못 속의 부용은 물이 깊어서 보지 못하겠고
동산에 핀 복숭아꽃은 웃되 소리가 없습니다.

이밤의 즐거움 비할바 없어라

자오산 봉우리에 둥근 달은 휘영청 밝습니다.

느낌터

부여에서 기생과 주거니 받거니 읊은 시.
자세히 들여다보면 은근히 여체를 탐하고 있음이 엿보인다.
택리부용심불견(澤裡芙蓉深不見)은 여체의 은밀한 곳을 보여달라는 것이다. 원중도화소무성(園中桃李笑無聲)은 기생도 원하고 있음을 암시하고, 자오산두월정명(紫午山頭月正明)은 남정네가 그리워 유두가 봉긋하게 붉어졌음을 말하고 있다.

배움터

扶 : ① 도울 부 ② 부축할 부   馬 : 말 마
芙 : ① 부용 부 ② 연꽃 부   蓉 : ① 연꽃 용 ② 부용 용
園 : ① 동산, 뜰 원 ② 능 원 ③ 밭 원   笑 : 웃음 소
澤 : ① 못 택 ② 윤택 ③ 은혜, 덕택 택
對 : ① 대답할 대 ② 대할, 마주볼 대 ③ 짝, 상대 대 ④ 적수, 대등할 대
良 : ① 어질, 온순할 량(양) ② 좋을 량(양) ③ 좀, 잠깐 양 ④ 진실로 양

酒 色
(주색) 술과 여자

渴時一滴如甘露　　醉後添盃不如無
갈 시 일 적 여 감 로　　취 후 첨 배 불 여 무

酒不醉人人自醉　　色不迷人人自迷
주 불 취 인 인 자 취　　색 불 미 인 인 자 미

♣ 풀이마당

목마를때 한잔술은 단이슬 같지만
취한 뒤에는 또 아니 먹음이 나을지니,
술에 사람이 취함이 아니요
사람 스스로가 취하도다.
여자가 남자를 반하게 하는 것이 아니라
남자 스스로가 반하도다.

♣ 느낌터

처음에는 사람이 술을 마시고 다음에는 술이 술을 마시고 나중에는 술이 사람을 마신다.

♣ 배움터

渴 : 목마를 갈
滴 : 물방울, 물방울 떨어질 적
醉 : ①술취할 취 ②침혹할 취
露 : ①이슬 로 ②드러날, 나타날, 드러낼 로
迷 : ①미혹할 미 ②길잘못들 미
甘露 : 하늘에서 내리는 불사(不死)의 단 이슬

盃 : 술잔 배
甘 : 달, 맛좋을 감
添 : 더할, 덧붙일 첨

주막도 혜원 신윤복 식생활

주막거리
단원 김홍도 19세기 초 종이에 수묵담채 28.5×236.8cm 개인 소장

嬌 態
(교태) 수줍은 미소

對月紗窓弄未休
대월사창농미휴

半含嬌態半含差
반함교태반함차

低聲暗聞相思否
저성암문상사부

手整金釵笑鮎頭
수정금채소점두

♣ 풀이마당

달 밝은 창가에서 마음이 오가니
수줍음 섞인 교태가 아름답구나
그리도 좋으냐고 나직이 물으니
금비녀 매만지며 고개 숙여 웃는구나.

♣ 느낌터

달밝은 밤 미인과 함께 정분을 나눔

♣ 배움터

嬌 : 아리따울, 아름다울 교
釵 : 비녀 채(차)
態 : 태도, 모양 태
紗 : 깁 사 (발이 성긴 얇은 비단)
弄 : ①희롱할 롱 ②놀, 즐길 롱 ③업신여길 롱
含 : ①머금을, 입에 넣을 함 ②품을, 생각할 함
   ③쌀, 담을 함 ④무궁주 함

差 : ①어긋날, 다를 차 ②나머지 차 ③병나을 차 ④견줄, 조금 차
    ⑤층질 차 ⑥부릴, 심부름꾼 차
否 : ①아니, 아닐 부 ②막힐 비 ③나쁠 비 ④괘이름 비

남녀
단원 김홍도(1745~?) 종이에 채색 24.2×26.3cm
서울대학교 박물관 소장

검무
혜원 신윤복(1758~?) 국보 제 135호
종이에 담채 28.3×35.2cm
서울 간송미술관 소장

춘화도 최우석 19세기

弄 處 女
(농처녀)처녀를 희롱함

(金笠) **毛長內闊**　　　　**必過他人**
　　　　모 장 내 활　　　　필 과 타 인

(處女) **溪邊楊柳不雨長**　**後園黃栗不蜂坼**
　　　　계 변 양 류 불 우 장　후 원 황 률 불 봉 탁

♣ 풀이마당

(김립) 털이 길고 속이 넓은 것을 보니
　　　 반드시 딴 사람이 먼저 지나갔으리라.
(처녀) 개울가 버들은 비가 오지 않아도 절로 자라고
　　　 뒷마당의 알밤은 벌이 쏘지 않아도 잘도 벌어지더라.

♣ 배움터

闊 : ①넓을, 너그러울 활 ②우둔할 활 ③성길 활 ④오래만나지 못할 활
溪 : 시내 계
邊 : ①가, 곁 변 ②국경, 변경 변 ③이자, 변리 변
蜂 : 벌 봉
坼 : 터질 탁
楊 : 버들 양
園 : ①동산, 뜰 원 ②능 원 ③밭 원
栗 : ①밤, 밤나무 률 ②떨, 두려워할 률 ③추위심할 률

춘화도 김홍도 19세기

玉 門
(옥문) 옥문

遠看似馬眼　　　　遠視如膿瘡
원 간 사 마 안　　　근 시 여 농 창

兩頰無一齒　　　　能食一船薑
양 협 무 일 치　　　능 식 일 선 강

♣ 풀이마당

멀리서 보니 흡사 말 눈깔 같은데
가까이 보면 마치 곪은 상처 같구나.
두 볼에 이빨 하나 없어도
한 척 배의 생강을 몽땅 먹어치웠다네.

♣ 느낌터

생강 농사를 지어 수확하여 시장에서 내다팔아 벌어들인 돈으로 주막집에서 여색에 빠져 돈을 탕진한 것을 풍자함.

♣ 배움터

玉 : ①옥 옥 ②아름다울, 훌륭할 옥 ③임금 옥
眼 : ①눈 안 ②요점 안
膿 : 고름 농
瘡 : ①부스럼, 상한데 창 ②연장에 다친데 창
頰 : 뺨 협
齒 : ①이 치 ②나이 치 ③늘어설, 벌일 치
船 : 배 선
薑 : 새앙 강

연당야유
혜원 신윤복 종이에 담채 28.3×35.2cm 국보 제135호 간송미술관 소장

선유(뱃놀이)
혜원 신윤복 종이에 담채 28.3×35.2cm 국보 제135호 간송미술관 소장

狂蝶忽飛
(광접홀비) 미친 나비 날아가다

昨夜狂蝶花裡宿　今朝忽飛向誰怨
작 야 광 접 화 리 숙　금 조 홀 비 향 수 원

♣ 풀이마당

미친 나비, 어젯밤에 꽃의 품속에 묻혀 자고
오늘 아침 훌쩍 날아가니 누구를 원망하리.

♣ 배움터

狂 : ①미칠, 미치광이 광 ②거셀, 사나울 광
蝶 : 나비 접
忽 : ①문득 홀 ②소홀히 할 홀
飛 : ①날 비 ②빠를 비 ③높을 비 ④떠돌, 근거없을 비
裡 : 속, 안 리
怨 : ①원망할, 미워할 원 ②원수 원 ③원한 원
誰 : ①누구 수 ②발어사 수

춘향전도(春香傳圖)
종이에 채색
85×28cm
경희대학교 박물관 소장

결혼
종이에 채색 64.5×33.5cm
고려대학교 박물관 소장

제 8장

雜 篇
잡 편

기산풍속도첩 중 '줄광대'
김준근 19세기말 28.5×35cm
함브르크박물관 소장

斷句一句
(단구일구) 짧은 시 한구절

| 萬事皆有定 | 浮生空自忙 |
| 만 사 개 유 정 | 부 생 공 자 망 |

풀이마당

세상만사는 모두 운명이 정해져 있거늘
허공에 뜬 인생들 공연히 헤매누나.

배움터

斷 : ① 끊을 단 ② 결단할 단
定 : 정할, 정해질 정
浮 : ① 뜰 부 ② 떠다닐, 근거없을 부 ③ 개여울, 들뜰 부 ④ 덧없을 부
忙 : 바쁠 망

無 題
(무제)무제

年年年去無窮去	日日日來不盡來
연 연 연 거 무 궁 거	일 일 일 래 부 진 래
年去日來來又去	天時人事此中催
년 거 일 래 래 우 거	천 시 인 사 차 중 최

♣ **풀이마당**

해마다 해는 가되 무궁토록 가고
날마다 날이 오되 다함 없이 오도다.

해가 가고 날이 오되 오고 또 가서
천시와 인간의 모든일 그 중에 생겨나도다.

♣ **배움터**

無 : 없을 무
又 : 또, 그 위에 우
時 : 때, 철 시
去 : ① 갈, 떠날, 피할 거 ② 거성 거 ③ 버릴, 물리칠, 없앨 거

諺 文 詩 ①
(언문시) 언문시

腰下佩기억(ㄱ)　　牛鼻穿이응(ㅇ)
요 하 패 기 억　　　우 비 천 이 응

歸家修리을(ㄹ)　　不然點디귿(ㄷ)
귀 가 수 리 을　　　불 연 점 디 귿

♣ 풀이마당

허리 아래 기억을 차고
쇠 코에 이응을 뚫었도다.

집에 돌아가 리을을 닦아라
그렇지 않으면 디귿에 점이 찍히니라.

♣ 느낌터

ㄱ은 낫을 뜻하고 ㅇ은 소 코뚜레를 가리키며 ㄹ은 한자의 몸 기(己)와 같고 ㄷ은 에 점을 하나 찍으면 망할 망(亡)자가 된다. 즉 열심히 농사짓고 학문을 닦지 않으면 패가망신한다는 시.

♣ 배움터

諺 : 속담, 속말, 상말 언　　　　腰 : 허리 요
佩 : ① 찰, 몸에 지닐 패 ② 패물, 노리개 패　　穿 : 뚫을 천
修 : ① 닦을, 익힐, 다스릴 수 ② 꾸밀 수 ③ 고칠 수 ④ 길 수
鼻 : ① 코 비 ② 그릇 손잡이 비 ③ 처음 비

諺文詩 ②
(언문시) 언문시

사면 기둥 붉었타

석양행객 시장타

네 절 인심 고약타

♣ 느낌터

금강산 중 어느 절에 들러 시장기를 때우고자 하였으나 스님 하는 말이 삿갓이 시인묵객이 것을 알았는지 한글로 "타"자를 운자로 부르는지라 이에 고약한 절 인심을 꼬집은 것.

형정도첩 중 '도박꾼 체포'
김윤보 19세기 말
종이에 수묵담채 개인 소장

山所訴出
(산소소출) 산소에 얽힌 고소장

堀去堀去彼隻之恒言이오
굴 거 굴 거 피 척 지 항 언

捉來捉本守之例言인데
착 래 착 본 수 지 예 언

今日明日하니 乾坤不老月長在
금 일 명 일   건 곤 불 로 월 장 재

此頉彼頉하니 寂寞江山今百年
차 탈 피 탈   적 막 강 산 금 백 년

♣ 풀이마당

파간다 파간다 함은 저쪽에서 늘 하는 말이요
잡아오라 잡아오라 함은 본관 사또가 으레히 하는 말이니

이렇게 오늘 내일 하는 사이에 세월은 자꾸 가고
이 핑계 저 핑계 하는 사이에 적막강산은 어느덧 백년이로다.

♣ 느낌터

어느 중년 부인이 죽은 자기 남편의 묘 앞에 다른 사람이 새로 묘를 썼는데, 이것을 파가라고 하였으나 그저 "파간다 파간다" 말만

하고 파가지 않았다. 또 군수에게 호소해도 "그놈 잡아온다 잡아온다"하면서 잡아오지 아니하므로 이것을 방랑객 김삿갓에게 부탁하니 즉석에서 이같은 글을 지어 군수에게 올리니 이 글을 본 군수가 그 기지에 탄복하여 즉시 해결이 되었다는 소지(訴誌)임.

♣ 배움터

堀 : ① 굴 굴 ② 팔 굴 ③ 냅뜰 굴
隻 : ① 외짝 척 ② 척(배 세는 단위) 척
頉 : ① 탈, 탈날 탈 ② 기를 이
訴 : ① 하소연할 소 ② 송사할 소
彼 : 저, 저편 피
恒 : 항상, 떳떳할 항

형정도첩 중 '죄 지은 여인 매질'   김윤보

잡편 411

求鷹判題
(구응판제) 매를 잡아오너라

得於青山하여　失於青山하니
득 어 청 산　　　실 어 청 산

問於青山하여　青山不答커든
문 어 청 산　　　청 산 부 답

青山을 卽刻 捉來하렸다.
청 산　즉 각　착 래

♣ 풀이마당

청산에서 잡았다가 청산에서 놓쳤으니
청산에게 물어보아 청산이 대답하지 않거든
청산이 죄가 있으니 청산을 당장 잡아오렷다.

♣ 느낌터

김삿갓이 어느 고을을 지나다가 그 지방 태수가 매를 잡았다가 놓치고선 아전들을 호통치는 것을 보고 그 고을 태수의 어리석음을 빗대어 지은 시.

♣ 배움터

捉 : 잡을 착　　　　　　　　失 : 잃을 실

例 : ① 법식, 조목 례(예) ② 보기, 예 례(예)
判 : ① 판단할 판 ② 구별이 똑똑할 판
於 : ① 어조사 어 ② 탄식하는 소리 오
答 : ① 대답할 답 ② 갚을 답
卽 : ① 곧 즉 ② 즉 즉 ③ 나아갈 즉
刻 : ① 새길 각 ② 모질, 몰인정할, 심할 각 ③ 시각 각

노승과 사미승
작자 미상 18세기 초반 27.9×22㎝ 국립중앙박물관 소장

破來訴題
(파래소제) 파래소제

深秋一葉이 病於嚴霜하여 落於微風하니
심추일엽　　병어엄상　　　낙어미풍

嚴霜之故耶아 微風之故耶아.
엄상지고야　　미풍지고야

♣ 풀이마당

깊은 가을에 한닢의 나뭇잎이 서리에 병들어 미풍에 떨어지니 서리 탓이냐? 아니면 미풍 탓이냐?

♣ 배움터

破 : ① 깨뜨릴 파 ② 다할 파 ③ 쪼갤 파
訴 : ① 하소연할 소 ② 송사할 소
嚴 : ① 엄할 엄 ② 혹독할 엄 ③ 경계할 엄 ③ 공정할 엄
落 : 떨어질 락
微 : ① 작을, 적을, 미미할 미 ② 정묘할 미 ③ 숨을, 몰래 미
　　④ 천할 미 ⑤ 어렴풋할 미

소나무 숲속에서의 이야기
고송유수관도인 이인문 (1745~1821)
종이에 수묵 담채 24.5×33.6㎝
국립중앙박물관 소장

잡편 415

수하오수도
윤두서 18세기 초
해남 윤씨 가전 고화첩 31.8×24.8cm
나무밑에서 낮잠을 즐기는 선비

墓 爭
(묘쟁) 묘에 대한 분쟁

以士大夫之女로 臥於祖父之間하니
이 사 대 부 지 녀　　와 어 조 부 지 간

付之於祖乎이까 付之於父乎이까.
부 지 어 조 호　　　　부 지 어 부 호

♣ 풀이마당
사대부의 딸로서 할아버지와 아버지 사이에 누웠으니
할아버지께 붙이리까 아버지에게 붙이리까?

♣ 느낌터
어느 선비가 딸의 묘를 남의 묘지에 써서 분쟁이 벌어졌는데 이를
조롱하여 지은 시.

♣ 배움터
墓 : 무덤 묘　　　　　　　　爭 : ① 다툴 쟁 ② 간할 쟁
夫 : ① 사내 부 ② 지아비, 남편 부 ③ 일하는 남자 부
臥 : 누울 와
祖 : ① 할아버지 조 ② 선조, 조상 조 ③ 근본, 시초 조
父 : ① 아비, 아버지 부 ② 늙으신네 부 ③ 남자 미칭 보
女 : ① 계집, 여자 녀(여) ② 딸 녀 ③ 너 여

犢價訴題
(독가소제) 송아지값 소송

四兩七錢之犢을　放於靑山綠水하여
사 냥 칠 전 지 독　　　방 어 청 산 녹 수

養於靑山綠水러니　隣家飽太之牛가
양 어 청 산 녹 수　　　인 가 포 태 지 우

用其角於此犢하니　如之何則可乎리오.
용 기 각 어 차 독　　　여 지 하 칙 가 호

♣ 풀이마당

넉량 칠푼 주고 산 송아지를
청산녹수에 놓아서
청산녹수에 기르고자
이웃집 콩을 배불리 먹은 소가
그 뿔로 송아지를 받았으니
어찌하면 좋으리까?

♣ 배움터

犢 : 송아지 독　　　　　價 : 값 가
放 : ① 놓을 방 ② 내쫓을 방 ③ 방자할 방 ④ 내버려둘 방
養 : ① 기를 양 ② 가르칠 양 ③ 다스릴 양 ④ 분양할 양
飽 : ① 배부를 포 ② 물릴 포 ③ 찰, 가득할 포

訃 告
(부고)부고

$$柳柳\ 花花$$
유 유 화 화

♣ 풀이마당

버들버들(부들부들) 하다가 꼿꼿(꼿꼿)하였구나.

♣ 느낌터

즉 부들부들 떨다가 꼿꼿하게 굳어졌다는 풍자.

♣ 배움터

告 : ① 알릴, 여쭐 고 ② 하소연할, 고소할 고 ③ 뵙고 청할 곡
計 : ① 셈할, 계산할 계 ② 꾀, 꾀할 계
柳 : 버들 류(유)

輓　詞①
(만사) 만사

同知生前雙同知	同知死後獨同知
동 지 생 전 쌍 동 지	동 지 사 후 독 동 지
同知足去此同知	地下願作雙同知
동 지 족 거 차 동 지	지 하 원 작 쌍 동 지

♣ 풀이마당

동지 생전에 쌍둥이처럼 지냈는데
동지가 먼저 갔으니 이제 나혼자로세.

동지가 간 길을 나도 따라 갈터이니
지하에서도 우리 동지하세나.

♣ 배움터

輓 : ① 수레끌 만 ② 애도할 만 ③ 늦을 만
詞 : ① 말 사 ② 글 사 ③ 문체의 하나 사
同 : ① 한가지, 함께, 같을 동 ② 화할 동
知 : ① 알, 분별할, 깨달을 지 ② 주관할, 주장할 지
生 : ① 날, 낳을, 생길 생 ② 삶, 살 생 ③ 기를, 자랄 생
　　④ 설, 서투를 생 ⑤ 싱싱할 생 ⑥ 백성 생
死 : ① 죽을, 죽일, 죽음 사 ② 생기없을 사 ③ 죽음을 무릅쓸 사

輓 詞 ②
(만사) 만사

歸何處　歸何處
귀 하 처　귀 하 처

三生瑟　五采衣
삼 생 슬　오 채 의

都棄了　歸何處
도 기 료　귀 하 처

♣ 풀이마당

어디로 가려오 어디로 가려오
처자식 온갖 부귀영화
다 버리고 어디로 가려하오.

♣ 배움터

瑟 : 큰 거문고 슬
采 : ① 캘, 가려취할 채 ② 빛, 무늬 채 ③ 색, 비단 채
　　 ④ 풍채, 풍신 채 ⑤ 벼슬 채 ⑥ 식읍 채
都 : ① 도읍, 서울 도 ② 도회지 도 ③ 모두 도
棄 : 버릴 기
了 : ① 마칠 료 ② 깨달을, 이해할, 알 료 ③ 밝을 료

有誰知　有誰知
유 수 지　유 수 지

黑漆漆　長夜中
흑 칠 칠　장 야 중

獨啾啾　有誰知
독 추 추　유 수 지

♣ 풀이마당

누가 알리오 누가 알어
칠흑 같이 어두운 긴 밤에
홀로 우는 이 심정 누가 알리오.

♣ 배움터

誰 : ① 누구 수 ② 발어사 수
漆 : ① 옻칠할 칠 ② 검을 칠 ③ 캄캄할 칠
啾 : ① 두런그릴 추 ② 웅성거릴, 찍찍거릴 추

何時來　何時來
하 시 래　하 시 래

千疊山　萬重水
천 첩 산　만 중 수

此一去　何時來
차 일 거　하 시 래

♣ 풀이마당

언제 다시 오려오 언제 오려하오
산첩첩 물길 만리 먼 길
이제 가면 언제 오려오.

♣ 느낌터

삼생슬(三生瑟)=아내를 말함.
오채의(五采衣)=자녀들을 말함.

♣ 배움터

時 : 때, 철 시
疊 : 거듭할, 포갤, 겹칠 첩
重 : ① 무거울, 두터울 중 ② 위급할, 심할 중 ③ 중히 여길 중
　　 ④ 무게 중 ⑤ 거듭할 중

開春詩會作
(개춘시회작) 봄을 여는 시회에서

떼꺽떼꺽 登南山
　　　　　등　남　산

씨근벌떡 息氣散
　　　　　식　기　산

醉眼朦朧 굽어 觀
취　안　몽　롱　　　　관

울긋불긋 花爛漫
　　　　　화　란　만

🍀 **풀이마당**

떼꺽떼꺽 남산에 오르자니
씨근벌떡 숨이 차네.

술이 취해 몽롱한 눈으로 굽어보니
울긋불긋 꽃이 피어 만발하구나.

🍀 **배움터**

會 : ① 모을, 모일 회 ② 맞을 회 ③ 깨달을 회 ④ 기회 회 ⑤ 회계 회
　　⑥ 그림 회
作 : ① 지을, 만들 작 ② 일으킬, 일어날 작 ③ 행할, 드러낼 작
　　④ 삼을, 만들 작 ⑤ 일할 작 ⑥ 작품 작 ⑦ 농사 작
息 : ① 숨쉴 식 ② 쉴, 그칠 식 ③ 살, 생존할 식 ④ 자식 식 ⑤ 이자 식
氣 : ① 기운, 힘 기 ② 숨 기 ③ 기체 기 ④ 자연현상 기
散 : ① 흩을, 흩어질 산 ② 한가로울 산 ③ 가루약 산 ④ 문체, 산문 산
爛 : ① 빛날, 밝을 란 ② 멜, 헐, 문드러질 란
　　③ 무르녹을, 지나치게 익을 란

諺文風月
(언문풍월)언문풍월

青松 듬성 듬성 立 청 송　　　　　립	人間 여기 저기 有 인 간　　　　　유
所謂 엇뚝 삣뚝 客 소 위　　　　　객	平生 쓰나 다나 酒 평 생　　　　　주

♣ 풀이마당

푸른 소나무 듬성듬성 서있고
사람들은 여기저기 있다.

소위 엇뚝 삣뚝 하는 손들이
평생 쓰나 다나 술만 마신다.

♣ 느낌터

한시를 짓는 시인묵객들 중에 한글을 한시(漢詩) 운율에 맞춰 짓는 시인은 김삿갓 외에 누가 또 있었을까. 삿갓의 시에는 술을 자주 좋아했음이 나타난다.

諺文眞書 섞어作
(언문진서 섞어작) 한글과 한문을 섞어지음

諺文眞書 섞어作
언 문 진 서　　　　작

是耶非耶皆吾子
시 야 비 야 개 오 자

♣ 풀이마당
한글과 한문을 섞어 지었다고
시비 거는 사람 모두 다 내아들이다.

♣ 느낌터
언문(諺文) = 한글을 낮추어서 하는말
진서(眞書) = 한문

♣ 배움터
眞 : ① 참, 거짓아닐, 바를 진 ② 사진, 화상 진
耶 : ① 어조사 야(의문을 나타냄) ② 아버지 야
吾 : 나 오

破 韻 詩
(파운시) 파운시

頭字韻中本無春	呼韻先生似變頭
두 자 운 중 본 무 춘	호 운 선 생 사 변 두
飢日常多飽日或	客到門前立筇太
기 일 상 다 포 일 혹	객 도 문 전 입 공 태

♣ 풀이마당

머리 두(頭)자 운부(韻部)에는 본래 봄 춘(春)자가 없는데
운을 부르는 선생의 머리가 돌았나부다.

굶는 날이 항상 많고 배부른 날이 혹 있으니
나그네(김삿갓)가 문전에 지팡이를 "콩"하고 세운다.

♣ 느낌터

시회장에서 춘,두,혹,태("春 頭 或 太")의 운(韻)자를 부르는 선생이 무식하다는 것을 꾸짖는 시.

♣ 배움터

破 : ① 깨뜰릴, 깨어질 파 ② 다할 파 ③ 짜갤 파
韻 : ① 운 운 ② 운치 운
飢 : ① 주릴 기 ② 흉년들 기
常 : ① 떳떳할 상 ② 항상, 늘 상 ③ 법 상 ④ 보통 상 ⑤ 상사람 상
太 : ① 클 태 ② 콩 태 ③ 처음 태 ④ 심할 태

祝文詩
(축문시)축문시

年年臘月十五夜
년년납월십오야

君家祭祀乃自知
군가제사내자지

祭奠登物用刀疾
제전등물용도질

獻官執事皆告謁
헌관집사개고알

♣ 풀이마당

해마다 돌아오는 섣달 보름날 밤이
그대 집의 제사인줄을 스스로 알았어라.

제사에 올린 음식은 칼솜씨도 빨라서
헌관과 집사 모두 정성을 드리는구나.

♣ 느낌터

어느 집 제사에 가서 푸대접을 받고 축문 아닌 욕문(辱文)을 지은 것. 用刀疾, 乃自知, 皆告謁 모두 음 그대로 읽으면 욕설이다.

♣ 배움터

祭 : 제사 제   祀 : 제사 사   獻 : 드릴 헌   皆 : 다 개
乃 : ① 이에, 곧 내 ② 너 내   謁 : ① 아뢸 알 ② 뵐 알
祝 : ① 빌, 축하할 축 ② 축 문 ③ 끊을 축
奠 : ① 정할 전 ② 전올릴 전 ③ 바칠 전
疾 : ① 병 질 ② 괴로워할 질 ③ 미워할 질 ④ 빠를 질

破格詩
(파격시) 파격시

天長去無執 천 장 거 무 집	花老蝶不來 화 로 접 불 래
菊樹寒沙發 국 수 한 사 발	技影半從地 기 영 반 종 지
江亭貧士過 강 정 빈 사 과	大醉伏松下 대 취 복 송 하
月移山影改 월 이 산 영 개	通市求利來 통 시 구 리 내

♣ 풀이마당

하늘이 멀어서 가도가도 잡을 수 없고
꽃도 늙으면 나비가 찾지 아니하나니.

국화포기는 찬 모래밭에 피는데
꽃가지는 땅에 닿을 듯 늘어졌어라.

강 가 정자에 가난한 선비 지나가다가
취했는지 소나무 아래 엎드렸구나.

달이 기울매 산 그림자 달라졌는데

장꾼들은 돈벌러 오는구나.

♣ 느낌터

이 시를 한글 음을 따라 풀어보면 재미있다.
"천장에는 거미집이 끼고, 화로에선 곁불냄새가 난다. 국수는 한 사발인데 지영(간장)반종지고 강정, 빈 사과, 대추, 복숭아라, 월리(개 부르는 소리; 워리) 사냥개는 통시에 구린내 맡고 오더라."

♣ 배움터

格 : ① 격식 격 ② 정도, 품위 격 ③ 이를 격 ④ 대적할 격
　　　⑤ 자리 격 ⑥ 그칠 각
執 : ① 잡을, 가질 집 ② 벗 집
樹 : ① 나무 수 ② 심을 수 ③ 세울 수
技 : 재주, 재능 기
從 : ① 좇을 종 ② 일할 종 ③ ~에서, ~부터 종 ④ 조용할 종
　　　⑤ 세로 종 ⑥ 모실 종 ⑦ 친족관계 종
伏 : ① 엎드릴 복 ② 숨을, 감출 복 ③ 따를, 복종할 복 ④ 절후 복
　　　⑤ 알품을 부
蝶 : 나비 접
菊 : 국화 국

430 방랑시인 김삿갓

강산무진
고송류수반도인 이인문 (1745 ~ 1821) 비단위 수묵담채 44.1×856㎝ 국립중앙박물관 소장

問杜鵑花消息
(문두견화소식) 진달래 소식을 물음

問爾窓前鳥	何山宿早來
문 이 창 전 조	하 산 숙 조 래
應識山中事	杜鵑花發耶
응 식 산 중 사	두 견 화 발 야

♣ 풀이마당

창문 앞에 와서 우는 새야
어느 산에서 자고 이리도 일찍 왔느냐?

산 소식을 네 알터이니
진달래꽃이 피었더냐?

♣ 배움터

問 : ① 물을, 물음 문 ② 문초할 문 ③ 방문할, 찾을 문
消 : ① 끌, 꺼질, 사라질 소 ② 물러설 소 ③ 삭일 소 ④ 거닐 소
　　⑤ 줄 소
爾 : ① 너 이 ② 그 이 ③ 어조사 이
早 : 일찍, 이를 조
應 : ① 응할, 대답할 응 ② 응당 응
發 : ① 필 발 ② 쏠 발 ③ 일어날 발 ④ 떠날 발 ⑤ 낼 발
　　⑥ 들출 발 ⑦ 드러낼 발 ⑧ 밝힐 발

虛言詩
(허언시) 헛소리

| 青山影裡鹿抱卵 | 流水聲中蟹打尾 |
| 청산영리록포란 | 유수성중해타미 |

| 夕陽歸僧髻三尺 | 機上織女閬一斗 |
| 석양귀승계삼척 | 기상직녀랑일두 |

(或曰 滄海波中蟹搖尾)
(혹왈 창해파중해요미)

♣ 풀이마당

청산 그림자 속에는 사슴이 알을 품었고
흐르는 물속에는 게가 꼬리를 치는구나.

석양에 돌아가는 중은 상투가 석 자나 되고
베틀 위에 베짜는 여자 불알이 한 말이더라.

♣ 배움터

虛 : ① 빌, 헛될 허 ② 약할 허
搖 : 흔들, 흔들릴 요
打 : ① 칠 타 ② 타, 타스(12개를 1단위) 타 ③ 동사 앞에 접두사 타
尾 : ① 꼬리 미 ② 끝 미 ③ 흘레할 미
滄 : ① 푸를 창 ② 찰, 싸늘할 창 ③ 큰바다 창
卵 : ① 알 란 ② 기를 란
蟹 : 게 해

與詩客詰据
(여시객힐거) 시객과 더불어

石上難生草 석 상 난 생 초	房中不起雲 방 중 불 기 운
山間是何鳥 산 간 시 하 조	飛入鳳凰群 (詩客) 비 입 봉 황 군
我本天上鳥 아 본 천 상 조	常留五採雲 상 류 오 채 운
今宵風雨惡 금 소 풍 우 악	誤落野鳥群 (金笠) 오 락 야 오 군

♣ **풀이마당**

돌 위에는 풀 나기 어렵고
방 가운데는 구름 일지 않나니.

산간에 이 무슨 새가
봉황들 노는데 날아드는고?

나는 본래 천상의 새로서
항상 오색구름위에서 머물렀노라.

오늘 밤 비바람이 사나워 어쩌다

까마귀 노는 들판에 떨어졌나니.

🍀 느낌터

김삿갓이 낯선 고을에서 시인들이 모여 시회를 열고 있는 자리에 불청객으로 기웃거리게 되었다. 이때 어느 시객 한 사람이 김삿갓을 보고 모멸감을 주는 시를 읊는지라 이에 삿갓 특유의 되받아치기로 한 방 먹여준 시.

🍀 배움터

詰 : ① 힐난할 힐 ② 꾸짖을, 죄물을 힐
房 : ① 방 방 ② 별이름 방 ③ 송이 방
起 : ① 일어날, 설 기 ② 일으킬, 시작할 기
誤 : 그르칠, 잘못, 틀릴 오

詎 : 말 법있을 거
是 : ① 이 시 ② 옳을 시
雨 : 비, 비올 우

석난
소호 김응원(1855~1921) 종이에 수묵 12.4×16.2cm 이대 박물관 소장

濁酒來期
(탁주내기) 탁주내기

主人呼韻太環銅	我不以音以鳥熊
주인호운태환동	아불이음이조웅
濁酒一盆速速來	今番來期尺四蚣
탁주일분속속래	금번내기척사공

♣ 풀이마당

주인이 부른 운자는 너무 '고리'고 '구리'니
나는 음으로 하지 않고 '새김'으로 하겠네.

탁주 한 동이를 속히 가져오너라
이번 '내기'는 '자네'가 '지네'

♣ 느낌터

어느 시객과 탁주 내기 시를 짓는데, 상대방이 부르는 '동(銅)'
'웅(熊)' '공(蚣)' 자 운에 즉답한 것.
내기(來期) = 우리 말의 내기를 한자 음으로 쓴 것
환동(環銅) = 고리 환(環), 구리 동(銅)이므로 고리고 구리다는
　　　　　　말 대신 썼다.
조웅(鳥熊) = 새곰→새김
척사(尺四) = 자넷→자네
공(蚣) = 지네→지네

🍀 배움터

濁 : ① 흐릴 탁 ② 어지러울 탁
環 : ① 고리 환 ② 두를 환 ③ 둥근 구슬 환
蚣 : ① 지네 공 ② 메뚜기 송(공)
番 : ① 차례 번 ② 번, 번들, 번갈 번 ③ 횟수 번

熊 : 곰 웅
盆 : 동이 분
速 : 빠를 속

수공 선거도 부분 조영석

僧風惡
(승풍악)승풍악

榻上彼金佛	何事坎中連
탑 상 피 금 불	하 사 감 중 연
此寺僧風惡	擇日欺西歸
차 사 승 풍 악	택 일 기 서 귀

♣ 풀이마당

의자 위에 앉은 저 금불상은
무슨 일로 무덤 속의 얼굴을 하고 있는고

아마도 이 절 중의 고약한 성정 때문에
날 받아서 서쪽으로 떠날 모양일러라.

♣ 느낌터

김삿갓이 절을 찾는 연유는 불공 때문이 아닐 것이다. 다만 한 끼의 주린 배를 채울까 해서였을 터, 중이 냉대를 하자 그 성깔에 그냥 있을 리 없잖은가. 그래서 한 마디 쏘아붙인 시.

♣ 배움터

惡 : ① 악할, 나쁠 악 ② 더러울, 추할 악 ③ 미워할 오
佛 : ① 부처, 불교 불 ② 프랑스의 약칭 불
坎 : ① 구덩이 감 ② 괘이름 감 ③ 험할, 고행할 감
榻 : 걸상 탑(긴 걸상)　　　　欺 : 속일, 거짓말할 기

破字詩
(파자시)파자시

仙是山人佛不人　　　鴻惟江鳥鷄奚鳥
선 시 산 인 불 불 인　　홍 유 강 조 계 해 조

氷消一點還爲水　　　兩木相對便成林
빙 소 일 점 환 위 수　　양 목 상 대 편 성 림

♣ 풀이마당

선(仙)은 山人이요 불(佛)은 不人이라
홍(鴻)은 江鳥요 계(鷄)는 해조(奚鳥)로다.

빙(氷)자에서 점 하나 사라지니 수(水)자가 되고
나무 두 그루 마주보고 있으니 림(林)을 이루었다.

♣ 느낌터

선(仙)＝人＋山　　　계(鷄)＝奚＋鳥
불(佛)＝人＋弗(不)　 빙(氷)＝'＋水
홍(鴻)＝江＋鳥　　　림(林)＝木＋木

♣ 배움터

破 : ① 깨뜨릴, 깨어질 파 ② 다할 파 ③ 쪼갤 파
鷄 : 닭 계
氷 : 얼음, 얼 빙
奚 : ① 어찌 해 ② 종 해 ③ 종족이름 해

還 : ① 돌아올, 돌아갈 환 ② 돌릴, 돌려줄 환
便 : ① 편할, 편리할 편 ② 아첨할 편 ③ 소식 편 ④ 편할, 편안할 편
　　⑤ 문득, 곧 편 ⑥ 쪽 편
弗 : ① 아닐 불=不(부정하는 말) ② 어길 불
　　③ 미국의 화폐단위인 달러의 약칭

경직도 변계량 종이에 담채

川獵국
(천렵국) 천렵국

鼎冠撑石小溪邊
정 관 탱 석 소 계 변

白粉青油煮杜鵑
백 분 청 유 자 두 견

雙箸挾來香滿口
쌍 저 협 래 향 만 구

一年春色腹中傳
일 년 춘 색 복 중 전

♣ 풀이마당

작은 시냇가에 돌위에 솥을 걸고
흰 밀가루와 푸른 기름으로 진달래꽃 전을 붙이고

젓가락으로 집어다 먹으니 향이 입안에 가득하고
일년 봄맛이 뱃속으로 퍼지네.

♣ 배움터

獵 : 사냥할, 사냥 렵(엽)
油 : ① 기름 유 ② 사물의 모양 유
挾 : 낄, 가질, 품을 협
傳 : ① 전할 전 ② 펼 전 ③ 옮길 전 ④ 전기 전 ⑤ 역 전
邊 : ① 가, 곁 변 ② 국경, 변방 변 ③ 이자, 변리 변

鼎 : 솥, 세발솥 정
煮 : 삶을 자
腹 : ① 배 복 ② 마음 복

풍죽
이정(1541~?) 비단위 수묵 90×35.8cm 개인 소장

자유로운 학
허주 이징 (1581~1645) 비단위 수묵담채 22.9×26cm
고려대학교 박물관 소장

警 世
(경세) 사람들아 들어라

富人困富貧困貧　　飢飽雖殊困則均
부 인 곤 부 빈 곤 빈　　기 포 수 수 곤 칙 균

貧富俱非吾所願　　願爲不富不貧人
빈 부 구 비 오 소 원　　원 위 불 부 불 빈 인

♣ 풀이마당

부자는 부자대로 어려움이 있고 가난한 자는
가난한 대로 어려움이 있는 법이니
주리고 배부른 것이 다를 뿐 괴로움은 매한가지로다.

가난도 부자도 내가 원하는 바는 아니요
부하지도 가난하지도 않은 사람이 되길 원할 뿐이노라.

♣ 느낌터

세상은 부자와 가난한 자가 한데 어우러져 사는 것이다. 가난한 자의 눈에 비친 부자가 무슨 걱정이 있을까 싶지만 부자나 가난한 자나 걱정 없는 사람은 없는 법. 김삿갓은 단장에 삿갓 하나가 의관의 전부요, 가는 곳마다 시재(詩材)를 얻었다. 이 세상에 살다 간 뭇 사람 중에 김삿갓만큼 자유롭던 사람이 있었을까.

♣ 배움터

警 : ① 경계할 경 ② 깨달을, 깨우칠 경
貧 : ① 가난할 빈 ② 모자랄 빈

殊 : ① 다를 수 ② 죽일 수 ③ 뛰어날 수
困 : ① 곤할, 노곤할, 지칠 곤 ② 어려울, 괴로울, 가난할 곤
俱 : ① 함께, 다 구 ② 갖출 구
富 : ① 가멸, 넉넉할 부
均 : 고를, 평평할 균
願 : ① 원할, 바랄, 소원 원

무당춤
혜원 신윤복 (1758 ~ ?) 국보 제 135호
종이에 담채 28.3×35.2㎝
간송미술관 소장

貪 吟
(빈음)가난을 읊음

盤中無肉權歸菜	廚中乏薪禍及籬
반중무육권귀채	주중핍신화급리
姑婦食時同器食	出門父子易衣行
고부식시동기식	출문부자역의행

♣ 풀이마당

밥상에 고기가 없으니 권한은 채소에 돌아가고
부엌에 땔감이 떨어지니 울타리가 남아나지 않도다.

고부가 밥 먹을 때 한 그릇에 먹고
부자가 출입할 때 옷을 서로 바꿔 입는구려.

♣ 느낌터

가난한 살림살이를 잘 표현해 낸 시이다. 밥상에 채소반찬 뿐이고 땔나무마저 넉넉지 않고, 외출복도 없어서 옷 한 벌을 부자가 서로 바꿔가며 입는 딱한 처지를 보고 읊은 시.

♣ 배움터

盤 : ① 소반 반 ② 쟁반 반 ③ 받침, 바탕 반 ④ 서릴 반
肉 : ① 고기, 살 육 ② 몸 육 ③ 혈연 육
權 : ① 권세 권 ② 권도, 방편 권 ③ 저울 권
薪 : 땔나무, 섶나무 신

姑 : ① 시어미 고 ② 고모 고 ③ 아직, 잠깐 고
菜 : 나물 채
易 : ① 바꿀 역 ② 주역 역 ③ 쉬울, 편할 이
器 : ① 그릇 기 ② 재능, 국량 기
禍 : 재화, 재앙, 허물 화
籬 : 울타리 리

바느질
조영석 18세기 초반 종이에 수묵담채 22.5×27cm 개인 소장

自 傷
(자상) 스스로 아픔

哭子靑山又葬妻
곡 자 청 산 우 장 처

風酸日落轉凄凄
풍 산 일 락 전 처 처

忽然歸家如僧舍
홀 연 귀 가 여 승 함

獨擁寒衾坐達鷄
독 옹 한 금 좌 달 계

♣ 풀이마당

청산에 아들을 묻고 아내마저 장사 지내니
서산에 해지고 바람마저 시름 깊구나.

집에 돌아오니 절간처럼 쓸쓸하고
홀로 찬 이불 끌어안고 닭 울기만 기다리네.

♣ 느낌터

일락(日落) = 일모(日暮)
전(傳) = 비상(非常)히

♣ 배움터

妻 : ① 아내 처 ② 시집보낼 처
轉 : ① 구를, 굴릴, 돌 전 ② 옮길 전
凄 : 쓸쓸할, 춥고 쓸쓸할 처
傷 : ① 상할, 다칠 상 ② 해칠 상 ③ 애태울 상

葬 : 장사, 장사지낼 장
酸 : ① 실, 신맛 산 ② 아플, 슬플 산 ③ 원소이름 산
衾 : 이불 금
含 : ① 머금을 함 ② 품을, 생각할 함 ③ 쌀, 담을 함
擁 : ① 안을 옹 ② 부축할 옹 ③ 가질 옹 ④ 막을 옹
達 : ① 통달할, 깨달을 달 ② 이를 달 ③ 나타날 달 ④ 능숙할 달
     ⑤ 올릴 달
哭 : 울 곡(큰소리로)

무동
단원 김홍도 국립중앙박물관 소장

艱 貧
(간빈) 가난

地上有仙仙見富	人間無罪罪有貧
지 상 유 선 선 견 부	인 간 무 죄 죄 유 빈
莫道貧富別有種	貧者還富富還貧
막 도 빈 부 별 유 종	빈 자 환 부 부 환 빈

♣ 풀이마당

지상에 신선이 있다면 부자가 신선으로 보이고
인간이 무슨 죄냐 가난이 죄이로다.

가난함과 부자가 따로 있다고 이르지 말라
가난과 부자는 돌고 도는 것이라오.

♣ 느낌터

하룻밤 유숙을 거절당한 김삿갓은 초라한 오두막집 문을 두드렸다. 다행히 그곳에서 하룻밤을 보낸 김삿갓은 인정의 소중함이 얼마나 중요한 것인가를 새삼 깨달았고 가난은 죄가 아니라는 말로 가난한 집 주인을 위로했다.

♣ 배움터

艱 : ① 어려울, 괴로울, 괴로워할 간 ② 부모의 상 간
罪 : 허물, 죄 죄
莫 : ① 아닐, 말없을 막 ② 더할 수 없을 막 ③ 저물 모
別 : ① 다를 별 ② 헤어질 별 ③ 나눌, 분별할 별

吟空歌
(음공가) 허황된 노래

甚寒漢高祖	不來陶淵明
심 한 한 고 조	불 래 도 연 명
欲擊始皇子	豈無楚霸王
욕 격 시 황 자	기 무 초 패 왕

♣ **풀이마당**

한고조(漢高祖 ; 유방(劉邦))이 심히 추우니
도연명(陶淵明 ; 도잠(陶潛))이 오지 않더라.

진시황(秦始皇 ; 부소(扶蘇))의 아들을 치고자 하니
어찌 초패왕(楚霸王 ; 항우(項羽))가 없으랴.

♣ **배움터**

甚 : 심할, 더욱, 매우 심
祖 : ① 할아버지 조 ② 선조, 조상 조 ③ 시초, 근본, 시조 조
擊 : ① 칠 격 ② 눈마주칠 격
始 : 비로소, 비롯할, 시작할, 처음 시

自 嘆
(자탄) 스스로 탄식함

嗟乎天地間男兒	知我平生者有誰
차 호 천 지 간 남 아	지 아 평 생 자 유 수
萍水三千里浪跡	琴書四十年虛詞
평 수 삼 천 리 낭 적	금 서 사 십 년 허 사
青雲難力致非願	白髮惟公道不悲
청 운 난 력 치 비 원	백 발 유 공 도 불 비
驚罷還鄉夢起坐	三更越鳥聲南枝
경 파 환 향 몽 기 좌	삼 경 월 조 성 남 지

♣ 풀이마당

슬프다 천지간 남아들아
자기 평생을 아는 자 그 누구냐.

삼천리 방방곡곡 방랑한 흔적이요
금서(琴書) 사십년이 덧없노라.

청운은 힘으로 이루기 어려워 하려하지 않고
백발이 오직 공도이니 슬퍼하지 않노라.

고향으로 가는 꿈에 놀라 일어나 앉으니

삼경을 넘기는 새소리 나뭇가지 걸려있네.

♣ 배움터

嗟 : ① 탄식할 차 ② 찬탄할 차
男 : ① 사내 남 ② 아들 남 ③ 작위 이름 남
平 : ① 평평할 평 ② 다스릴 평 ③ 화평할 평 ④ 쉬울 평 ⑤ 보통 평
萍 : 개구리밥 평
浪 : ① 물결 랑 ② 방랑할 랑 ③ 함부로 랑 ④ 터무니없을, 허망할 랑
致 : ① 이룰 치 ② 다할, 이를 치 ③ 줄, 드릴 치 ④ 부를 치 ⑤ 보낼 치
　　⑥ 그만둘 치 ⑦ 풍치, 경치 치
罷 : ① 파할, 마칠, 그만둘 파 ② 내칠 파 ③ 고달플 피
越 : ① 넘을, 넘길 월 ② 건널 월 ③ 넘칠 월 ④ 뛰어날 월

포의풍류도(악기를 키는 선비) 단원 김홍도 종이에 수묵담채 27.9×37㎝ 개인 소장

偶 吟
(우음) 우음

抱水背山隱逸鄕	時遊農圃又書堂
포 수 배 산 은 일 향	시 유 농 포 우 서 당
橄花野雪雨全色	岸柳江梅二獨陽
경 화 야 설 우 전 색	안 유 강 매 이 독 양
日謀閑趣從棋友	心却繁華遠媚觴
일 모 한 취 종 기 우	심 각 번 화 원 미 상
人物擧皆無不用	捨其所短取其長
인 물 거 개 무 불 용	사 기 소 단 취 기 장

♣ 풀이마당

앞으로 강을 안고 뒤로 산을 진 조용한 고향에서
때로는 농사일도 하고 서당에도 나가며 지내네.

등잔불과 들에 내리는 눈도 모두 완전한 제색깔인데
강가의 버들과 언덕에 핀 매화만가득 햇살을 품었어라.

날마다 한가로운 취향에 바둑친구와 마주 앉으면
마음의 번뇌 물리치고 아첨배의 술잔도 멀어지네.

사람은 다 쓸모가 따로 있으니

단점은 버리고 장점만 취하겠노라.

🍀 배 움 터

偶 : ① 짝 우 ② 우연 우 ③ 허수아비 우
繁 : ① 번성할 번 ② 많을 번 ③ 번잡할 번
隱 : ① 숨을, 숨길 은 ② 세상을 멀리할, 은퇴할 은 ③ 불쌍히 여길 은
逸 : ① 편안할 일 ② 달아날, 달릴 일 ③ 숨을 일 ④ 허물 일
　　⑤ 뛰어날 일
遊 : ① 놀, 즐길 유 ② 여행할 유 ③ 떠돌 유 ④ 사귈 유
農 : 농사, 농사지을 농
吟 : ① 읊을 음 ② 끙끙앓을 음　　　岸 : 언덕 안
媚 : ① 아첨할 미 ② 예쁠 미　　　觴 : 술잔 상
又 : 또, 그 위에 우
堂 : ① 집, 대청 당 ② 번듯할, 정당할 당 ③ 근친, 가까운 친척 당
檠 : ① 등잔대 경 ② 활도지개 경 ③ 발달린궤 경
趣 : ① 추창할, 빨리 갈 취 ② 뜻, 재미 취 ③ 재촉할 촉
却 : ① 물리칠 각 ② 물러날 각 ③ 발어사 각
華 : ① 빛날 화 ② 꽃 화 ③ 나라이름(화교) 화 ④ 머리셀 화
　　⑤ 번성할 화
擧 : ① 들 거 ② 일으킬 거 ③ 행할 거 ④ 온통, 다 거 ⑤ 빼어올릴 거
取 : ① 가질 취 ② 골라가질 취 ③ 할, 대책 세울 취 ④ 꿀, 빌릴 취

老詠
(노영) 늙음을 노래함

五福誰云一日壽	堯言多辱知如神
오 복 수 운 일 왈 수	요 언 다 욕 지 여 신
舊交皆是歸山客	身少無端隔世人
구 교 개 시 귀 산 객	신 소 무 단 격 세 인
筋力衰耗聲似痛	胃腸虛乏味思珍
근 력 쇠 모 성 사 통	위 장 허 핍 미 사 진
內情不識看兒苦	謂我浪遊抱送頻
내 정 부 식 간 아 고	위 아 랑 유 포 송 빈

♣ **풀이마당**

오복중에 누가 장수하는 것이 제일이라 하였는고
장수는 다욕(多辱)이라고 말한 요제(堯帝)가 귀신같구나.

옛 친구들은 다시 못오는 나그네 되어 산으로 돌아가고
소년들과는 딴세상 사람일러라.

근력이 쇠퇴하니 목소리 또한 앓는 사람 같고
위장이 허약하니 진미만 생각나누나.

집안 사람들은 아이 보는 괴로움을 알지 못하고

나더러 논다고 아이를 자주 안아 보내네.

♣ 배움터

福 : ① 복, 상서로울 복 ② 음복할 복
堯 : ① 요임금 요 ② 높을 요
衰 : ① 쇠잔할, 쇠할, 약할 쇠 ② 상복 최
耗 : ① 덜릴, 덜, 감할 모 ② 어지러울 모
珍 : 보배, 보배로울, 희귀할 진
辱 : ① 욕, 욕될, 욕보일, 더럽힐 욕 ② 욕되게할 욕
交 : ① 사귈 교 ② 섞일, 오고갈 교 ③ 바꿀, 바뀔 교 ④ 흘레할 교
隔 : ① 막힐, 막을 격 ② 사이 뜰, 멀 격 ③ 격할, 거를 격
痛 : ① 아플 통 ② 원통할 통 ③ 상할 통 ④ 심할, 몹시 통
味 : ① 맛, 맛볼, 맛들일 미 ② 기분, 뜻 미
識 : ① 알, 볼 식 ② 기록할 지

云 : 이를, 말할 운
壽 : 목숨, 나이 수
舊 : 옛, 오랠 구
筋 : 힘줄, 기운 근
詠 : 읊을, 노래할 영

초상화(사명당 유정) 1544 ~ 1610
조선 시대의 스님, 의병장

與趙雲卿上樓
(여조운경상루) 조운경과 더불어

也知窮達不相謀	思樂橋邊幾歲周
야지궁달불상모	사락교변기세주
漢北文章今太守	湖西物望舊荊州
한북문장금태수	호서물망구형주
酒誡狂藥相爲病	詩亦風流可與酬
주계광약상위병	시역풍류가여수
野笠殆嫌登政閣	抱琴獨倚海山秋
야립태혐등정각	포금독의해산추

♣ 풀이마당

궁하고 영달함이 꾀할 수 없는 운명이라서
사락교 다리 가에 몇 해나 방황했던고.

한북에선 문장으로 이름난 그대가 이제 태수가 됐으니
호서에서도 높은 물망은 옛날 형주목사 같아라.

술은 미치게 하는 약이라 항상 나를 괴롭히고
시 또한 풍류라 즐기며 사양하지 않는다네.

삿갓 쓴 야인이라 정각에 오르기를 꺼리니

거문고나 안고 나홀로 가을이나 사랑하려네.

느낌터

김삿갓과 의기상통한 시벗 조운경이 안변군수로 임명되어 떠나감에 작별하면서 지은 시.

배움터

與 : ① 줄 여 ② 더불어할, 같이할, 편들 여 ③ 더불어 여 ④ 참여할 여
相 : ① 서로 상 ② 볼 상 ③ 도울 상 ④ 모습, 모양 상 ⑤ 재상 상
物 : ① 만물, 물건 물 ② 사물, 일 물 ③ 볼, 살필 물
荊 : ① 가시 형 ② 광대싸리 형 ③ 자기아내의 경칭 형
酬 : ① 갚을 수 ② 잔돌릴 수
湖 : 호수 호
殆 : ① 위태로울 태 ② 거의 태
也 : ① 어조사 야 ② 또한 야
嫌 : ① 의심할, 혐의할 혐 ② 싫어할 혐
閣 : ① 누각 각 ② 빗장 각 ③ 선반 각 ④ 잔도 각 ⑤ 내각 각 ⑥ 놓을 각

돌깨는 석공
강희언 18세기 중엽 비단에 수묵
22.8×15.5cm
국립중앙박물관 소장

한가한 노재상의 취미
겸재 정선 (1676~1759)
23.2×22cm
독일 수도원 소장

和金笠
(화김립) 김삿갓에게

嘆息狂生亦自謀
탄식광생역자모

十年踽踽道隅周
십년우우도우주

前冬壑雪凝半角
전동학설응반각

今日文虹貫鳳州
금일문홍관봉주

不飮惟吾常有病
불음유오상유병

得詩與爾可無酬
득시여이가무수

麻鞋尙上龍圖閣
마혜상상용도각

政閣何嫌野笠秋
정각하혐야립추

♣ 풀이마당

스스로 미쳐서 살기를 꾀했던 자신을 탄식하며
십년동안 길을 배필 삼아 헤매었구나.

지난 겨울 쌓인 눈은 아직 남아있는데
오늘의 문장은 무지개처럼 봉주 땅에서 빛나도다.

술을 마시지 않아도 늘 병에 시달리니
시를 지어도 그대 더불어 즐기지 못하겠구려.

삼으로 삼은 미투리 신고 용도각에 오르니

정각에서 어찌 삿갓 쓴 자네를 꺼리리오.

🍀 느낌터

김삿갓이 조운경에게 여조운경상루("與趙雲卿上樓")란 시를 올리자 조운경이 이에 화답하여 지은 시.

🍀 배움터

狂 : ① 미칠, 미치광이 광 ② 거셀, 사나울 광
隅 : ① 모퉁이, 구석 우 ② 기슭 우 ③ 곁, 옆 우
凝 : ① 엉길 응 ② 모을 응 ③ 막힐 응
壑 : 골, 구렁 학
虹 : 무지개 홍
鳳 : 봉새, 봉황, 봉황새 봉
踽 : 혼자갈 우
麻 : ① 삼 마 ② 저릴 마
貫 : ① 꿸, 꿰뚫을 관 ② 지위 관 ③ 호적 관 ④ 관(무게단위) 관
飮 : ① 마실 음 ② 마실것, 음료 음 ③ 물먹일, 마시게 할 음
尙 : ① 오히려, 아직 상 ② 숭상할 상 ③ 높을, 높일 상

경답목우도
윤두서 18세기 초 비단에 수묵
25×21cm 해남 윤씨 가전 고화첩
밭갈이 하는 목동과 소

槐村答柳雅士
(괴촌답유아사) 유선비에게 답함

缺句 (원고가 판독키 어려워서 생략)
결 구

人說是非吾掩口　　世爭名利子搖頭
인 설 시 비 오 엄 구　　세 쟁 명 리 자 요 두

冉牛德行高山仰　　司馬文章大海流
염 우 덕 행 고 산 앙　　사 마 문 장 대 해 류

川不其留秋日昃　　生涯何恨屬淸遊
천 불 기 류 추 일 측　　생 애 하 한 속 청 유

♣ 풀이마당

사람이 시비를 말함에 나는 입을 가리고
세상이 명리를 다툼에 자네는 머리를 흔드누나.

염우의 덕행은 높은 산도 우러러 보이고
사마(司馬)의 문장은 큰바다처럼 흐르노라.

냇물은 머물지 않고 가을 해는 기우는데
툭툭 털고 떠돌아다니는 것을 어찌 후회하리오.

♣ 배움터

槐 : ① 홰나무, 회화나무 괴 ② 삼공 괴
答 : ① 대답할, 대답 답 ② 갚을 답
爭 : ① 다툴, 다투게 할 쟁 ② 간할 쟁
涯 : ① 물가 애 ② 가, 끝 애
雅 : ① 아담할 아 ② 올바를, 바를 아 ③ 평소, 평상 아
缺 : ① 이지러질, 깨어질, 이빠질 결 ② 모자랄 결 ③ 빌, 궐할 결
說 : ① 말씀, 언론 설 ② 풀 설 ③ 달랠 세 ④ 기쁠 열
仰 : ① 우러를, 쳐다볼 앙 ② 따를, 좇을 앙
屬 : ① 붙일 속 ② 이을 속 ③ 무리 속 ④ 글지을, 글엮을 속
　　⑤ 부탁할 촉 ⑥ 기울일 속 ⑦ 조심할 속

掩 : 가릴, 덮을 엄
搖 : 흔들, 흔들릴 요
仄 : 기울, 해기울 측

어사화
(삼일유가) 조선 시대 그림

寒食日登北樓吟
(한식일등북루음) 한식날 북루에서

十里平沙岸上莎
십 리 평 사 안 상 사

素衣靑女哭如歌
소 의 청 녀 곡 여 가

可憐今日墳前酒
가 련 금 일 분 전 주

釀得阿郎手種禾
양 득 아 랑 수 종 화

♣ 풀이마당

넓은 바닷가 향부자가 싹틀 무렵
소복한 청상과부 울음소리 슬픈 노래소리 같아라.

가엾도다 오늘 무덤 앞의 술은
죽은 낭군이 심은 벼로 빚은 것이리라.

♣ 배움터

沙 : ① 모래, 모래벌판 사 ② 일 사
莎 : 향부자 사
衣 : ① 옷 의 ② 웃옷 의 ③ 옷입을 의
哭 : 울 곡
靑 : ① 푸를 청 ② 동쪽, 봄, 젊을 청
禾 : 벼, 곡식 화
釀 : ① 술빚을 양 ② 빚을, 만들 양
素 : ① 흴 소 ② 생초, 흰깁 소 ③ 질박할 소 ④ 바탕 소
⑤ 본디, 평소 소

偶 感
(우감) 우연한 느낌

| 劍思徘徊快馬鳴 | 聞鷄默坐數前程 |
| 검 사 배 회 쾌 마 명 | 문 계 묵 좌 수 전 정 |

| 亂山經歷多花事 | 大海觀歸小水聲 |
| 난 산 경 력 다 화 사 | 대 해 관 귀 소 수 성 |

| 歲月皆賓猶率忽 | 煙霞是世自昇平 |
| 세 월 개 빈 유 솔 홀 | 연 하 시 세 자 승 평 |

| 黃金滿袖擾擾子 | 送我路邊半市情 |
| 황 금 만 수 요 요 자 | 송 아 로 변 반 시 정 |

♣ 풀이마당

검을 생각하는 마음 가슴을 치고 쾌마는 우는데
닭 우는 새벽에 홀로 앉아 앞길을 생각하노라.

많은 어려운 일들 다 지나고 보니 좋은 일도 많았지만
큰일을 치르고 나니 작은 일들은 귀에 들리지도 않는구나.

세월은 나그네처럼 지나가고
노을에 피는 저녁연기는 아직 태평함을 알리네.

돈 많은 사람들은

길거리서 들리는 소리 절반은 시정 애기 뿐이구나.

♣ 배 움 터

感 : ① 느낄 감 ② 감동할 감 ③ 고깝게 여길 감
快 : ① 쾌할, 시원할 쾌 ② 빠를 쾌 ③ 잘 들 쾌
程 : ① 법, 방식 정 ② 한도, 정도 정 ③ 길, 길의 거리 정
亂 : ① 어지러울 란 ② 난리 란
猶 : ① 오히려 유 ② 같을 유 ③ 머뭇거릴 유
率 : ① 거느릴 솔 ② 앞장설 솔 ③ 소탈할 솔 ④ 대략, 대강 솔
　　⑤ 경솔할 솔 ⑥ 비율, 비례 률 ⑦ 우두머리, 두목, 수령 수
擾 : ① 요란할, 어지러울 요 ② 길들일, 따르게할 요
情 : ① 뜻 정 ② 사랑 정 ③ 사실, 형평 정
煙 : ① 연기 연 ② 안개 연 ③ 담배 연
霞 : ① 노을 하 ② 이내 하　　昇 : 오를, 올릴 승
劒 : 劍思과 같은 자 칼 검　　默 : 말없을 묵

낚시　김홍도

卽 吟
(즉음) 즉흥시

坐似枯禪反愧髥	風流今夜不多兼
좌 사 고 선 반 괴 염	풍 류 금 야 불 다 겸
燈魂寂寞家千里	月事蕭條客一簷
등 혼 적 막 가 천 리	월 사 소 조 객 일 첨
紙貴淸時歸板粉	肴貧濁酒用盤鹽
지 귀 청 시 귀 판 분	효 빈 탁 주 용 반 염
瓊誥亦是黃金販	莫作於陵意太廉
경 거 역 시 황 금 판	막 작 어 릉 의 태 염

♣ 풀이마당

내 모양이 참선하는 중 같으니 수염이 부끄럽고
오늘밤에는 풍류도 별로구나.

가물대는 등잔가에 어리는 고향은 천리 밖이고
이달은 또 어느 처마 밑에서 지낼런지.

종이가 귀하니 맑은 시상 판자에 써보고
안주가 빈약하니 탁주상엔 소금이 안주로세.

시도 돈을 받고 팔고 있으니

어릉(於陵)의 중자(仲子)의 뜻이 너무 청렴함을 따르지 말라.

🍀 느낌터

어릉(於陵)=지명(地名) 맹자에 있는 중자(仲子)의 청렴에 대한
　　　　　　사실을 인용한 것.
경거(瓊琚)=이곳에는 주옥(珠玉)이 아니고 시품(詩品)을 말함
판분(板粉)=분필(粉筆)로 쓰는 板

🍀 배움터

卽 : ① 곧, 이제 즉 ② 즉 즉 ③ 나아갈 즉
枯 : ① 마를 고 ② 죽을 고
愧 : 부끄러울 괴　　　　　　　髥 : 구렛나루 염
兼 : 겸할, 아우를 겸　　　　　肴 : 안주 효
紙 : 종이 지　　　　　　　　　琚 : 노리개 거
簷 : 처마 첨　　　　　　　　　簫 : 퉁소 소
板 : ① 널 판 ② 판목 판　　　瓊 : 아름다운 옥 경
禪 : ① 사양할, 선위할 선 ② 고요할, 조선할, 중, 불교의 한 종파 선
貴 : ① 귀할, 귀하게 여길 귀 ② 높임말의 접두어 귀 ③ 값비쌀 귀
流 : ① 흐를, 흐르게할 류 ② 떠돌아다닐 유 ③ 귀양보낼 유
　　　④ 세상에 퍼질 유 ⑤ 품격, 계층 유
鹽 : ① 소금밭 염 ② 단단치 않을 염 ③ 먹을, 빨 염
陵 : ① 언덕 릉 ② 능, 임금 무덤 능 ③ 오를, 넘을 릉
　　　④ 짓밟을, 범할, 업신여길 릉 ⑤ 차츰 쇠하여질 릉
廉 : ① 청렴할, 염치 염 ② 값쌀 렴 ③ 살필 렴 ④ 모, 모날 염
　　　⑤ 곧을 염

自 詠
(자영) 자신을 돌아보며

寒松孤店裡　　高臥別區人
한 송 고 점 리　　고 와 별 구 인

近峽雲同樂　　臨溪鳥與隣
근 협 운 동 락　　임 계 조 여 린

錙銖寧荒志　　詩酒自娛身
치 수 영 황 지　　시 주 자 오 신

得月即寬憶　　悠悠甘夢頻
득 월 즉 관 억　　유 유 감 몽 빈

♣ 풀이마당

쓸쓸한 소나무 밑 외딴 주막집에서
내 한가로이 누웠으니 별세상 사람일러라.

산골짜기 다가가니 구름과 함께 즐겁고
시냇가에 다다르니 새와 더불어 이웃하네.

칫수를 따지는 세속일에 어찌 마음이 편하랴
나는 시와 술만 있으면 스스로 즐거웁도다.

달을 바라보며 마음 너그럽게 가지고

유유히 단꿈이나 꾸어보리라.

♣ 배움터

詠 : 읊을, 노래할 영
臥 : 누울, 눕힐 와
錙 : 저울 눈 치
寬 : 너그러울, 넓을 관
別 : ① 다를 별 ② 헤어질 별 ③ 나눌, 분별할 별
區 : ① 구역 구 ② 나눌 구 ③ 조그마할 구
樂 : ① 풍류 악 ② 즐길 락 ③ 좋아할 요
臨 : ① 임할, 다다를, 미칠 림 ② 다스릴 림
寧 : ① 편안할 녕 ② 차라리 영 ③ 어찌할 영 ④ 문안할 녕

店 : 가게 점
雪 : ① 눈 설 ② 씻을 설
娛 : 즐거워할 오
憶 : ① 생각 억 ② 기억할 억

풍속도첩 중 '소작료 납입' 김윤보

自顧偶吟
(자고우음) 자신을 노래함

笑仰蒼穹坐可超	回思世路更迢迢
소 앙 창 궁 좌 가 초	회 사 세 로 갱 초 초
居貧每受家人譴	亂飯多逢時女嘲
거 빈 매 수 가 인 견	난 반 다 봉 시 녀 조
萬事付看花散日	一生占得月明宵
만 사 부 간 화 산 일	일 생 점 득 월 명 소
也應身業斯而已	漸覺靑雲分外遙
야 응 신 업 사 이 이	점 각 청 운 분 외 요

♣ 풀이마당

웃으며 먼 하늘 바라보지만 앉은자리 아득하고
살아온 길 되돌아보니 더욱 아득하기만 하여라.

가난하게 살다보니 맨날 아내에게 불평만 듣고
밥상마다 시정 아낙네들의 비웃음이 빗발치네.

만사가 맑은 날 흩어지는 꽃잎 같고
일생동안 얻은 것은 밝은 달밤뿐이어라.

응당 가진 거라곤 몸뚱아리 뿐이니

벼슬하는 일은 분에 넘치는 일이라 멀게만 느껴지네.

♣ 배움터

蒼 : ① 푸를 창 ② 무성할 창
穹 : ① 하늘 궁 ② 활꼴, 궁형 궁
迢 : ① 멀 초 ② 높을 초
路 : 길 로
每 : 매양, 마다 매
譴 : 꾸짖을 견
嘲 : 조롱할, 비웃을 조
遙 : ① 멀 요 ② 노닐, 거닐 요
思 : ① 생각할 사 ② 그리워할 사 ③ 슬퍼할, 근심할 사
　　④ 생각, 의사 사
居 : ① 살 거 ② 있을 거 ③ 어조사 거
顧 : ① 돌아볼 고 ② 돌볼 고 ③ 마음쓸, 생각할 고
受 : ① 받을 수 ② 입을, 당할 수 ③ 응할, 들어줄 수
散 : ① 흩을, 흩어질 산 ② 한가로울 산 ③ 가루약 산 ④ 문제, 산문 산
占 : ① 점, 점칠 점 ② 차지할 점
漸 : ① 점점 점 ② 나아갈 점 ③ 괘이름 점 ④ 들, 스밀 점 ⑤ 젖을 점

기마도강도
이제현 비단에 채색
73.6×109.4cm 국립중앙미술관 소장

出塞
(출새) 변방에 가다

獨坐計君行復行	始知千里馬啼輕
독 좌 계 군 행 복 행	시 지 천 리 마 제 경
綠江斜日東封盡	白塔浮雲北陸平
녹 강 사 일 동 봉 진	백 탑 부 운 북 륙 평
公子出彊仍幕府	詩人到塞便長城
공 자 출 강 잉 막 부	시 인 도 새 편 장 성
倦遊搖落空吟雪	歲暮誰憐病馬卿
권 유 요 락 공 음 설	세 모 수 련 병 마 경

♣ 풀이마당

홀로 앉아 그대의 행실을 되짚어보니
비로소 천리에 말 울음소리 가벼움을 알겠노라.

압록강에 걸린 해는 동쪽 끝임을 말해주고
백두산 꼭대기 뜬 구름 바라보니 여기가 북쪽 평야로구나.

공자가 국경에 나가 막부(幕府)에 거듭 드니
시인이 변방에 다다르니 기다란 성이 보이네.

한가로이 거닐다가 하늘에서 흩날리는 눈을 보면서

세모(歲暮)에 누가 병든 군사와 말을 불쌍히 여기리오.

🍀 느낌터

압록강과 두만강 근처 국경에서 열심히 수고하는 병사들을 보고 느낀 시.

♠ 배움터

塞 : ① 변방 새 ② 요새 새 ③ 막을, 막힐 새(색)
輕 : ① 가벼울 경 ② 업신여길 경 ③ 경솔할 경
綠 : 푸를, 초록빛 록(녹)
封 : ① 봉할 봉 ② 흙쌓아올릴 봉 ③ 제후 봉할 봉
塔 : 탑 탑
陸 : ① 뭍, 육지 육(륙) ② 뒤섞일 륙 ③ 녹록할 륙 ④ 뛸 륙
　　⑤ 잇달을 륙
彊 : ① 굳셀 강 ② 힘쓸 강
仍 : ① 인할 잉 ② 거듭, 거푸 잉
倦 : 게으를, 싫증날, 고달플 권

귀시도(歸市圖)
김득신 종이에 수묵담채
27.5×33.5cm 개인 소장

雜詠
(잡영) 여러가지 생각을 노래함

靜處門扉着我身　　賞心喜事任淸眞
정 처 문 비 착 아 신　　상 심 희 사 임 청 진

孤峰罷霧擎初月　　老樹開花作晚春
고 봉 파 무 경 초 월　　노 수 개 화 작 만 춘

酒逢好友惟無量　　時到名山輒有神
주 봉 호 우 유 무 량　　시 도 명 산 첩 유 신

靈境不順求物外　　世人自是少閑人
영 경 불 순 구 물 외　　세 인 자 시 소 한 인

♣ 풀이마당

고요한 암자에 이내 한 몸 맡기니
기쁜 마음 즐거웠던 일 부처님께 맡겼어라.

외로운 산봉우리 안개 개이고 초생달 걸리니
고목에 꽃핀 걸 보니 늦은 봄인가 보다.

친구 만나 술 마시니 흥취 또한 무량하고
명산에서 시 읊으니 신선이 따로 없구나.

선경이 따로 있소 다른데서 찾지마오

한가롭게 사는 인생 그가 바로 신선이요.

♣ 배움터

靜 : 조용할, 고요할 정
扉 : 문짝, 사립문 비
擎 : ① 들 경 ② 받들어올릴 경
到 : ① 이를 도 ② 주밀할 도
樹 : ① 나무 수 ② 심을 수 ③ 세울 수
輒 : ① 문득 첩
雜 : ① 섞일, 섞을 잡 ② 번거로울, 자질구레할 잡
處 : ① 곳 처 ② 살, 있을 처 ③ 처할, 처리할 처
門 : ① 문 문 ② 집안 문 ③ 동문 문 ④ 전문 문 ⑤ 분류의 단위 문
賞 : ① 상줄, 칭찬할, 상 상 ② 구경할, 즐길, 완상할 상
喜 : ① 기쁠, 좋을, 즐거울 희 ② 즐거워할, 좋아할 희
順 : ① 순할, 온순할 순 ② 좇을, 따를 순 ③ 차례 순
閑 : ① 한가할 한 ② 등한할 한 ③ 마구간 한 ④ 막을 한

곤장
조선시대
주로 죄인의 볼기를 치는데 씀

기산풍속도첩 '투호' 김준근

조작(아침의 까치)
창강 조속(1595~1668) 종이에 수묵 113.5×58.3㎝ 국립중앙박물관 소장

思 鄕 ①
(사향) 고향을 그리다

西行已過十三州
서 행 이 과 십 삼 주

此地猶然惜去留
차 지 유 연 석 거 유

雨雪家鄕人五夜
우 설 가 향 인 오 야

山河逆旅世千秋
산 하 역 여 세 천 추

莫將悲慨談靑史
막 장 비 개 담 청 사

須鄕英豪問白頭
수 향 영 호 문 백 두

玉館孤燈應送歲
옥 관 고 등 응 송 세

夢中能作故園遊
몽 중 능 작 고 원 유

♣ 풀이마당

서쪽으로 이미 열 세 고을을 돌아다녔으나
아직도 이곳을 뜰까말까 망설이노라.

눈비 내리는 고향 그리워 잠 못 이루고
천지산하는 천추의 나그네 길일러라.

역사에 대해 비분강개(悲憤慷慨) 하지 말고
모름지기 영웅호걸을 향해 백발을 물으리라.

여관방 외로운 등잔 밑에 세월을 보내니

꿈속에서나 그리운 고향을 찾아볼레라.

🍀 느낌터

자기가 좋아서 택한 방랑생활이지만 김삿갓에게도 귀소본능이란 게 있었던 모양이다. 고향에 두고온 처자식 생각이 간절함을 엿볼 수 있다.

🍀 배움터

巳 : 뱀 사
留 : 머무를, 묵을 류
館 : 집 관 (여관, 관청등)
逆 : ① 거스를, 거역할 역 ② 어긋날 역 ③ 맞이할, 맞을 역
旅 : ① 나그네, 여행할 려(여) ② 군대 여 ③ 함께 여(려)
須 : ① 모름지기 수 ② 수염, 턱수염 수 ③ 필요할, 요긴할 수
　　④ 잠깐 수
思 : ① 생각할 사 ② 그리워할 사 ③ 슬퍼할, 근심할 사
　　④ 생각, 의사 사
豪 : ① 호걸, 호협할 호 ② 호화스러울, 성할 호
悲 : 슬플, 슬퍼할 비
慨 : 슬퍼할, 강개할, 분개할 개
應 : ① 응할, 대답할 응 ② 응당 응

思 鄕 ②
(사향) 고향 생각

皇州古路杳如天	日下芳名動小年
황 주 고 로 묘 여 천	일 하 방 명 동 소 년
嬉笑文章蘇學士	風流歌曲柳屯田
희 소 문 장 소 학 사	풍 류 가 곡 류 둔 전
遊情蘇樹浮煙海	別語灣燈明玉盞
유 정 소 수 부 연 해	별 어 만 등 명 옥 잔
未識今宵能憶我	寒梅老屋坐蕭然
미 지 금 소 능 억 아	한 매 노 옥 좌 소 연

♣ 풀이마당

황주(皇州)의 옛길이 아득하기 이를 데 없는데
해와 같이 꽃다운 이름 소년(小年)에 떨치도다.

예쁘게 웃는 모습과 문장은 소동파와 같고
풍류에 어울리는 가곡은 유둔전(柳屯田) 같구나.

정겹게 놀던 소림 숲에 노을이 지고
석별의 정 나누는 술잔에 만등(灣燈) 그림자 일렁이네.

알지 못할러라 오늘밤 나를 생각하는 이 마음을

우리집 뜨락엔 설중매만이 조용히 피어있으리.

🍀 느낌터

소학사(蘇學士) : 소동파(蘇東波)를 이름. 옛 중국 송나라의
　　　　　　　문인, 학자.
유둔전(柳屯田) : 옛중국(당나라시대)의 문인, 학자.
　　　　　　　유종원(柳宗元)을 말함.

♠ 배움터

動 : ① 움직일 동 ② 어지러울 동 ③ 문득, 걸핏하면 동
嬉 : ① 즐길 희 ② 희학질할 희
屯 : ① 진칠 둔 ② 모일 둔 ③ 어려울, 괴로울 둔
灣 : 물굽이 만
燈 : 등잔, 등불 등
杳 : 아득할 묘　　　　　未 : ① 아닐 미 ② 여덟째지지 미
笑 : 웃을 소　　　　　　識 : ① 알, 볼 식 ② 기록할 지
盞 : 잔 잔　　　　　　　憶 : ① 생각할 억 ② 기억할 억
屋 : ① 집 옥 ② 덮개 옥

부전도
김홍도　19세기 초
종이에 수묵담채　27×38.5cm
호암 미술관 소장

眼 昏
(안혼)눈의 노화

| 向日貫針絲變索 | 挑燈對案魯無魚 |
| 향 일 관 침 사 변 색 | 도 등 대 안 노 무 어 |

春前白樹花無數　　霽後靑天雨有餘
춘 전 백 수 화 무 수　　제 후 청 천 우 유 여

揖路少年云誰某　　探衣老虱動知渠
읍 노 소 년 운 수 모　　탐 의 노 슬 동 지 거

可憐南浦垂竿處　　不見風波浪費蛆
가 련 남 포 수 간 처　　불 견 풍 파 랑 비 저

♣ 풀이마당

햇볕에서 바늘을 꿰어도 실이 새끼줄 같고
호롱불 돋우고 책상을 대함에 魯字가 魚字로 보이네.

봄도 오기 전 앙상한 가지에 꽃이 만발하고
비 개인 푸른 하늘이건만 아직도 비오는 것 같구나.

길에서 읍하는 소년은 누구라고 일러도
옷자락 더듬고 움직이는 이 같이 아슴아슴 하도다.

가련쿠나 남포에 낚싯대를 드리운 곳에서도

찌 흔들리는 줄 모르고 미끼만 허비하는구나.

♣ 배 움 터

眼 : ① 눈 안 ② 요점 안   霽 : 비 개일 제
昏 : 어두울, 혼미할 혼   揖 : 읍할 읍
竿 : 장대 간   蛆 : ① 구더기 저 ② 지네 저
針 : ① 바늘 침 ② 침 침 ③ 바느질할, 꿰맬 침
絲 : ① 실 사 ② 거문고, 현악기 사
索 : ① 찾을 색 ② 동아줄, 새끼 삭 ③ 헤어질, 흩어질 삭
　　 ④ 쓸쓸할 삭
對 : ① 대답할 대 ② 대할, 마주볼 대 ③ 짝, 상대 대
　　 ④ 적수, 대등할 대
魯 : ① 노나라 노 ② 둔할, 어리석을 노(로)
渠 : ① 개천 거 ② 클 거 ③ 우두머리 거 ④ 그 거
虱 : 이 슬

나들이
김홍도 18세기 초 보물 제527호
종이에 담채 28×24cm
국립중앙박물관 소장

霽後回頭詩
(제후회두시) 어느 개인 날에

斑苔碧草亂鳴蛙	客斷門前村路斜
반 태 벽 초 난 명 와	객 단 문 전 촌 로 사
山雨驟來風動竹	澤魚跳濺水暢荷
산 우 취 래 풍 동 죽	택 어 도 천 수 번 하
閒吟朗月松窓滿	淡抹靑煙柳巷遮
한 음 낭 월 송 창 만	담 말 청 연 유 항 차
鰥老一宵淸景飽	顔朱換却髮皤皤
환 노 일 소 청 경 포	안 주 환 각 발 파 파

♣ 풀이마당

부평초 아롱지고 풀은 파릇파릇 개구리 우는 봄에
손님 끊어진 문전엔 오솔길만 가파르네.

가랑비 흩뿌리고 대나무 바람에 흔들리니
연못 속의 뛰노는 고기비늘 반짝이도다.

한가로이 시상에 젖는데 밝은 달은 창문에 가득하고
맑은 물 위에 떠도는 푸른 안개 길거리를 가로막네.

늙은 홀아비 하룻밤 청아한 경치에 취하고

얼굴 붉던 시절이 엊그젠데 백발이 번뜩이네.

♣ 배 움 터

驟 : ① 달릴 취 ② 빠를, 갑작스러울, 갑자기 취
濺 : ① 물뿌릴 천 ② 물 급히 흐를 천
暢 : ① 화창할 창 ② 자랄 창 ③ 펼 창 ④ 통할 창
斑 : 얼룩질, 아롱질, 얼룩 반
苔 : 이끼 태
巷 : 거리, 골목 항
遮 : 막을 차
鰥 : 홀아비 환
顔 : ① 얼굴 안 ② 빛, 색채 안
荷 : ① 연 하 ② 멜, 질, 짐 하
朗 : 밝을, 맑을 랑
窓 : 창문, 창, 바라지 창
跳 : 뛸 도
淡 : ① 묽을, 엷을, 싱거울 담 ② 욕심 없을, 조촐할 담 ③ 민물 담
抹 : ① 바를, 칠할 말 ② 지울, 없앨 말 ③ 스칠, 지날 말
飽 : ① 배부를 포 ② 물릴 포 ③ 찰, 가득할 포
皤 : ① 흴, 머리 흴 파 ② 불룩할, 배불룩할 파

偶 吟
(우음) 우연히 읊음

| 風雪出州路幾何 | 行人從古唱勞歌 |
| 풍 설 출 주 노 기 하 | 행 인 종 고 창 노 가 |

| 草中想席將軍石 | 樹外看虹太子河 |
| 초 중 상 석 장 군 석 | 수 외 간 홍 태 자 하 |

| 玉璽北來天連久 | 金繪東畫歲輸多 |
| 옥 새 북 래 천 연 구 | 금 회 동 화 세 수 다 |

| 如君可恨生差晩 | 來使歐陽見二坡 |
| 여 군 가 한 생 차 만 | 래 사 구 양 견 이 파 |

♣ 풀이마당

눈보라 속에 의주로 가는 길이 얼마나 되느냐
행인의 옛 노래소리 힘겹게 들리누나.

풀섶에 앉을 자리 찾으니 장군석이요
나뭇가지 걸린 무지개를 보니 태자하(太子河)로세.

옥새가 북으로 온지 오래되었고
해마다 동쪽에서 실어오는 금화가 많기만 하다.

그대 같은 이가 좀 늦게 남 한할만하니

와서 구양으로 하여금 이파 봄이더라.

♣ 배 움 터

偶 : ① 짝, 배필 우 ② 우연 우 ③ 허수아비 우 ④ 짝수 우
唱 : ① 노래, 노래부를 창 ② 인도할, 먼저 부를 창
勞 : ① 수고로울 로 ② 노곤할 로 ③ 위로할 로
草 : ① 풀 초 ② 거칠, 엉성할 초 ③ 초잡을 초 ④ 초서 초
　　⑤ 시작할 초
席 : ① 자리, 돗자리 석 ② 앉을자리 석 ③ 여럿이 모인 자리 석
畵 : ① 그을, 구획할 획 ② 꾀, 꾀할 획 ③ 획 획 ④ 그림, 그릴 화
歐 : ① 토할 구 ② 칠, 쥐어박을 구 ③ 노래할 구
陽 : ① 볕, 태양 양 ② 양, 양기 양 ③ 시월 양 ④ 드러낼 양
　　⑤ 거짓 양
虹 : 무지개 홍　　　　　　　河 : 물, 강, 내 하
璽 : 옥새, 도장 새　　　　　繪 : 그릴, 그림 회
坡 : ① 고개 파 ② 둑 파

선거도
윤두서 18세기 초 비단에 수묵
25×21cm 해남 윤씨 가전 고화첩

放 氣
(방기) 방귀

放糞南山第一聲　　香震長安億萬家
방분남산제일성　　향진장안억만가

♣ 풀이마당

남산에서 똥을 누니 방귀가 제일 먼저 나와
향기로운 그 냄새 온 장안 억만 집을 뒤덮는구나.

♣ 배움터

放 : ① 놓을 방 ② 내쫓을 방 ③ 방자할 방 ④ 내버려둘 방
氣 : ① 기운 기 ② 숨 기 ③ 기체 기 ④ 자연현상 기
糞 : ① 똥 분 ② 더러울 분 ③ 거름줄 분
聲 : ① 소리, 목소리 성 ② 풍류소리, 노래 성 ③ 이름, 명예 성
　　④ 펼, 밝힐 성 ⑤ 사성 성
香 : 향기, 향기로울 향
震 : ① 진동할 진 ② 우레, 천둥 진 ③ 두려워할 진
億 : ① 억 억 ② 많은수 억
億萬家 : 많은 집

墳 塋
(분영) 무덤가에서

北邙山下新墳塋	千呼萬喚無反響
북망산하신분영	천호만환무반향
西山落日心寂寞	山上唯聞松栢聲
서산락일심적막	산상유문송백성

♣ 풀이마당

북망산 기슭 새로 생긴 묘지에서
천 번 만 번 불러도 대답 없어라.
서산에 해는 지고 적막한 마음인데
산 위에는 오로지 솔, 잣나무 스치는 소리뿐.

♣ 느낌터

인생무상을 나타냄

♣ 배움터

墳 : 봉분, 무덤 분
塋 : 무덤, 산소 영
邙 : 산이름 망
呼 : ① 부를, 부르짖을 호 ② 숨내쉴 호 ③ 탄식하는 소리 호
栢 : 측백나무, 잣나무 백
唯 : 오직 유
墳塋(분영) : 묘

喚 : 부를 환
響 : 울릴, 소리 향
松 : 솔 송

離 別
(이별) 헤어짐

燕趙非歌士	相逢矗石樓
연 조 비 가 사	상 봉 촉 석 루
寒烟凝短堞	落葉下長洲
한 연 응 단 첩	낙 엽 하 장 주
素志違其卷	同心已白頭
소 지 위 기 권	동 심 이 백 두
明朝南海去	江月五更秋
명 조 남 해 거	강 월 오 경 추

♣ 풀이마당

나라를 걱정하는 우국지사와
촉석루에서 다시 만났네.
차가운 연기는 담 옆에 아롱지고
낙엽은 긴 모래밭에 떨어지누나.

우리들 본래의 뜻은 서로 달라도
마음은 하나건만 이미 백발이 되었어라.
그대 내일 아침 남해로 떠나가면
강산에는 어느덧 가을 깊어 오리라.

♣ 배움터

離 : ① 떠날, 떨어질 리 ② 밝을 리 ③ 만날 리
別 : ① 다를 별 ② 헤어질 별 ③ 나눌, 분별할 별
燕 : ① 제비 연 ② 편안할, 쉴 연 ③ 잔치 연 ④ 나라이름 연
歌 : 노래, 노래할 가
相 : ① 서로 상 ② 볼 상 ③ 도울 상 ④ 모습, 모양 상 ⑤ 재상 상
逢 : 만날 봉
矗 : 곧을, 우뚝솟을 촉
烟 : 煙과 동자 ① 연기 연 ② 안개 연 ③ 담배 연
凝 : ① 엉길 응 ② 모을 응 ③ 막힐 응
堞 : 성가퀴 첩 (성위에 쌓은 얕은 담)
素 : ① 흴 소 ② 생초, 흰깁 소 ③ 질박할 소 ④ 바탕 소
    ⑤ 본디, 평소 소 ⑥ 채식 소
違 : ① 어길 위 ② 잘못 위

목동 귀가

蒙 恩
(몽은) 은혜를 입음

遠客悠悠任病身　　君家蒙恩且逢春
원 객 유 유 임 병 신　　군 가 몽 은 차 봉 춘

春來各自東西去　　此地看花是別人
춘 래 각 자 동 서 거　　차 지 간 화 시 별 인

♣ 풀이마당

먼 곳 나그네 오랫동안 병을 빙자하여
그대 집 은혜 입고 또다시 봄을 맞았노라.
봄이 와서 각자 동서로 서로 나눠지면
이곳의 꽃구경은 딴 사람과 하겠지요.

♣ 배움터

蒙 : ① 어릴, 어린아이 몽 ② 어리석을 몽 ③ 입을, 받을 몽 ④ 무릎쓸 몽
　　⑤ 뒤집어쓸, 덮어쓸 몽 ⑥ 나라이름 몽 (몽고의 준말)
恩 : ① 은혜 은 ② 사랑할 은
任 : ① 맡길, 위임할 임 ② 일, 직무, 맡은일 임 ③ 내릴, 임용할 임
　　④ 마음대로할, 버려둘 임
看 : ① 볼 간 ② 지켜볼 간
是 : ① 이 시 ② 옳을 시
且 : ① 또 차 ② 우선 차 ③ 구차할 차 ④ ... 하기도 한 차
逢 : 만날 봉
去 : ① 갈, 떠날, 피할 거 ② 거성 거 ③ 버릴, 물리칠, 없앨 거
　　④ 이연 거

逐 客
(축객) 손님을 쫓음

人到人家不待人	主人人事難爲人
인 도 인 가 부 대 인	주 인 인 사 난 위 인
設宴逐客非人事	主人人事難爲人
설 연 축 객 비 인 사	주 인 인 사 난 위 인

♣ 풀이마당

사람이 사람 집에 가도 사람 대접하지 않으니
주인의 인사가 사람답지 못하도다.
잔치를 베풀고도 손님을 쫓는 것은 인사가 아니니
주인의 인사가 사람답지 못하도다.

♣ 배움터

逐 : ① 쫓을, 다툴 축 ② 차례로 할 축
到 : ① 이를 도 ② 주밀할 도
待 : ① 기다릴 대 ② 대할 대
設 : ① 찾을, 베풀, 세울 설 ② 가령, 설령 설
宴 : ① 잔치 연 ② 편안할 연

만월대
김홍도 1804년작
비단에 수묵담채 137×53.3cm
개인 소장

老客何
(노객하) 노인의 안부를 묻다

春去無如老客何　　出門時少閉門多
춘거무여노객하　　출문시소폐문다

杜鵑空有繁華戀　　啼在靑山未落花
두견공유번화련　　제재청산미락화

♣ 풀이마당

봄은 가는데 늙으신 분 어떠한지 안부 알 수 없고
나들이 줄어들고 방안에만 계시네.
두견새는 무엇이 그리워 할 일 없이 우느냐
그 울음소리에 청산에 못 다 핀 꽃 떨어지리라.

♣ 느낌터

고향에 계신 나이드신 이웃친척 노인의 안부를 생각하며 지은 시.

♣ 배움터

閉 : ① 닫을 폐 ② 막을, 막힐 폐 ③ 마칠 폐
鵑 : 두견, 소쩍새 견
繁 : ① 번성할 번 ② 많을 번 ③ 번창할 번, 번거로울 번
華 : ① 빛날 화 ② 꽃 화 ③ 나라이름 화 ④ 머리셀 화 ⑤ 번성할 화

船上離別
(선상이별) 배 위에서 헤어짐을 생각함

春風桃花滿山香
춘 풍 도 화 만 산 향

秋月送客別淚情
추 월 송 객 별 루 정

我今舟上一問之
아 금 주 상 일 문 지

別恨與君誰短長
별 한 여 군 수 단 장

♣ 풀이마당

봄바람 불어오니 복사꽃 향기 온 산에 가득하고
가을 달 떠오를 때 님 보내는 정 눈물뿐이라.
배 위에서 지금 나 그대에게 묻나니
이별의 아픔 그대와 나 누가 더한 것이냐.

♣ 배움터

滿 : ① 찰, 가득할 만 ② 풍족할 만 ③ 만주의 준말
香 : 향기, 향기로울 향
送 : 보낼 송
秋 : ① 가을 추 ② 때, 해 추
我 : 나, 우리 아
淚 : 눈물, 눈물흘릴 루
舟 : 배 주
恨 : ① 한 할 한 ② 뉘우칠 한
短 : ① 짧을, 모자랄 단 ② 허물 단
長 : ① 길, 길이 장 ② 오랠 장 ③ 멀 장 ④ 뛰어날, 잘할 장
   ⑤ 어른 장 ⑥ 자랄 장

경직도 병풍 중 '논갈이'
작자 미상 19세기 중 후반 비단에 수묵담채
149×44cm 독일박물관 소장

경직도 10폭 병풍 중 '모내기'
이한철 19세기 중 후반 비단에 수묵담채
1169×31.5cm 동아대박물관 소장

집짓기
김홍도 18세기 보물 제 527호
종이에 담채 28×24㎝
국립중앙박물관 소장

論鄭嘉山 忠節死 嘆金益淳 罪通于天
(논정가산 충절사 탄김익순 죄통우천)
정가산의 충절사를 논하고 김익순의 죄가 하늘에 닿음을 탄하노라

| 曰爾世臣金益淳 | 鄭公不過卿大夫 |
| 왈 이 세 신 김 익 순 | 정 공 불 과 경 대 부 |

대대로 임금을 섬겨온 김익순은 듣거라.
정공(鄭公)은 경대부에 불과했으나

| 將軍桃李隴西落 | 烈士功名圖末高 |
| 장 군 도 리 롱 서 락 | 열 사 공 명 도 말 고 |

농서의 장군 이능처럼 항복하지 않아
충신 열사들 가운데 공과 이름이 서열 중에 으뜸이로다.

| 詩人到此亦慷慨 | 撫劍悲歌秋水溪 |
| 시 인 도 차 역 강 개 | 무 검 비 가 추 수 계 |

시인도 이에 대하여 비분강개하노니
칼을 어루만지며 이 가을 날 강가에서 슬픈 노래를 부르노라.

🍀 배움터

嘉 : ① 아름다울, 고울 가 ② 좋을 가 ③ 칭찬할 가 ④ 경사 가
節 : ① 마디, 토막 절 ② 예절 절 ③ 절개 절 ④ 가락 절
　　⑤ 절약할 절
益 : ① 더할, 보탤 익 ② 이로울, 유익할 익
淳 : 순박할 순
卿 : ① 벼슬, 벼슬 이름 경 ② 경 경
隴 : ① 언덕, 둔덕 롱 ② 밭두둑 롱 ③ 땅이름 롱
烈 : ① 매울, 사나울, 심할 렬 ② 절개군을 렬(열) ③ 공 열
　　④ 아름다울 렬
撫 : 어루만질, 위로할 무

宣川自古大將邑　　比諸嘉山先守義
선 천 자 고 대 장 읍　　비 저 가 산 선 수 의

선천은 예로부터 대장이 맡아보던 고을이라
가산 땅에 비하면 먼저 충의로써 지킬 땅이로되

清朝共作一王臣　　死地寧爲二心子
청 조 공 작 일 왕 신　　사 지 영 위 이 심 자

청명한 조정에 모두 한 임금의 신하로서
죽을 때는 어찌 두 마음을 지녔더냐.

升平日月歲辛未　　風雨西關何變有
승 평 일 월 세 신 미　　풍 우 서 관 하 변 유

태평세월이던 신미년에
관서 지방에 비바람 몰아치니 이 무슨 변고인가.

♣ 배움터

宣 : ① 베풀, 널리 펼 선 ② 임금의 말씀 선
邑 : ① 고을, 마을 읍 ② 도읍 읍 ③ 근심할 읍
守 : ① 지킬, 막을 수 ② 살필, 보살필 수
辛 : ① 매울, 괴로울 신 ② 여덟째 천간 신

尊周孰非魯仲連　　輔漢人多諸葛亮
존 주 숙 비 노 중 련　　보 한 인 다 제 갈 량

주(周)나라를 받드는 데는 노중련 같은 충신이 없었고
한(漢)나라를 보좌하는 데는 제갈량 같은 자 많았노라.

同朝舊臣鄭忠臣　抵掌風塵立節死
동 조 구 신 정 충 신　저 장 풍 진 입 절 사

우리 조정에도 또한 정충신(鄭忠臣)이 있어서
맨손으로 병란 막아 절개 지키고 죽었거늘.

嘉陵老吏揚名旌　生色秋天白日下
가 릉 노 리 양 명 정　생 색 추 천 백 일 하

늙은 관리로서 구국의 기치를 든 가산 군수의 명성은
맑은 가을 하늘에 빛나는 태양 같았노라.

♣ 배움터

孰 : ① 누구 숙 ② 어느 숙 ③ 아무 숙 ④ 살필 숙
輔 : ① 도울 보 ② 덧방나무 보
亮 : ① 밝을 량(양) ② 천자의 상중 량
抵 : ① 막을 저 ② 거스를 저 ③ 당할 저 ④ 이를 저
吏 : ① 관리 리 ② 아전 리
旌 : ① 기 정 ② 표할 정

魂歸南畝伴岳飛　　骨埋西山傍伯夷
혼 귀 남 무 반 악 비　　골 매 서 산 방 백 이

혼은 남쪽 밭이랑으로 돌아가 악비와 벗하고
뼈는 서산에 묻혔어도 백이의 짝일러라.

西來消息慨然多　　問是誰家食祿臣
서 래 소 식 개 연 다　　문 시 수 가 식 록 신

서쪽에서는 매우 슬픈 소식이 들려오니
묻노니 너는 누구의 녹을 먹는 신하이더냐?

家聲壯洞甲族金　　名字長安行列淳
가 성 장 동 갑 족 김　　명 자 장 안 항 렬 순

가문은 으뜸가는 장동(壯洞) 김씨요
이름은 장안에서도 떨치는 순(淳)자 항렬이거늘.

♣ 배움터

畝 : 밭이랑 무(묘)
伴 : ① 짝, 동무 반 ② 따를, 따라갈 반
岳 : 큰산 악
傍 : ① 곁 방 ② 방 방
伯 : ① 맏 백 ② 우두머리 백 ③ 작위(백작) 백 ④ 밭두둑 맥
錄 : 기록할 록
壯 : ① 씩씩할 장 ② 웅장할 장
族 : ① 겨레 족 ② 일가, 친족 족 ③ 동류 족
祿 : 녹, 급료 록

家門如許聖恩重
가 문 여 허 성 은 중

百萬兵前義不下
백 만 병 전 의 불 하

너희 가문이 이처럼 성은을 두터이 입었거늘
백만 대군 앞이라도 의를 저버려선 안되리라.

淸川江水洗兵波
청 천 강 수 세 병 파

鐵甕山樹掛弓枝
철 옹 산 수 괘 궁 지

청천강 맑은 물에 병마를 씻고
철옹산 나무로 만든 활을 메고서는

| 吾王庭下進退膝 | 背向西城凶賊脆 |
| 오 왕 정 하 진 퇴 슬 | 배 향 서 성 흉 적 취 |

임금의 어전에 나아가 무릎 꿇듯이
서쪽의 흉악한 도적에게 무릎 꿇다니.

♣ 배움터

許 : ① 허락할 허 ② 가량, 쯤 허 ③ 곳 허 ④ 매우 허
恩 : ① 은혜 은 ② 사랑할 은
洗 : ① 씻을 세 ② 깨끗할 세
鐵 : ① 쇠 철 ② 무기 철 ③ 굳고 변함 없는 철
甕 : 독, 항아리 옹
庭 : ① 뜰 정 ② 집안 정 ③ 조정 정
凶 : ① 흉할, 언짢을 흉 ② 흉악할 흉 ③ 해칠, 죽일 흉
　　④ 흉년, 흉년 들 흉
脆 : ① 무릎 취 ② 약할 취

| 魂飛莫向九泉去 | 地下猶存先大王 |
| 혼 비 막 향 구 천 거 | 지 하 유 존 선 대 왕 |

너의 혼은 죽어서 저승에도 못 갈 것이니
지하에도 선왕들께서 계시기 때문이라.

忘君是日又忘親　　一死猶輕萬死宜
망 군 시 일 우 망 친　　일 사 유 경 만 사 의

이제 임금의 은혜를 저버리고 육친을 버렸으니
한 번 죽음은 가볍고 만 번 죽어야 마땅하리라.

春秋筆法爾知否　　此事流傳東國史
춘 추 필 법 이 지 부　　차 사 유 전 동 국 사

춘추필법을 너는 아느냐?
이 일을 역사에 기록하여 천추만대에 전하리라.

♣ 느낌터

이 시는 김삿갓이 23세 되던 해 읍내 동헌에서 시제(詩題)를 따라 김익순(金益淳)에 대하여 추상 같은 필치로 응징하는 이 시로 장원을 하였다. 그런데 김익순은 다른 사람이 아닌 자기 할아버지(祖父)라는 것을 안 이후 하늘을 바로 쳐다볼 수 없다하여 삿갓을 쓰고 유랑의 길손이 되었다는 기구한 운명의 시편이다.

♣ 배 움 터

泉 : ① 샘 천 ② 돈 천 ③ 저승 천
存 : ① 있을 존 ② 물을 존
筆 : 붓, 글씨, 글 필

나룻배
김홍도 18세기 보물 제527호
종이에 담채 28×24cm
국립중앙박물관 소장

天地萬物之逆旅
(천지만물지역려) 자연의 섭리를 거스리는 나그네

造化主人蘧盧場 　隙駒過看皆如許
조 화 주 인 거 로 장 　극 구 과 간 개 여 허

조물주가 만들어 놓은 신비한 무대에
말 달려 지나가는 나그네는 다 이러하도다.

兩開闢後仍朝暮 　一瞬息間渾來去
양 개 벽 후 잉 조 모 　일 순 식 간 혼 래 거

천지개벽 후에 날이 새고 저물어
순식간에 세월은 오고 가는 것을.

回看宇宙億千劫 　有道先生昨宿所
회 간 우 주 억 천 겁 　유 도 선 생 작 숙 소

아득한 우주의 영원함을 생각하노라면
도를 아는 선생이 어제밤에 자고 간 곳이로다.

♣ 배움터

造 : ① 지을, 만들 조 ② 이룰 조 ③ 갑자기 조
遼 : ① 멀 료 ② 강이름 료
慮 : 생각할, 염려할 려
盧 : ① 밥그릇 로 ② 검을, 검은빛 로
闢 : ① 열 벽 ② 물리칠, 피할 벽
涯 : ① 물가 애 ② 가, 끝 애
息 : ① 숨쉴 식 ② 쉴, 그칠 식 ③ 살, 생존할 식 ④ 자식 식 ⑤ 이자 식
渾 : ① 흐릴 혼 ② 온, 모두 혼 ③ 한데섞일 혼 ④ 세찰, 크고 힘찰 혼
劫 : ① 겁탈할, 빼앗을 겁 ② 위협할 겁 ③ 부지런할 겁 ④ 겁 겁
蘧 : ① 놀라며 기뻐할 거 ② 패랭이꽃 거

隙 : 틈 극
駒 : 망아지 구
瞬 : 눈 깜작할 순

無涯天地物有涯
무애천지물유애

百年其間吾逆旅
백년기간오역여

천지는 무한하나 만물은 한정되어 있으며
백년의 짧은 인생 모두 다 나그네로다.

蒙仙磊空短長篇
몽선뢰공단장편

釋氏康莊洪覆語
석씨강장홍복어

몽선의 현묘한 이야기는 짧고 긴 수수께끼요
석가여래의 무궁한 도는 한없는 경문이로세.

區區三萬六千日　　盃酒青蓮如夢處
구 구 삼 만 육 천 일　　배 주 청 련 여 몽 처

그런데 구구한 백년 삼만육천날에
술잔 삼아 마시는 연잎이 꿈만 같아라.

♣ 배 움 터

宿 : ① 잘, 묵을 숙 ② 지킬 수 ③ 본디, 오랠 숙 ④ 주막, 여관 숙
　　⑤ 별이름 수
蒙 : ① 어릴, 어린이 몽 ② 어리석을 몽 ③ 입을, 받을 몽 ④ 무릅쓸 몽
　　⑤ 뒤집어쓸, 덮어쓸 몽
釋 : ① 해석할, 풀, 흩어져 사라질 석 ② 용서할 석 ③ 부처, 중 석
康 : ① 편안할, 편안히 할 강 ② 몸 튼튼할 강 ③ 오거리 강
莊 : ① 장중할, 장엄할 장 ② 바를, 단정할 장 ③ 별장 장
洪 : ① 넓을, 클 홍 ② 홍수, 큰물 홍
片 : ① 조각 편 ② 쪽, 한쪽 편 ③ 작은 편　　泡 : 물거품 포
敍 : ① 펼 서 ② 관직 줄 서　　　　　　　　昨 : 어제 작
磥 : ① 돌굴러내릴 뢰 ② 산 높을 뢰

東園桃李片時春　　一泡乾坤長感欷
동원도리편시춘　　일포건곤장감서

동원에 피는 복숭아 살구꽃 한 때의 봄빛은
물거품처럼 천지간에 긴 한숨을 쉬거니

光陰倏去倏來局　　混沌方生方死序
광음숙거숙래국　　혼돈방생방사서

시간의 흐름은 모두가 순간인데
혼돈한 만물은 금새 살았다간 또 금방 스러진다.

人惟處一物號萬　　以變看之無巨細
인유처일물호만　　이변간지무거세

인간은 외로운 존재지만 만물은
변화의 눈으로 보면 크고 작은 것이 없어라.

♣ **배움터**

倏 : 잠깐, 언뜻 **숙**
混 : 섞을, 섞일 **혼**

細 : 가늘, 잘, 자세할 세
沌 : ① 혼탁할, 흐릴 돈 ② 막힐 돈
序 : ① 차례 서 ② 학교 서 ③ 담 서 ④ 실마리 서
號 : ① 부르짖을, 울부짖을 호 ② 이름, 이름지을,일컬을 호
　　③ 부호 호 ④ 번호 호

山川草木盛變場　　帝伯候王翻覆緖
산 천 초 목 성 변 장　　제 백 후 왕 번 복 서

산천초목은 성쇠를 알 수 없는 무대이고
제왕도 영웅호걸의 흥망이 모두 무상하여라.

其中獄開一大廈　　地獄天皇主男女
기 중 옥 개 일 대 하　　지 옥 천 황 주 남 녀

이 천지간에 큰 집 한 채 지어놓고
천황씨와 지황씨가 인간들을 다스리네.

分區軒帝廣庭衢　　練石皇娲高柱礎
분 구 헌 제 광 정 구　　연 석 황 왜 고 주 초

집터 마련하는 헌제(軒帝)는 뜰을 넓히고
돌을 다듬는 와황은 주춧돌을 높인다.

行人一錢化翁債	明月淸風相受與
행인일전화옹채	명월청풍상수여

길 가던 나그네가 빌은 한 푼 빚은
값없는 명월과 청풍으로 서로 주고 받도다.

♣ 배움터

緖 : ① 실마리, 첫머리 서 ② 남은, 나머지 서 ③ 일, 사업 서
　　 ④ 찾을 서 ⑤ 줄, 계통 서
獄 : ① 옥, 감옥 옥 ② 소송 옥
廈 : 큰집, 집 하　　　　　　　媧 : 옛 성녀(聖女)의 이름 왜
衢 : 네거리, 거리 구　　　　　礎 : 주춧돌 초
盛 : ① 성할, 많을 성 ② 담을 성
柱 : ① 기둥 주 ② 기러기발 주 ③ 버틸, 받칠 주

天台老嫗掃席待	大抵三看桑海隄
천태노구소석대	대저삼간상해저

극락세계에서는 노구가 자리를 쓸고 기다리려니
세 번이나 상전이 벽해가 되는 것을 보았어라.

牛山落日客宿齋　　　蜄樓秋風爲過楚
우 산 낙 일 객 숙 재　　　진 루 추 풍 위 과 초

서산에 해 떨어지매 나그네는 제나라 땅에서 자고
신기루에 추풍이 쓸쓸하니 초나라 길을 지나가도다.

扶桑玉鷄第一聲　　　滾滾其行無我汝
부 상 옥 계 제 일 성　　　곤 곤 기 행 무 아 여

신선 사는 나라에서 첫닭 우는 소리에
무궁한 나그네의 길에는 너와 내가 없도다.

♣ 배움터

抵 : ① 막을 저 ② 거스를 저 ③ 당할 저 ④ 이를 저 ⑤ 대저 저
翁 : ① 늙은이 옹 ② 아버지 옹 ③ 노인을 높여 부르는 말 옹
桑 : 뽕나무 상
渚 : ① 물가 저 ② 물쏟아질 저　　蜄 : 움직일 신
待 : ① 기다릴 대 ② 대접할 대　　滾 : 물흐를 곤
汝 : 너 여　　　　　　　　　　債 : 빚 채
嫗 : 할미 구　　　　　　　　　　掃 : 쓸 소

蘭皐 平生詩
(난고 평생시) 김삿갓의 삶

鳥巢獸穴皆有居　　顧我平生獨自傷
조 소 수 혈 개 유 거　　고 아 평 생 독 자 상

새도 보금자리가 있고 짐승도 찾아갈 굴이 있거늘
내 평생 집도 없이 홀로 외로웠노라.

茫鞋竹杖路千里　　水性雲心家四方
망 혜 죽 장 로 천 리　　수 성 운 심 가 사 방

짚신에 대지팡이로 천리길을 돌아다니니
흐르는 물과 뜬구름 같이 사방천지가 다 내집이러라.

尤人不可怨天難　　歲暮悲懷餘寸腸
우 인 불 가 원 천 난　　세 모 비 회 여 촌 장

그러나 어찌 사람을 탓하며 하늘을 원망하랴.
이미 늙어 서러운 회포만이 단장에 남았거늘.

♣ 배 움 터

巢 : ① 새집, 보금자리, 새깃들일 소 ② 큰피리 소
蘭 : 난초 난(란)
尤 : ① 더욱 우 ② 허물, 탓할 우　　獸 : 길짐승 수
懷 : ① 품을, 생각할 회 ② 위로할, 달랠 회　穴 : 구멍, 움, 굴 혈
顧 : ① 돌아볼 고 ② 돌볼 고 ③ 마음쓸, 생각할 고
腸 : 창자 장
皐 : ① 언덕 고 ② 못, 늪 고 ③ 높을 고 ④ 혼 부를 고 ⑤ 완만할 고
怨 : ① 원망할, 미워할 원 ② 원수 원 ③ 원한 원
餘 : ① 남을, 나머지 여 ② 다른, 딴일 여
寸 : ① 마디, 적을, 작을 촌 ② 촌, 치 촌 ③ 헤아릴 촌 ④ 촌수 촌

初年自謂得樂地　　漢北知吾生長鄕
초 년 자 위 득 낙 지　　한 북 지 오 생 장 향

소년 시절 나도 행복한 가정에 태어나
한북 땅이 내가 생장한 그리운 고향일러라.

簪纓先世富貴人　　花柳長安名勝庄
잠 영 선 세 부 귀 인　　화 류 장 안 명 승 장

구슬 갓끈을 늘인 선대들은 부귀로운 인물이었고
영화를 누린 가문은 장안에서 이름 높은 집이었다네.

| 隣人也賀弄璋慶 | 早晚前期冠蓋場 |
| 인인야하농장경 | 조만전기관개장 |

이웃 사람들도 옥 같은 귀공자라 하였고
장차 반드시 공명을 이루리라고들 축복해 주었다네.

| 鬚毛稍長命漸奇 | 灰劫殘門暢海桑 |
| 수모초장명점기 | 회겁잔문번해상 |

성장하면서부터 운명이 차차 기구해져서
화를 입은 멸족문에는 상전이 벽해되는 변이 일어났도다.

♣ 배움터

鬚 : 수염, 턱수염 수
初 : 처음, 첫 초
簪 : 비녀 잠
勝 : ① 이길 승 ② 나을, 훌륭할, 경치좋을 승
璋 : 홀, 반쪽홀 장
庄 : 莊의 俗字 ① 추장할, 장엄할 장 ② 바를, 단정할 장 ③ 별장 장
稍 : ① 점점 초 ② 작을, 적을 초 ③ 녹(봉급을 뜻함) 초
灰 : ① 재 회 ② 석회 회
謂 : 이를, 고할, 일컬을 위
纓 : 갓끈, 관끈 영

依無親戚世情薄　　哭盡爺孃家事荒
의 무 친 척 세 정 박　　곡 진 야 양 가 사 황

의지할 친척도 없는 몸에 세상 인심은 야박하고
부모도 돌아가셨으니 가사 또한 황폐해졌다.

終南曉鐘一納履　　風土東方心細量
종 남 효 종 일 납 리　　풍 토 동 방 심 세 량

종남산의 종소리 신들메 고쳐매고
동방의 풍토를 골고루 헤매었다네.

心猶異域首丘狐　　勢亦窮途觸藩羊
심 유 이 역 수 구 호　　세 역 궁 도 촉 번 양

마음은 아직도 타향에서 고향으로 머리 둔 여우요
형세가 또한 궁하니 울타리에 뿔 걸린 염소일러라.

♣ 배움터

親 : ① 친할, 가까울 **친** ② 어버이 **친** ③ 몸소, 친히 **친** ④ 친척 **친**
戚 : ① 일가 **척** ② 겨레 **척** ③ 슬플, 근심할 **척**
爺 : ① 아비, 아버지 **야** ② 늙으신네 **야**

孃 : ① 계집애 양 ② 어머니 양
終 : ① 마칠, 끝낼, 끝날 종 ② 죽을 종 ③ 끝, 마지막 종 ④ 마침내 종
納 : ① 들일, 받을 납 ② 바칠 납
履 : ① 신 리(이) ② 밟을 리(이)
途 : 길 도
觸 : ① 닿을 촉 ② 범할 촉
藩 : ① 울타리 번 ② 제후나라 번 ③ 지킬, 수호할 번

南州從古過客多　　轉蓬浮萍經幾霜
남 주 종 고 과 객 다　　전 봉 부 평 경 기 상

남쪽 고을에는 예로부터 과객이 많으매
봉래산 부평초처럼 몇 해를 떠돌았노라.

搖頭行勢豈本習　　挈口圖生惟所長
요 두 행 세 기 본 습　　설 구 도 생 유 소 장

머리 흔드는 버릇이 어찌 타고난 본성이랴
입을 벌리며 죽지 못해 사는 꼴이 야속하구나.

光陰漸向此中失　　三角靑山何渺茫
광 음 점 향 차 중 실　　삼 각 청 산 하 묘 망

아까운 세월 이렇게 자꾸 잃어 가는데
삼각산 푸른 빛이 어찌 그리 눈앞에 아득하냐

江山乞號慣千門　　風月行裝空一囊
강 산 걸 호 관 천 문　　풍 월 행 장 공 일 낭

팔도강산에 걸식하는 소리는 문전문전 익숙해졌고
풍월을 벗삼는 행장에는 빈 주머니만 달랑대네.

♣ 배움터

從 : ① 좇을 종 ② 일할 종 ③ 조용할 종 ④ 세로 종 ⑤ 모실 종
　　⑥ 친족간의 관계 종
萍 : 개구리밥 평
習 : ① 익힐, 배울, 익숙할 습 ② 버릇 습
失 : ① 잃을 실 ② 그르칠, 잘못할 실
渺 : 아득할 묘
茫 : 망망할, 멀, 넓을 망
角 : ① 뿔 각 ② 쌍상투 각 ③ 다툴, 견줄 각 ④ 모, 모날 각
　　⑤ 각, 각도 각
楔 : ① 일바로 않을 설 ② 막을 설

千金之子萬石君　　厚薄家風均誡嘗
천 금 지 자 만 석 군　　후 박 가 풍 균 계 상

천금을 가진 부자와 만석군의 부자집의
후하고 박한 가풍을 골고루 맛보았노라.

身窮每遇俗眼白　　歲去偏傷鬢髮蒼
신 궁 매 우 속 안 백　　세 거 편 상 빈 발 창

내 신세가 궁하니 항상 세속의 냉대만 받았고
해가 갈수록 머리털만 희어짐을 슬퍼하노라.

歸兮亦難佇亦難　　幾日彷徨中路傍
귀 혜 역 난 저 역 난　　기 일 방 황 중 로 방

아! 돌아가기도 머물기도 어려운 나그네여
얼마나 길가에서 외롭게 방황했던고

 느낌터

김삿갓이 말년에 자기의 일평생을 회상하며 지은 장시.

♣ 배 움 터

乞 : 빌 걸
囊 : 주머니 낭
兮 : 어조사 혜(감동을 나타냄)
傍 : ① 곁 방 ② 방 방
徨 : 거닐, 서성거릴 황
厚 : ① 두터울 후 ② 두꺼울 후 ③ 짙을 후
嘗 : ① 맛볼 상 ② 일찍 상 ③ 시험할 상
遇 : ① 만날, 당할 우 ② 접대할, 대접할 우
俗 : ① 풍속 속 ② 속될 속 ③ 인간세상 속
鬢 : 살쩍, 귀밑털 빈

慣 : 익숙할, 버릇 관
偏 : 치우칠, 기울, 편벽될 편
佇 : 우두커니, 머물러있을 저
彷 : ① 거닐 방 ② 비슷할 방
髮 : 터럭, 머리털 발

김삿갓 시의 구비문학적 성격

이 창 식
(세명대학교)

Ⅰ. 김삿갓 시 다시 읽기

조선후기 한시의 파격성을 논의할 경우 김삿갓 곧 김병연(金炳淵, 1807~1863)을 문학적 화두로 떠올릴 수 있다. 더구나 한시의 정통적인 길이 아닌 풍자의 길을 걸었던 시인으로 인식하고 있다. 그의 한시는 이미 발굴과 수집, 채록과 정리에 이르기까지 구비문학적인 면모를 보인다. 이름하여 그의 풍자적인 한시가 이야기 판의 현장에서 전승되었다. 죽장에 삿갓 쓰고 방방곡곡을 다닌 방랑시인으로 기억하고 있다. 김삿갓을 다시 생각하면, 글 가르치는 훈장, 육담을 시로 전파한 이야기꾼, 다시 떠나는 자로서의 자유인 그런 것과 연상하여 시 한 수 지어주고 밥과 잠자리를 얻었던 걸인시인 등으로 각인된다. 인간의 냄새가 묻어나는 난장에 있음직한 시인으로 불러내어 그의 구비육담시(口碑肉談詩)를 읽어볼 필요가 있다.

조선후기 시대상을 축소판처럼 보인 그의 인생역정은 오늘날 되새겨보아도 절망하게 하는 시적 아픔이 있다. 그는 또한 19세기 중반 이후 시대 밖에서 시대 복판을 활보한 시객(詩客)으로서 다중성(多衆性) 또는 복수성의 얼굴이기도 하다. 봉건 말기 지식인의 분화된 모습인데 그가 보았던 이 땅의 면면은 그의 시 솜씨로 되살아났다. 그래서 문학영웅의 모습이 보인다. 그를 따라 가다보면 시 속에 인간의 총체적인 얼굴이 있음을 느낀다. 그의 시의 매력은 시대를 관통하여 느낀 인간의 일그러진 또는 아름다운 모습을 날카로운 언어로 형상화한 데서 찾을 수 있다. 이 글의 논의는 그의 시 중 사회적으로 통렬한 비판과 맞물려 있는 육담한시(肉談漢詩) 등을 중심으로 구비문학적인 입장에서 재인식하는 데 있다.

Ⅱ. 김삿갓의 삶과 19세기 구비문학 전통

영월 땅을 비롯하여 곳곳에서 김삿갓이 살아나고 있다. 김삿갓은 구비문학의 현장에서 여전히 구비시인(口碑詩人)처럼 대접받고 있다. 김삿갓 당대에도 그랬듯이 떠들면서 다시 살려내는 구비시의 유통자인 동시에 창조자였다. 조선후기의 방외인(方外人)처럼 시대 밖에서 살았던 김삿갓이다. 김삿갓은 떠돌이 시인의 전형처럼 불리지만 실존 인물 김삿갓은 영월지역에서 무덤과 함께 설화를 가지고 있는 추모대상이다. 그는 문학의 힘과 낭만을 동시에 느끼게 하는 인물이다. 그는 안동 김씨이며 호는 난고(蘭皐)이다. 또한 생몰연대가 확인되는 유일한 삿갓시인이다. 이는 그가 생전에는 물론 생후에도 다중의 문화현상을 나오게 할만큼 전승적 기반 속에서 시화(詩話)를 만들어냈기 때문이다. (김삿갓 시의 텍스트 확정은 여전히 유동적이다. 이응수가 처음 펴낸《김립시집》은 1939년 2월 하순에 첫 판을 낸 뒤에 계속 재판을 내었다. 허경진의《金笠詩選》(평민사, 1997)에서 밝힌 것처럼 '여러 명의 김삿갓을 상정하는 것'이 바람직하고, 이런 측면이 그의 시를 구비시(口碑詩)로 읽게 한다.)

조선시대의 지식인들 앞에는 선택의 여지가 없는 외통수 길이 놓여 있었다. 그들은 통상적인 사서삼경을 배우고 과거시험 답안에 익숙하여 급제할 때까지 과거에 응시해야 하였다. 일단 급제하면 출세의 길이 어느 정도 열려 있었다. 그러나 이런 정치적 현상이 18?19세기 때 붕괴되는 조짐이 있었다. 이는 조선후기 인구 증가와 아울러 신분제도의 변동으로 과거에 응시할 수 있는 자격을 갖춘 사람이 많아졌기 때문이다. 따라서 자신들이 어렵게 획득한 신분을 유지하고자 과거에 집착한 것은 당연한 일이었다.

공식적인 과시체(科詩體)를 익히고 시험이 있을 때마다 과거에 응시하기 위하여 매번 서울로 몰려들지만 이들의 급제는 제한적이었다. 흔히 책을 읽으면 사(士)요, 벼슬길에 오르면 대부(大夫)라는 말이 있다. 사서삼경을 읽어 벼슬길에 오르는 길, 이것이 봉건시대 사대부의 이상적인 대응방식이다. 그런데 출세지향의 지식인에게 관인으로 진출하는 정상적인 출로가 막히면 대체로 경제적 곤궁함이 당연하였다. 정치에 참여할 가능성을 박탈당한 여건에서 가난까지 겹칠 때, 그들은 막다른 길에 몰려 자신들이 지닌 유일한 지식을 팔 수밖에 없다.

봉건 해체기의 떠돌이 지식인들은 자신들의 유일한 밑천인 지식의 시품을 팔았다. 그것도 상업자본이 움직이던 도시가 아니라 그때까지도 자신들에 대해 외경심을 가지고 있던 농촌의 신흥 부자와 양반들에게 팔았다. 그들은 지식을 팔 수 있는 것으로 떳떳하게 인식할 수 없었던 시대에 살았다. 김삿갓에 대한 인식은 지식을 팔았다는 부끄러움에서 나온 시대의 폐단에 있다. 김삿갓류의 지식인에게는 몸과 아울러 정신까지도 황폐화 현상을 초래하였다. 김삿갓의 사회적 비꼬기는 이런 사회적 변화와 무관하지 않다. 육체적 방랑은 정신적 방황이 끝나지 않는 한 계속될 수밖에 없는 것이다. 김삿갓에 대한 재인식은 조선후기 지식인의 분화 과정에서 가장 낮은 곳까지 내려온 계층, 걸인과 다름없는 떠돌이 지식인의 전형이라는 데서부터 논의해야 한다.

주지하다시피 김삿갓의 개인사를 보면, 그가 지체 있는 집안 출신임에도 전생애에 걸쳐 방방곡곡을 떠돌다가 객사하게 된 것은 순조 11년(1811) 평안도에서 일어난 홍경래난과 관련이 있다. 그의 조부 김익순(金益淳)은 홍경래난 당시 선천부사(宣川府使)로 있다가 농민군에게 투

항하고 그들이 주는 벼슬까지 받았다고 알려졌다. 그 후 농민군이 토벌되자 조부는 그 죄로 참형을 당하였다. 김삿갓의 나이 6살 때의 일이다. 그는 황해도 곡산에 있는 종의 집으로 피신했다가 자손은 처벌하지 않는다는 조치로 집으로 돌아왔다. 그러나 그에게는 이미 죄인의 후손이라는 낙인이 찍혀 있었으며, 벼슬길로 나갈 자격이 박탈된 상태였다. 폐허가 된 집안의 후손인 삿갓은 그 모멸감과 절망감을 이기지 못하고 22세 때부터 떠돌이 삶을 살았다. (김삿갓에 대한 시력의 연보는 이응수의 《김립시집》(학예사, 1939)에서부터 밝혀졌는데, 과거시험을 보았다든가 과체시를 많이 남겼다든가 하는 부분은 설화의 구비성(口碑性)을 보여주고 있다.)

그러나 김삿갓의 가출동기에 대한 개인사적 현상은 매우 극적인 면이 있다. 그는 영월 백일장에서 자신이 김익순의 죄가 하늘을 찌를 만큼 높다는 시를 지어 장원을 하였다. 그 후 어머니의 얼굴을 통하여 김익순이 바로 자신의 조부임을 알게 된 김삿갓은 통곡하고 집을 떠났다. 조부를 매도한 손자로 하늘조차 보기 부끄러워 삿갓으로 가린 것이다. 이수봉, <김삿갓 시대의 민중의식과 그의 시화>, 《설화와 역사》, 집문당, 2000.

이러한 내용의 구비성은 사실 여부와 관계없이 그의 비극성을 극대화시킨다. 김삿갓이 과장에서 지었다는 시는 다른 사람의 것으로 알려져 있다. 그럼에도 이러한 전승력이 발휘된 데는 19세기 이후 민중계층에서 동시대 김삿갓류에 대한 통속적인 흥미와 함께 김병연이라는 불우한 지식인의 처지를 동정했기 때문일 터이다. (정대구, <기록으로 본 김삿갓>, 《김삿갓연구》, 문학아카데미, 1990, pp.31~55.)

  가뿐한 내 삿갓은 빈 배와 같으니,   浮浮我笠等虛舟

한 번 쓴 지 사십여 년이 되었네　　　　　一着平生四十秋
송아지를 따라가는 목동 아이도 쓰고,　　牧竪輕裝隨野犢
갈매기를 벗 삼는 어부도 쓴다네.　　　　漁翁本色伴白鷗
술이 취해 건들대면 꽃가지에 걸어 놓고,　醉來脫掛看花樹
달을 보러 나설 때는 옆에 끼고 가는구나.　興到携登翫月樓
세상사람 의관이란 겉을 꾸미기 위한 것,　俗子衣冠皆外飾
비바람이 몰아쳐도 삿갓 있어 근심 없네.　滿天風雨獨無愁.
 - <삿갓을 읊으며 (笠)> -

　김삿갓의 유랑에 대해 물질적인 가난은 정신적 깊이를 보태는 데 역설적으로 작용한 탓이라고 변호하자는 것이다. 비극적인 삶은 가난한 데서 비롯된다. 가출한 김삿갓은 갓 대신 삿갓을 쓰고, 가죽 신발 대신 짚신을 신고, 하인배가 모는 말 대신 죽장을 짚음으로써 그가 사대부 층의 모든 규범을 거부하며, 조선 초 방외인과 같이 사대부 문화의 바깥에 서 있음을 보여준다. 조선시대의 지식인층이었던 사대부는 체통과 이념을 중시한다. 이들은 일생 동안 삼강오륜을 비롯한 유교이념을 충실히 지키고자 한다. 엄숙한 이념을 지키자면 몸가짐, 옷차림도 근엄해야 하기 때문이다. 느리고 무게가 실린 말투, 대자 걸음에 넓은 갓, 긴 도포, 우아한 가죽신발 등 이러한 것들이 봉건시대에 사대부임을 상투화해 보여 주는 권위적인 발상이다. 그 역시 상층에서 몰락한 처지임에도 불구하고 낡은 도포와 갓은 챙겨 입고 밖으로 나왔다. 자유인의 시적 품격을 가지는 계기가 되었다. 그럼에도 불구하고 시대에 완전한 일탈은 하지 못하였다.

하늘은 높지만 머리 둘 곳 없고,　　　　　　　　九萬長天擧頭難
땅은 넓지만 다리 펼 곳 없네.　　　　　　　　　三千地闊未足宣
한밤 누각에 오른 것은 달을 즐기기 위함 아니요,　五更登樓非翫月
사흘이나 굶은 것은 신선을 구해서가 아니라네.　 三朝僻穀不求仙.

- 〈스스로 탄식하며(自嘆)〉 -

　김삿갓의 가출행위와 유랑벽은 지극히 개인적인 고통과 절망에서 비롯된 점에서 시대적 한계가 있다. 그러나 일단 떠돌이 생활을 시작하자 그는 문전박대를 당하여 굶주림과 추위에 시달릴 수밖에 없었다. 그는 사람이 사람의 집에 왔는데 사람 대접을 하지 않는다고 각박한 세태를 한탄하며 분노한다. 넓은 천지 하늘 아래 지친 몸 하나를 뉠 곳이 없이 김삿갓, 누각에 올라 노숙을 하는 그에게 달은 더 이상 완상의 대상이 아니다. 벽곡은 원래 신선을 꿈꾸는 자들이 하는 생식을 말한다. "여러 산천 방랑하여 보낸 세월 허다하게 겪은 일도 많고 많아 웬만한 건 예사롭다"라 했지만 사흘 굶주림은 참기 어려운 고통이었을 것이다. 그런데도 그는 자신의 굶주림을 벽곡이란 단어로 표현하여 그 비참함을 애써 감소시키고자 한다.
　가난에서 오는 육체적 고통은 구걸을 하는 자신의 처지에 대한 정신적 모멸감과 좌절감을 안겼다. 그는 옥구에서 김진사라는 사람에게 푼돈을 얻고는 그 수모와 학대를 참을 수 없어 무진히도 탄식한 바 있었다. 그는 학식이 없음에도 관을 쓰고 장죽 들고 행세하는 시골 양반, 좌수, 훈장, 지관 등을 꼬집는다. 역설적인 것은 그가 어느 곳에 가든 먼저 이들을 찾아가 하룻밤 묵을 자리와 한끼 밥을 부탁할 수밖에 없는 처지였다. 곤궁함을 느낄 수밖에 없는 몸의 존재가 무거운 짐이 되는 고달픈 나날이었다. 창자에서 꾸룩꾸룩 천둥소리가 나고 아침 요기로 찬바람을 마셔야 했던 그에게 김병연의 정체성은 소멸되었고 또 다른 '김삿갓'이 드러났다. 그는 이쯤에서 독자적인 구비시인의 가면을 쓴다.
　김삿갓은 삿갓 가면을 쓴 채 왕권에서 본 이단적인 후손이라는 모멸감에서 벗어나 주위에 인간의 진면목을 본다. 그는 길에서 죽은 거지의 시신을 보며 "앞마을에 사람들아, 한 삼태기 흙을 날라 풍상이나 가려주라(寄語前村諸子輩, 携來一掩風霜)"고 부탁한다. 한 자 남짓 지팡이와 구걸한 두어 됫박 쌀을 남기고 타향에서 죽어간 걸인에서 김삿갓은 또 다른 '자아'의 모습을 보는 것이다. 점차 현실을 보고 이 땅의 사람을 발견한다. 걸인, 노파, 남편 잃은 젊은 여인 등 궁핍한 현실 속에서 생존을 위해 발버둥치는 중세 왕조의 군상들이다. 김삿갓은 이들을 따뜻한 시선으로 바라보며 떠도는 자신도 이들과 같은 처지임을 동일시하게 된다. 민중 취향의 한시들은 비록 구전적이고 즉흥적일지라도 이러한 고난의 여정에서 가혹한 자기부정의 과정을 거친 지식인의 초상이다. 어두운 국면은 김삿갓 자화상을 후대에 구비적으로 재생해낸 것이다.

김삿갓 시는 구비적 한시라고 말한다. 다중의 화자가 그것인데 김삿갓이라는 탈을 쓰고 새롭게 태어난 것이다. 김삿갓 시는 적층성과 구비성을 지녔다. 김삿갓을 빙자하여 쓴 일군의 시도 그의 시가 되었고, 어느 특정 시인의 작품도 익명성과 일탈성을 통해 김삿갓 시로 둔갑하여 전해지기도 하였다. 심한 욕설의 시도 그의 탈을 뒤집어쓰고 그의 시로 전승되었다.

동일제목의 시도 부분적으로 시구가 다른 것이 많다. 이는 물론 김병연이 후세에 남기고자 하는 의도로 작품을 기록으로 남기지 않아서 이기도 하지만 당대에 광범위한 공감층이 형성되면서 김삿갓의 이름으로 위작, 가탁 및 변개가 행해졌기 때문이다. 김삿갓은 김병연 한 사람이 아니라 수많은 익명성 구비시인의 이름이 되었으며, 이들은 자신의 작품을 김삿갓의 것으로 만들기도 한 것이다. 행적뿐 아니라 남겨진 작품을 통해서도 김삿갓은 19세기의 불우했던 한 지식인이자 수많은 구비시인의 전형으로 볼 수 있는 것이다.

조선후기에 봉건질서의 흔들림 속에서 민중의 현실을 목도하면서 김삿갓의 시정신은 바뀌어 갔다. 자조하는 절망에서 비분강개하는 지식인으로 변한 것이다. 농민전쟁이나 사회적 봉기로 쑥대밭이 된 집안의 후손에서 민중의 고통을 공유하는 지식인으로의 변모는 양면적 얼굴로 서게 한다. 개인적인 불운을 유랑하면서 가혹한 현실의 절망 속에서 그의 의식을 동시대적인 공유로 인식하게 된다.

이러한 상황에서 나온 김삿갓의 시는 이면적 주제의 측면에서 보면 왜곡된 현실에 대한 비판이다. 조소하는 태도로 여정에서 마주친 속물들의 모습을 시화하였다. 김삿갓은 자신과 마찬가지로 향촌에서 지식을 팔면서 시골 양반의 비위를 맞추는 서당 훈장들을 조롱하였다. 김삿갓은 그들의 허위에 찬 모습을 외면 않고 공격한다. 그들은 겨우《사략(史略)》정도의 수준으로 모르는 글자를 만나면 눈 어둡다 핑계 대고, 술자리가 벌어지면 나이를 빙자하여 술잔을 먼저 받는다. 얕은 지식과 얼마 간의 땅덩이를 갖고 향촌에서 거들먹거리고 사는 시골 양반들의 추태는 이루 말할 수 없었다. 김삿갓은 이들을 비웃고 희롱한다. 때로는 거칠게 때로는 딴전피우기로 가지고 놀았다고 하는 편이 옳다. 김삿갓의 시정신은 당대 민중과의 동류의식(同類意識)을 보여주되, 기득권 계층에 대한 비판의식이 강하다. 이는 개인사의 불운과도 관련이 있지만 무엇보다 전국 산천을 답사하며 민중의 삶을 직접 체험하였기 때문이다.

사당까지 갖추고 조상 자랑을 하며 사는 허세의 양반들이다. 그러나 그들은 나그네에게는 야박한다. 기득권의 사회에서 벗어난 곳에 기득권의 문제를 형상화하고 있다. 다음의 시에서 유풍을 거론한 것은 나그네에게 자비심을 베풀었던 선조들의 덕을 각박하기만 한 후손들의 지금 모습과 대비시키기 위해서 멋을 부린다.

사당동에서 사당이 있는 집을 물으니,	祠堂洞裏問祠堂
보국대광 벼슬 지낸 강씨라고 하네.	輔國大匡姓氏姜
선조의 유풍은 불교인데,	先祖遺風依北佛
자손들은 어리석게도 오랑캐를 배웠구나.	子孫愚流學西羌
주인은 처마 밑 끼웃끼웃 걸객이 갔나 살피고,	主窺簷下低冠角
나그네는 문 앞에서 지는 해를 탄식하네.	客立門前嘆夕陽

좌수, 별감 그나마도 분수에 넘치니,　　　座首別監分外事
졸병 노릇이나 해야 어울리지 않을까.　　騎兵步卒可當當.
　－〈강좌수가 나그네를 쫓아내며(姜座首逐客詩)〉－

문전박대를 하고 돌아갔나 숨어서 살피는 모습에서 시골 양반의 속물 근성이 그대로 드러난다. 사실 그들에게는 좌수, 별감 같은 하찮은 칭호도 분수에 넘친다고 보았다. 그런데도 그들은 권문세가를 찾아다니며 하루종일 굽실대면서 천만금을 써가면서 청탁을 한다. 이는 현실이고 이를 멀리하는 것은 이상이다. 그의 현실적 비꼬기는 정신적 높이를 강조하자는 것이다.

그의 움직임 자체가 구비적 시화를 만들어냈다. 떠도는 길 위의 가난한 시골집에서 죽 한 그릇을 얻어먹으면서도 시가 나온다. 하늘이 보이는 멀건 죽을 먹으며 자신을 생각한다. 김삿갓은 단양 장회에서 미안해 하는 주인을 위로하며 감사의 마음을 표한다. 사실 고단한 긴 방랑생활에서 김삿갓의 마음을 움직인 것은 시골 부자들의 후대가 아니라 이런 농민들의 호의였다. 그는 비를 피해 묵은 촌집의 주인에게도 정중하게 고마움을 표현한다. 비록 시골집이 석가래가 굽어 있고, 처마는 땅에 닿아 있는 좁은 곳이라 다리 하나 펼 수 없이 잠을 잤음에도 그는 참된 인간을 생각하였다.

개다리 소반에 멀건 죽 한 그릇,　　　四脚松盤粥一器
하늘 빛에 구름 그림자가 떠도는구나.　天光雲影共徘徊
주인은 면목없다 하지 마오,　　　　　主人莫道無顔色
물에 비친 청산 풍경을 내 아끼네.　　吾愛靑山倒水來.
　－〈무제(無題)〉－

김삿갓이 방랑하면서 목격한 것은 지식이나 사람됨이 아니라 돈이 행

세하는 세상이다. 그는 돈의 위력과 권능을 목격한 것이다. 19세기 변화
하는 시대에 움직이는 것이 돈의 흐름이다. 그는 "지상의 신선 있으니
부자가 신선이요, 사람에게 죄 없으니 가난이 죄(地上有仙仙見富, 人間
無罪罪有貧)"라고 말하였다.

　권위주의 정치에 대한 비판은 당대 농촌현실의 체험에서 나온 것이
대부분이다. 19세기의 농촌은 오랜 삼정의 수탈과 수령의 탐학에 피폐
해졌다. 농촌까지 침투해온 고리대금, 상업자본은 소농, 빈농의 생활을
더욱 어렵게 하였다. 반면 관과 결탁한 일부 양반, 평민부자들은 토지까
지 확보하여 대규모 경영을 통해 부를 축적하였다. 이런 현실 앞에서 김
삿갓은 목소리가 비장하다. 당시 문단에서도 정통 사장파들은 그의 시를
파운농시(破韻弄詩)라 하여 치지도외(置之度外)하는 분위기였다. 임형
택, <이조말 지식인의 문화와 문학의 희작화 경향>, 《전환기의 동아시아
문학》, 창작과 비평사, 1985.

　그는 신분에 따라 부귀가 결정되던 낡은 시대가 가고, 어제의 가난뱅
이가 부자되고, 어제의 부자가 몰락하여 가난뱅이가 되기도 하는 새로운
시대의 도래를 직시한 것이다. 이는 다름 아닌 봉건왕조의 붕괴 조짐이
고 근대적 여명이다. 사회적 기반이 농촌의 지주와 농민과의 관계, 관리
와 농민의 위상 등 신분 모순으로 무너져 갈 때, 봉건왕조도 그 기반이
허물어질 수밖에 없다. 그의 삶은 시를 통해 비극적 당대를 증언할 뿐만
아니라 거기에 풍자적인 은유를 담았다. 제한된 현실에 김삿갓의 시작업
은 더욱 비판적일 수밖에 없었다.

　김삿갓은 봉건사회의 말기에 삶의 현장에 서 있었던 구비시인(口碑詩
人)이다. 그의 삶은 개인적 모순에서 사회적 모순으로 전이된 측면을 주
목해야 한다. 이는 19세기 민속극, 판소리, 잡가 등 구비적 양식의 변화
가 심했던 현상과 관계가 있다. 김삿갓 현상은 조선후기 구비문학의 활
성화와 맞물려 익명의 시, 희작의 시를 통해 당대의 모순과 정면대결을

할 수 있었다. 이야기판 또는 놀이판에서 비판적인 성향의 시는 변개의 장난시로 시대를 정면으로 다루었다는 데 있다.

III. 김삿갓 시의 언어유희성과 구비성

조선후기 구비적인 전통은 한시의 장벽을 무너뜨렸다. 그의 시는 그런 흐름 위에 우뚝 섰다. 김삿갓의 시는 내용도 파격적이지만 표현 기교의 측면에서 한시의 정형성을 별 다르게 파괴시켰다. 그러나 역설적이지만 이런 면이 그가 한시의 형식을 취했음에도 민요와 잡가, 사설시조 등 구비시가처럼 민중들에게 널리 사랑받게 된 이유이기도 하다. 당시에 한시는 사대부의 고상한 감회를 어려운 전고를 써서 우아하게 드러내는 데 쓰이는 것에 국한되지 않는다. 정대구는 《김삿갓 연구》에서 파격시 59편을 들고 있다.

김삿갓 시의 독특함에는 파격적 희작성과 해학성 및 외설성이 두드러진다. 그는 파자는 물론, 동음이의어를 활용하고 비속할 만큼 희작화한 방식을 통해 진솔한 민중의 생활을 절실히 드러내게 된다. 김삿갓 시의 비속성은 통속성이라고 할 수 있으나 나름대로 적측성과 현장성이 있다. 이런 점에서 이응수의 구비적 수집성이나 김용제, 정비석, 고은의 소설적 구비성은 김삿갓 시의 유통성과 함께 민속학적인 검토가 요구된다.

여론의 참요적 발상은 말놀이의 웃음으로 형상화하였다. 한자의 절묘한 상징성과 한글의 소리 발상, 구상의 재치성을 최대한으로 살려 시의 재미를 느끼게 하였다.

유월 더위 새는 앉아 졸고	六月炎天鳥坐睡
구월 찬바람 파리는 다 죽었네	九月凉風蠅盡死
달이 동산에 뜨니 모기 처마에 이르고	月出東嶺蚊甍至

해가 서산에 지자 까마귀 둥지를 찾네.　　　日落西山烏向巢.
- 〈장난시(弄詩)〉 -

　언문풍월(諺文風月)은 한글과 한자를 섞어서 오언, 칠언의 한시체에 끼워 맞춘 것을 말한다. 예컨대 "菊秀寒沙發"은 뜻으로 파악하면 "국화는 빼어난 찬 그릇에 핀다"의 의미가 된다. 그러나 음으로 읽으면 "국수 한 사발"이다. 김삿갓의 널리 알려진 〈대로시(竹詩)〉도 이런 수법이 쓰였다. "此竹彼竹化去竹, 風打之竹浪打竹"은 "이런 대로 저런 대로 되어가는 대로, 바람 부는 대로 물결치는 대로"로 해석된다. '竹' 자를 그 뜻인 '대'에 '로'를 '대로'로 파악할 때만 시의 의미를 알 수 있는 것이다. 한자 자체(字體)를 쪼개어 쓰거나 동음이의어를 이용하는 것은 김삿갓이 만들어낸 독창적인 수법은 아니다. 조선후기에 민간에 널리 퍼졌던 《정감록》류의 도참서와 농민전쟁과 관련된 참요에 이러한 기법이 많이 사용되었다. 특히 참요의 언어유희성은 조선후기 구비문학 전반에 나타난다.
　김삿갓의 희작시는 민간에서의 한자 사용 기법에서 나온 것이다. 점잖은 사대부의 감춰진 독설을 시격(詩格)으로 승화시켰다. 그의 한시가 대중적 인기를 얻는 데는 이러한 정서적 놀이성도 큰 역할을 했다. 그가 엄숙한 사대부들에게 비판받는 대신 궁벽한 촌구석의 농민이나 서당 아이들의 사랑을 받은 데는 세태를 꼬집는 풍자적 내용과 함께 한자를 파격적으로 사용했기 때문이다. 욕은 억압의 해소에도 좋지만 정서적 교감에 작용하는 전달매체다. 김열규,《욕, 카타르시스의 미학》, 사계절출판사, 1999.

스무 나무 아래 서러운 나그네,　　　二十樹下三十客
망할놈의 집에서 쉰 밥을 먹는구나,　四十家中五十食
인간 세상에 어찌 이런 일이 있는가.　人間豈有七十事

차라리 집에 돌아가 설은 밥을 먹으리.　　不如歸家三十食.
- <이 씨팔놈아(二十樹下)> -

이 제목을 조정하여 읽으면 '이 씨팔놈아'이다. 얼마나 당찬 소리인가. 김삿갓이 아니면 천박하다. 그는 속어, 욕설, 육담, 음담패설 등을 통해 비유적으로 세상을 질타하였다. 널리 알려진 이 시는 김삿갓이 행했던 한자어를 가지고 순수한 우리말을 표기하는 파격적 실험을 잘 보여준다. 시에서 二十은 스무이고, 三十은 서러운 또는 설은이고, 四十은 망할을 뜻한다. 五十은 쉰, 七十은 일흔이 되는 말의 변환이다. 이와 같은 형식의 시는 작가의 체험이 밑받침되지 않았을 때 심심풀이를 위한 장난으로 떨어질 위험이 있다. 이 점은 말놀이 차원에서 달리 이해할 필요가 있다.

서당을 일찍부터 알고 와보니　　書堂乃早知
방 안에 모두 귀한 분들일세　　房中皆尊物
생도는 모두 열 명도 못 되　　生徒諸未十
선생은 와서 뵙지도 않네.　　先生來不謁.
- <서당욕설시(辱說某書堂)> -

두자 운에는 본래 춘자가 없으니　　頭字韻中本無春
운을 불러 주는 선생이 좆대가리 같네　　呼韻先生似腎頭
주린 날은 항상 많고 배부른 날은 적으니　　飢日常多飽日或
문 앞에 이르러서 지팡이를 '콩' 세우네　　客到門前立 太.
- <파운시(破韻詩)> -

사실 김삿갓의 시라고 전해지는 작품 가운데 희작적 성격을 가진 것들의 많은 편수가 비속한 욕설이나 조롱으로 되어 있다. (박혜숙, <김립

연구〉(서울대 대학원 석사학위논문, 1984.) 이후에 김삿갓 시에 대한 분석은 대체로 그의 시에 나타난 해학성과 풍자성으로일관되다시피 하였다.)

앞의 원시에서 뒤의 세 글자씩 읽으면 내조지, 개좆물, 제미씹, 내불알이고, 뒤의 시에서 '좆대가리'가 육담의 속어처럼 나온다. 육담의 욕지거리는 야한 것이 아니라 뒤틀린 세상 그 너머에 메시지를 보내는 데 있다. 육두문자, 속어, 욕찌거리 등은 시의 분위기를 파국으로 몰고 가되, 이면에 감춰진 전언은 속시원한 통쾌함이 자리하고 있다. 반드시 김삿갓의 것이라고 확정할 수 없는 경우도 많지만, 세태를 변혁의 시선이 아니라 야유와 조소의 눈길로 훑을 때 작품 질의 퇴보는 있었다. 그러나 이와 같은 언어유희에는 문학성 이외에 현실성과 참요성이 담겨 있다.

중의 둥글둥글한 대머리는 땀흘리는 말부랄 같고,   僧首圓圓汗馬
선비의 뾰족뾰족한 관은 쪼구리고 앉은 개좆이네.   儒頭尖尖坐狗腎
목소리는 마치 구리방울을 굴리듯 우렁차지만   聲令銅鈴零銅鼎
눈은 흰 죽 그릇에 빠뜨린 후추알과 똑같네.   目若黑椒落白粥.
― 〈조승유(嘲僧儒)〉 ―

금강산 유점사에서 주지승과 선비가 장기 두기에만 정신이 팔렸을 뿐, 김삿갓의 요구에는 못 들은 척하는 데서 오는 분노 탓에 지은 시이다. 땀과 땟국에 절어 꾀죄죄하고 냄새가 고약한 이 사람을 그 누가 반겨서 재워 주겠는가하는 자기연민의 욕설일 수도 있다. 문사 자체가 욕으로 뒤덮여 있는 형국이다.

시화(詩話)판이나 사랑방에서 욕이 시가 된다. 시가 정신작용의 응축된 배설물이라면 응당 김삿갓의 육담시는 구비현상에서 압권으로 작용하였다. 육담적 상상력은 파격성과 미학성을 동시에 보여준다. 이야기판에서 김삿갓 덮어쓰기를 활용한 이야기꾼의 너스레를 종종 발견한다. 김삿갓 탈을 이용하기에 욕이 시로 받아들여지는 것이다. 김삿갓의 음성적인 유통도 이런 측면이 힘이 되었다.

거미에게 그물짜기 귀뚜라미에게 베짜기 배워　網學蜘蛛織學
작은 것은 바늘구멍 큰 것은 돗바늘 구멍 같네　小如針孔大如
잠시 잠깐 첫 줄기 머리털을 다 묶고 나면　須臾捲盡千莖髮
갓이나 만들어 모두 따라오겠네.　烏帽接䍦摠附庸.
— 〈망건(網巾)〉 —

　김삿갓 시의 소재 확대와 아울러 그 미의식의 변모다. 망건, 담뱃대, 콩, 닭, 이, 벼룩, 장기, 요강과 같이 정통한시의 영역에서는 대상 밖이었던 일상생활의 물건들과 일상어가 희화적 수법으로 다뤄지고 있다. 이는 조선 후기 사설시조가 전대의 평시조에서는 다뤄지지 않았던 일상적 생활의 도구를 대폭 시조의 영역으로 끌어들인 것과 같다. 판소리와 민속극 대본에서 질펀한 일상어가 살아 나오는 것과 같다. 비속한 소재의 선택은 그 미의식도 필연적으로 변화시킨다. 김삿갓의 한시에는 전대 사대부들이 즐겨 읊었던 자연과의 합일이나, 지은이와 읽는 이의 정신을 청정하게 하는 가면적인 상승감이 없다. 그 대신 누추하고 고달픈 인생살이의 어두움이 자리잡고 있지만 구비적 친근함이 있다. 시 속에서 놀이적 자아가 이를 증명한다.
　김삿갓의 한시는 당대는 물론 오늘날까지 구비문학의 현장에도 살아 있다. 명문 집안 출신이었음에도 죄인의 후손으로 가출할 수밖에 없었던 비극적 삶과 더불어 수많은 일화도 전한다. 이는 그의 작품 속에 깔려 있는 웃음 속의 비판, 비꼬기 속의 웃음 등이 대중의 정서와 닿아 있기 때문이다. 그의 시의 웃음 성향에는 구비적 공동작의 면모가 있다. 시골 서당의 어른, 아이들이 그에 얽힌 일화를 많이 이야기하고 그의 시를 외우며 모범으로 삼았다는 기록과 구전 자료에서 그의 민중적 인기와 아울러 그의 시를 즐긴 계층의 광포성을 알 수 있다.

　김삿갓은 조선후기 지식인 계층의 문화 확대과정에서 출현한 자연문인의 한 사람으로 인식된다. 김삿갓은 다중의 시적 화자처럼 조선후기 몰락의 길을 걸었던 수많은 지식인의 한 전형으로 생각해야 한다. 전통적 한시 형식의 파괴와 새로운 시도는 사대부 계층의 문화적 존재 기반을 반발하는 것이다. 그렇다고 이러한 현상이 문학지도를 바꾼 것은 아니다.

　조선후기 지식인의 분화는 그 상층과 하층에서 폭넓게 일어난다. 홍대용, 박지원을 비롯한 실학자들은 노론 벌열층과 맥이 닿아 있던 사대부 귀족 출신이다. 정약용, 이옥 등의 민요풍 한시도 이런 성향과 맞물려 있다. 그럼에도 그들조차 자의 반, 타의 반으로 벼슬길에서 소외되어 자신들의 불편한 심기를 새로운 지식을 통해 해소할 수밖에 없었다. 이들은 상층 부분에서 일어났던 상층 지배계급의 재편을 의미한다.

　중앙정계와 어떤 줄도 닿아 잇지 못한 채 몰락의 길을 걷던 일군의 지식인들은 농사지을 토지도 갖지 못하여 자신의 지식을 이용, 유랑하면서 생계를 유지하게 된다. 이들은 잠깐씩 머무를 때는 과객이며, 오래 머무를 때는 훈장 노릇을 하기도 하였다. 이들이 지배계급 상층에서 분화되어 나온 계층이다. 농민적 지식인, 시골 훈장, 자유 지식인들 가운데 일부는 농민군의 지도자가 되어 현실 개혁을 기도하기도 한다. 이들의 사회적 발언은 비판적이되 시 속에서는 익명의 '탈'을 쓰고 나타났다.

　김삿갓의 시에는 퍼스나인 탈이 이중적(二重的)이다. 표면적으로는 말놀이의 흥미성을 드러내지만 이면적으로는 당대인의 현실적 목소리의 풍자성을 담았다. 이는 김삿갓 시에만 국한해서 나타나는 것은 아니지만, 조선후기 봉건적인 체제의 해체 조짐에서 부분적인 근대의 발아가 아닐까 한다. 일찍이 이응수가 그를 풍자시인, 파격시인이라고 부르면서 '죽장에 삿갓 쓰고 방랑 삼천리'라는 유행가로 대중성을 얻게 된 것도 이와 같은 맥락에서 받아들일 수 있다.

한시의 정형성을 무너뜨리고 근대이행기의 언문풍월을 유행시킨 점도 다른 구비문학처럼 구비적 한시의 놀이성이 한몫을 하였다고 해도 지나친 논리가 아니다. 한자와 한글의 놀이적 대비를 통해 언어의 개혁 조짐을 보여주었다. 곧 문어체가 구어체로 바뀌면서 나타나는 비유적 공격 방식의 자유로운 혁신을 꾀하였다. 이는 김삿갓 시의 값진 성과일 뿐더러 이런 시각에서 그의 문학사상과 구비문학적 양상은 재평가되어야 할 것이다. 따라서 그의 육담 소재의 시도 놀이학(學)의 원리에서 가치 부여해야 한다.

Ⅳ. 김삿갓 시의 구비적 계승화 양상

김삿갓 시는 새롭게 읽히고 계속 즐기고 있다. 이는 앞의 논의 연장선상에서 말하면 구비적 놀이 성향과 관련이 깊다. 그의 시 속에서 수수께끼적 호기심, 원초적 장난기, 패러디의 익명성, 탈의 역동성 등이 살아 있다. 이러한 전승적인 매력은 시화 현장에서 지적 욕구와 대리 만족감 등 심리적 충동 또는 문학적 감동과도 맞물려 있다.

하늘은 멀어서 가도 잡을 수 없고	天長去無執
꽃은 시들어 오지 않네.	花老蝶不來
국화는 찬 모래밭에 피어나고	菊樹寒沙發
나뭇가지 그림자가 반이나 연못에 드리웠네.	枝影年從池
강가 정자에 가난한 선비가 지나가다가	江亭貧士過
크게 취해 소나무 아래 엎드렸네.	大醉伏松下
달이 기우니 산그림자 바뀌고	月移山影改
시장을 통해 이익을 챙겨 오네.	通市求利來.

- 〈파격시(破格詩)〉 -

이 시는 겉으로 보면 친자연적 자아가 삼라만상을 누비다가 술에 취해 있는 듯이 보이나, 이면에는 끝 행에서 암시하듯이 돈이 없어 세상에 버려질 수밖에 없는 '가난'의 참상을 형상화하고 있다. 제목대로 파격성의 새로움이다. 실제로 원시의 글자를 우리말 음으로 읽으면 이런 이치가 저절로 드러난다. 교묘한 시대상의 '검은 은유'를 퍼즐처럼 찾아가도록 한다. 이 점을 기왕의 독자들은 김삿갓의 시에 대한 매력으로 받아들인 것이다. "천장에 거미집 / 화로에 겻불 내 / 국수 한 사발 / 지렁 반 종지 / 강정 빈 사과 / 대추 복숭아 / 월리 사냥개 / 통시 구린내"가 그것이다. 김삿갓 시를 좋아하고 애송한 것은 계층의 구분 없이 '민족적'이다. 식자계층에서 보면 새로운 변혁의 요구이고 무식자계층에서 보면 고정관념 깨기의 전범이 되었다. 독자들의 공유의식은 익명의 탈을 활용한 대리만족감과 관련이 있다.

　김삿갓 시는 '놀이'의 언어화를 보여주고 있다. 놀이는 시의 또 다른 본질이다. 놀이의 묘미는 언어유희를 통해 시의 재미와 매력, 친근함을 보태주고 있다. 김삿갓 시는 앞에서 살핀 것처럼 놀이의 절정이다. 백일장이나 시회(詩會)도 놀이의 언어축제를 말한다. 김삿갓 시는 한시와 한글시의 중간쯤에 존재하지만, 더 이상 한시의 전통은 오늘날 일상시로 전환하는 데는 한계가 있다. 김삿갓 시의 문학행사는 놀이 측면의 축제성을 부각시켜 새로운 문학적 패러다임을 만들어가야 한다.
　김삿갓 시의 고전성은 놀이의 원리에 바탕을 둔 유희성과 파격성에서 찾아야 한다. 유희성은 시대의 규범에 관계없이 개방적인 재미와 흥미다. 그의 시는 재미와 통쾌함이 있다는 점 때문에 누구나 가까이 한다. 파격성은 사회적 기능에서 중요시하여 다루어야 하는 측면이다. 그의 시는 기발한 착상을 통해 당대에 대한 비판을 가하고 있다. 김삿갓 시의 정체성(正體性)은 이러한 성격에서 찾아야 하는데 이를 창조적으로 계승하는 문제를 새롭게 모색해야 한다.

필자는 김삿갓 시의 현대화 작업에서 법고창신(法古創新)의 담론이 필요하다고 생각한다. 문화유산 중 김삿갓 유적은 문화의 정체성을 보여주는 '살아있는' 현장이다. 김삿갓의 유형문화재인 묘소, 주거터 등은 주제테마 관광의 명소가 되었고, 그의 시와 설화 등은 무형문화재로 문학의 고향처럼 인식되었다. 김삿갓 축제는 이러한 유?무형의 유산을 바탕으로 지역의 고부가 가치로 떠오르는 행사다. 김삿갓의 문학유산은 지역의 문화마인드로 시를 통한 정보화 시대에 적절한 취향문화(趣向文化)로 부합하고 있다. 여기에 김삿갓 인프라의 여건을 새로운 지역문화와 지역의 군상(郡像)으로 연결해야 한다. (김삿갓 시의 활용방안은 문학의 텍스트와 컨텍스트를 응용하되 현대감각을 통해 실천적 작업으로 취향문화를 만들어가는 부문이다. 문학축제와 문학박물관도 그 한 사례다.)

이런 인식은 다름 아닌 김삿갓 시를 축제의 장으로 이행 곧 현대적 확장으로 이어져야 한다. 김삿갓 시란 전통사회에 한국적인 것을 보여주며 사랑을 받았고 민족문화에서 고유의 잠재적인 가능성을 가지고 있었다. 이를 새로운 문화의 생성과 창조의 근원으로 용처를 찾아 정신문화의 지식산업으로 연계하는 방안이 필요하다. 김삿갓의 활용은 지역문화의 창조적 작업에 있어서 독자성과 대표성을 보여주는 데까지 나아가야 한다. 김삿갓은 전국 어디에서든 부활할 수 있으나 양주나 영월, 금강산 길목에서 부활하는 것은 이런 점에서 더욱 설득력을 지닌다. 김삿갓을 통한 지역문화의 활성화 모색은 인문학적 상상력의 화두로 이행함으로써 보다 정체성을 확보할 수 있을 뿐만 아니라 지역민과 관광객 등 찾아오는 사람들 모두에게 공감성을 획득할 수 있다.

김삿갓 인프라는 우선 박물관 또 테마공간 확보에 있다. 김삿갓박물관은 문학을 찾아오는 사람들의 안식처가 되어야 하고 그것에는 떠도는 자의 즐거움을 보여주는 볼거리와 느낄거리가 있어야 한다. 전시관에는 김

다시 살려놓아야 한다.

　김삿갓은 다양한 관점에도 불구하고 다중의 목소리를 낼 수 있는 점에서 '문학영웅' 또는 '시영웅'이 되었다. 그의 시에 대한 진위 논란이 있었지만 그 자체가 시적이고 극적이라는 점에서 문학다운 면모를 보였다. 조선후기에 살았던 김삿갓이지만 오늘날 문학 감각에서 접근해도 정서의 자유로움과 상상의 즐거움은 되살아난다. 이런 정도의 시각에서도 김삿갓과의 만남은 '문학여행'의 대명사가 될 만하다. 따라서 문학이 정보화 시대에 문화공학과 만나 문학의 새로운 즐거움을 주는 현장은 다름 아닌 김삿갓의 문학유산이 있는 곳이다. 인물선양 축제의 이벤트성은 전통축제의 독자성을 유지하면서 시대적 요구에 부응한 것이라는 점에서 중요하다. 인물 중심의 현대화 작업은 이러한 이벤트성의 창조적 안목에서 나온 것이다.

　김삿갓 시는 살아 있다. 김삿갓의 육담시는 난장의 예술화와 축제화에 좋은 화두로 작용한 것이다.

V. 맺음말 : 구비적 상상력과 시의 파격성

　김삿갓은 고전문학 인물 중에서 다시 살아서 문학의 문화화에 길을 열어준 시인이다. 그의 시의 독특함은 끊임없이 '무엇'을 느끼게 한다. 그의 시는 당대인의 구체적인 삶과 이를 이끌었던 군상(群像)의 고뇌를 형상화하였지만, 시의 공감대는 당대를 초월하여 인간 누구에게나 재미있게 느끼고 즐기는 데까지 확장되었다고 보았다. 필자는 김삿갓을 방랑시인보다 자유시인 또는 구비시인으로 인식해야 된다는 것이다. 김삿갓 시 속의 시적 화자는 사회적 탈로서 시대를 정면으로 공격하는 방식을 택한 김삿갓다운 자아다. 이 다중의 자아로서 김삿갓은 조선후기 근대적 조짐의 선상에서 시로서 거꾸로 된 시대의 장벽을 베었다고 볼 수 있다.

　김삿갓의 대중적 현상은 파격적 희작시를 통해 이루어졌으나, 그 기반에는 구비적 공유기반이 있었기 때문에 지속과 변화를 보여주었다. 이는 희작시와 언문풍월로 당대인의 공격 욕구를 신명나게 해주었고 문학사에서 그의 다중적 자취가 근대적 일깨움에까지 이르렀음을 암시해 주는 것이다. 그는 조선후기 민중계층의 시대적 한을 시의 말놀이 차원에서 풍자와 신명의 '굿놀이'로 승화시키면서 얼굴을 삿갓으로 가린 인물이라고 평가하고 싶다. 그의 육담 취향의 구비시는 겉으로 드러난 욕설의 소리놀이와 감추어진 풍자가 절묘하게 조화를 이루었다. 그의 시의 구비성에 대한 매력은 욕의 품격을 처음으로 보여주었다는 데 있다. 육담과 음담패설의 시화는 천재적 상상력을 통해 시의 파격성과 예술성으로 형상화되었다는 점에서 김삿갓 시를 다시 짚어야 한다.

김삿갓 시는 19세기 봉건사회에서 다양한 인물 군상에 대한 인본적인 구비전승물이다. 그는 천재적 기질을 발휘하였는데 시의 놀이성을 최대한 살려 정통 한시와 언문풍월이 교차하던 시대에 언어의 변혁을 꿈꾸었다. 거기에는 자연친화적인 너무나 무소유적인 풍자관이 살아 숨쉬고 있다. 동시대인에게 잠시 빌렸다가 떠나는 지상의 물욕관을 비판하면서 진정한 삶의 가치를 시의 칼날로 보여주었다. 그의 시맛이 특정 국면에 제한되지 않는다. 사이버 공간에서도 익명의 다중 화자가 요구되는 시대에 또 다른 언어의 삿갓을 쓰고 정보화시대의 문학에 걸맞게 새롭게 태어날 삿갓시의 문학적 화두는 고전적 가치 이상으로 '지금 여기'에 문학상품으로 미래의 독자와 만나고 있는 것이다. 끝으로 김삿갓 시학의 정립을 위해 '김삿갓 관련 자료' 목록을 제시한다. 김삿갓학(學)의 모색을 기대한다.

▶ **이창식** ‖ 시인
　　　　　　세명대학교 미디어문학부 교수
　　　　　　지역문화 연구소장

삿갓 시집들을 수집하여 보여주어야 하고, 김삿갓 관련 자료를 마음껏 볼 수 있는 김삿갓연구소와 같은 공간이 마련되어야 한다. 체험관에는 김삿갓을 화두로 창작한 노래, 춤, 그림, 시화 등을 고루 갖추어야 한다. 영상시대에 걸맞게 사이버 공간의 김삿갓을 창출해야 한다.

김삿갓 인프라의 두 번째로 거리조성과 생가복원, 주변의 친자연적 생태문화촌을 건립해야 한다. 노루목일대는 한국 화전문화의 상징처 만큼이나 오지였고 십승지 또는 가거지(可居地)였다. 가난의 자연환경과 시대적 한계가 김삿갓을 만든 것이나 다름없기에 이 점도 살리는 작업이 이루어져야 한다. 예전에 집집마다 김삿갓 시집이나 소설책은 있었다. 심지어 시장에서 책보부상의 목록에도 김삿갓은 빠지지 않았다. 지금도 《소설 김삿갓》,《방랑시인 김삿갓》등이 팔린다. 김삿갓 시를 넣은 시 그림, 각종 시 인형, 시가 새겨진 의류 등은 현대감각에 맞게 재창되어야 한다.

김삿갓 관련 행사는 웃음과 신명이 있어야 한다. 문학은 즐거움에 있다. 시는 읽는 즐거움에 보태어 깨달음이 있으면 더욱 좋다. 김삿갓 시에는 겉으로 드러나는 놀이의 즐거움이 있고 안으로 숨겨진 놀이의 공격성이 있다. 김삿갓 시의 정체성을 살려야 여느 문학축제와 문학박물관과 차별화할 수 있다. 김삿갓 시의 계승은 영월다운 또는 삿갓 고유의 전승인자를 살리는 이벤트로 기획되고 실천하였을 때 생명력을 얻는다. (김삿갓 이벤트는 문학사의 파격성 또는 의외성에서 찾을 것이 아니라 한국인 누구나 공감하는 요인을 부각시키고 지역문화의 독자성과 연계시킬 문화벨트를 찾는 데 있다. 필자의 김삿갓 관련 조사작업은 시집을 포함하여 설화, 떠도는 시, 머물렀던 현장 등 다양하게 이루어지고 있다.)

이러한 일련의 문화행사는 지역민을 중심으로 주도되어야 한다. 문학인과 지역민은 우선 김삿갓을 이해하고 그의 시를 즐겨야 한다. 정작 이벤트는 있고 이를 잘 소개하는 주체가 없다면 별로 생산적이지 못하다.

지역문화의 활성화는 특정주제를 차별화하는 데 있다. 김삿갓을 통한 레저관광 산업화를 하고, 인물 선양화를 하려면 지역민은 전문성을 가지고 있어야 한다. (김삿갓 선양화 작업은 영월과 양주, 송복 등지에서 활발하게 전개하고 있다. 영월군 편,《김삿갓의 유산》(1992)과 김의숙 편,《김삿갓 구전설화》(2001) 참조.)

김삿갓은 인문학적 정서로 인물화의 현대화에 가능성이 높다. 장성이나 강릉의 '홍길동' 캐릭터 작업이 암시하는 바가 크다.

김삿갓의 구비문학적 인식은 문학인과 지역민에게 현대적 구비문학의 계승 차원에서 김삿갓 시를 즐기고 그의 시를 통해 삶의 국면을 새롭게 느껴야 한다. 김삿갓 시 낭송회와 시화전, 문자나 소재로 한 백일장 개최 등을 통해 문학의 생활화가 자연스럽게 이루어져야 한다. 개방적인 한시와 한글시 백일장도 김삿갓 축제에 어울리는 것이다.

```
작년에는 구월달에 구월산을 넘었는데        昨年九月過九月
금년에는 구월달에 구월산을 넘는구나        今年九月過九月
해마다 구월달에 구월산을 넘으니           年年九月過九月
구월산 경치는 언제나 구월이로다.          九月山光長九月.
       - 〈구월산〉 -
```

이 작품은 누구나 좋아하는 김삿갓 시다. 〈이 썹할놈아〉처럼 많은 독자가 애송해 왔다. 한시가 골동품화된 시대에 여전히 그의 시는 구비시가(口碑詩歌)처럼 문학의 언저리에 살아 있다. 민요 아리랑처럼 구비적 위력을 가지고 있다. 영월 땅 노루목에는 그의 시가 금강시에서 보이듯 "소나무 바위 서리서리, 잣나무 바위 서리서리, 물구비 돌아돌아, 산자락 구비구비, 승경마다 빼어나고 경개마다 기이터라(松松栢栢岩岩廻 水水山山處處奇)"처럼 그의 시혼이 배어 있다. 이 곳에 왔다가 가는 사람들 가슴마다 자유로운 공명과 친자연적 공감이 새겨질 수 있도록 그의 시를

김삿갓 시집

인쇄 / 2005년 1월 10일 초판 1쇄
발행 / 2021년 11월 05일 개정 4쇄
지은이 / 난고 김병연
편저자 / 배용파 · 김 선
펴낸이 / 김경옥
편　집 / 이진만 · 염민정
펴낸곳 / 도서출판 온북스
　　　　　서울시 종로구 수표로 83

등록번호 / 제 312-2003-000042호
등록년월일 / 2003년 8월 14일
대표 전화번호 / TEL: 02) 2263-0360
　　　　　　　　FAX: 02) 2274-4602
전자우편 / bjs4602@hanmail.net

ISBN 978-89-92364-30-0 (03810)
※ 잘못된 책은 바꾸어 드립니다.